Appetizer / Salad / Soup & Main Dishes

코스요리 100종

고급 서양요리

오석태 · 노용환 · 안광열 · 이재현 · 장상준 · 최희중 · 허영욱

지구문화사
JIGU PUBLISHING Co.

머리말

서양요리를 전문분야별로 구분할 때 일반적으로 코스(course)로 구분하는데, 이 책에서는 주로 에피타이저(appetizer)와 샐러드(salad) 및 수프(soups)와 메인요리(main dishes), 그리고 맛을 내는 소스(sauce) 등 서양요리의 모든 것을 다루었습니다.

따라서 본서에서는 전시적인 효과보다는 각 업장에서 고객에게 제공될 수 있는 조리방법과 우리나라 현실에 맞는 재료의 선택으로 현장 근무자들이라면 누구나 이해될 수 있도록 엮었습니다. 또한 지금까지 서양요리 본래의 맛을 추구하면서도 동서양의 맛을 접목시키는데 주력하였으며, 소스의 경우 한국인의 입맛을 고려하여 간장, 참기름 등의 재료를 선택하기도 하였습니다. 즉 현대 서양요리의 흐름이 동양요리의 담백함을 접목시키는 경향을 보이고 있으므로 미래의 요리방향을 조심스럽게 제시하였습니다.

이 책은 5부로 나누어서 제1부 야채요리방법, 제2부 에피타이저, 제3부에서는 샐러드, 제4부에서는 수프, 제5부에서는 주요리 및 소스를 다루었습니다. 또 작품 중간중간에 요리와 관련된 이야기나 그림들을 삽입시킴으로써 획일성의 부담을 줄이고 자연스럽게 읽고 넘어갈 수 있도록 하였습니다.

지금까지 우리나라의 조리서적이 기초와 전반적인 조리의 기술을 다루었는데 반하여 조금이라도 전문성을 기하고 독자의 이해를 돕기위하여 작품사진의 크기를 가능한 확대시켜 요리의 특성과 내용물을 식별할 수 있도록 하였습니다.

또한 요리마다에 자주 사용되는 향신료와 허브를 동시에 볼 수 있도록 지면의 앞부분을 할애하여 원산지와 사용처를 설명하고, 지금까지 조리사들이 궁금해 하던 요리의 재료들을 상세하게 설명하였습니다.

한가지 아쉬움이 있다면 재료를 구입하는 과정에서 아직도 계절적인 장애때문에 구입이 불가능한 재료가 많이 있으며, 수입 식재료의 경우 통관절차의 까다로움과 수입에 걸리는 시간때문에 조리시 최상의 품질을 유지시킬 수 없다는 것입니다.

따라서 훌륭한 요리가 만들어지기 위해서는 요리와 관련된 재료의 공급이 원활히 이루어져야 한다는 것도 새삼 느끼게 되었습니다.

모쪼록 이 책이 우리나라의 서양조리분야에 조금이라도 도움이 되었으면 하는 바램입니다.

갑오년 새봄에

필자 대표

차 례

contents

차 례

제 3 부 샐러드(Salad)

제 4 부 수프 요리(Soups)

contents

제 5 부 주요리(Main Dishes)

차 례

contents

제 1 부

야채조리방법

맛있는 샐러드를 만든다는 것은 그리 어려운 것만은 아니다. 특히 신선한 야채는 그 자체만으로도 훌륭한 요리가 될 수 있다. 우리가 주위에서 흔히 접할 수 있는 붉은 피망과 노란 피망은 로스트할 때 생성된 주스와 올리브 오일, 발사믹 비네가, 바질과 같은 허브의 향을 조금만 곁들여도 매우 맛있는 샐러드가 될 수 있고, 제스트와 식초, 소금과 후추를 뿌리면 완벽한 샐러드가 된다.

야채를 씻을 때는 잎사이에 있는 작은 벌레나 곤충, 먼지 등이 완전히 떨어져 나갈 수 있도록 흐르는 물에 조심스럽게 씻어야 한다. 또한 잎야채는 조직이 부드럽기 때문에 자주 만지는 것은 조기에 부패하는 원인이 되므로 필요 이상으로 손을 대는 것을 가능한 피한다.

야채의 종류를 불문하고 요리를 할 때에는 필요 이상으로 익히는 것은 맛, 영양, 색, 형태의 손실을 가져오므로 꼭 필요한 만큼만 익히는 것이 중요하다.

야채를 조리할 때는 매우 조심스럽고 정성스럽게 해야 한다. 칼은 본인이 요구하는 대로 자를 수 있도록 충분히 날카로워야 하고 크기, 모양 하나하나에 신경을 써야 한다.

PART 1

Vegetable Marinade

그리고 가능하다면 야채의 줄기부분을 합리적으로 사용해야 한다. 예를들어 브로커리를 사용하는데 있어 적당한 정도의 줄기는 보기도 좋고 먹기에도 좋다.

신선한 야채를 조리할 경우 맛, 색상, 결합조직 등을 고려해야 하는데 아스파라거스나 빈스, 시금치 등을 블란치하여 얼음물에 즉시 넣는 것이 좋은 예라 할 수 있다. 또한 식초나 레몬주스는 야채의 색깔을 변화시키는 작용을 하기 때문에 가능한한 고객에게 제공되기 바로 전에 첨가하는 것이 좋고 불가피한 경우 식초와 레몬주스는 조리순서에서 마지막으로 첨가하는 것이 좋다. 오일이 야채를 감싼 다음 식초를 첨가함으로써 야채의 색깔이 변하는 시간을 연장시키는 것도 하나의 방법이다.

야채를 부드럽게 하기 위하여 가지나 마늘, 비트, 피망, 감자 등을 오븐에 굽게 되는데 고온에서 단시간 내에 조리하는 만큼 조리시 조금이라도 주의를 게을리 하면 원하는 만큼의 조리순간을 놓치게 된다.

따라서 야채를 조리할 때는 조리를 시작하여 고객에게 제공이 끝나는 시점까지 긴장을 풀어서는 안된다.

토마토 (Tomato)

칵테일파티나 샐러드 바에서 흔히 접할 수 있는 것이 체리토마토이다. 그것은 체리 토마토가 씨를 제거하거나 껍질을 벗길 필요없이 쉽게 먹을 수 있다는 장점 때문일 것이다. 토마토는 라틴어로 "늑대복숭아(Edible wolf's peach)"의 뜻을 지니고 있다. 이것은 아마도 신대륙에서 유럽으로 처음 전해지면서 새롭고 아름다운 토마토에 대한 두려움과 신비로움의 표현일 것이다.

이때에 벌써 아메리카 원주민들은 비스듬한 널빤지에 토마토를 깔아서 말리는 (Sun dry tomato) 방법을 사용하고 있었다. 이것은 그들 말로는 "코테즈(Cortez)"라 불리며 비교적 수준 높은 기술을 이용하고 있었다. 하지만 우스꽝스럽게도 토마토의 원산지인 아메리카로 유럽에 의해서 변화된 토마토가 다시 넘어가 발전하게 되었다.

또 한가지 재미있는 것은 토마토의 계통에 대하여 과일인가 아니면 야채인가를 놓고 오랜 시간동안 논쟁을 벌여왔다. 오늘날에도 논쟁의 소지가 남아있는데 그것은 토마토가 요리에 사용되고 있는 종류만큼이나 복잡하고 다양하다.

현대에 와서는 영농과학의 발달로 토마토가 계절에 관계없이 생산되고 있지만 토마토의 제철은 늦여름과 이른 가을에 생산되는 것이 태양 빛을 충분히 받고, 영양도 풍부하다. 토마토는 색상과 맛이 다양하여 요리에 사용하는데 천의 얼굴을 가졌다 하여도 과언이 아닐 것이다. 그 종류도 다양하여 골든 쥬빌레(Golden Jubilee), 마르벨 스트라이프(Marvel Stripe), 골든 보이(Golden Boy), 체리토마토 (Cherry tomato) 등이 있다.

흔히 안티파스토나, 샐러드, 소스, 파스타, 샌드위치 등 많은 요리에 다양하게 사용되고, 저장을 위해서 햇빛에 말린 선드라이 토마토(Sun dry tomato), 퓨레(Furee), 마리네이드(Marrinaied) 등의 방법을 사용한다.

토마토는 그 생명력이 강하여 가정의 뜰이나 박스에 심어도 수확이 가능하다. 토마토를 수확하기 위하여는 온도와 햇빛, 습도가 적당하게 조화되어야 한다. 대개는 모종을 사용하여 여름이 시작되기 달포정도 전에 심어 늦여름이나 가을에 수확하는데 비록 푸른 것을 수확한다 할 지라도 상온에서 햇빛을 적당히 제공하면 숙성된다.

민트향을 곁들인 토마토 샐러드와 큐민드레싱
(Minted Tomato Salad with Cumin Vinaigrette)

준비재료 (3 인분)

토마토(Tomato)／2 개
어린 호박 작은 것(Squash)／1 개
네모썰기한 노란 피망(Yellow bell pepper)／1 개
내파 얇게 썬 것(Leek)／1 줄기
씨를 제거한 검은 올리브(Pitted black olive)／200 g
다진 파슬리(Chopped parsley)／1 테이블스푼
다진 후레쉬 민트(Fresh mint)／1 테이블스푼
큐민 드레싱(Cumin vinaigrette)／6 테이블스푼 (만드는 방법 참조)

만드는 방법

토마토는 웨지(Wedges) 형식으로 썰어서 다시 절반으로 자른다. 어린 호박은 슬라이스기계에 얇게 썰어둔다. 올리브 역시 절반으로 잘라둔다.

적당한 볼에 준비된 야채를 모두 담고 드레싱을 뿌린 다음 야채와 드레싱이 완전히 섞일 때까지 골고루 버무려준다. 쿠킹호일로 커버를 씌우고 약 2 시간 정도 맛이 늘노녹 냉상고에 보관한 후 고색에게 제공헌다.

드레싱 만드는 방법(Cumin Vinaigretto)

볶아서 갈은 큐민씨드(Toaste and crushed cumin seed)／1 티스푼
다진 마늘(Minced clove garlic)／1 쪽
후레쉬 레몬주스(Fresh lemon juice)／100 ml
엑스트라 버진 올리브 오일(Extra virgin olive oil)／6 테이블스푼
설탕(Sugar)／1 티스푼
⇨ 모든 재료를 볼에 담고 완전히 섞일 때까지 휘퍼로 잘 젓어준다.

아스파라거스(Asparagus)

아스파라거스는 세계적으로 약 20가지 종류가 있지만 일반적으로 크게 2가지 즉, 연한녹색을 가진 그린 아스파라거스(Green Asparagus)와 흰색 아스파라거스(White Asparagus)로 구분한다. 흰색 아스파라거스는 유럽지역에서 많이 생산되는데, 싹이 나기 전에 굵은 것을 채취하여 요리에 사용한다.

아스파라거스가 흰색을 띠는 것은 싹이 비옥한 모래땅 속에 파묻혀 올라오는 것을, 햇볕을 보기 전에 작업하기 때문이다. 그러므로 잘려진 줄기의 일부분은 땅 속에 그대로 남아 있게 된다. 그린 아스파라거스는 줄기가 올라와 연한 순을 잘라 사용한다. 따라서 그린색을 나타내는 것은 어느 정도의 빛을 받아 성장하여 3월에서 6월 사이에 최적기로 채취할 수 있다.

아스파라거스가 정력에 좋은 영약이라고 믿지 않는 미식가라 할지라도 아스파라거스의 맛에 대하여는 논란의 여지가 없다. 백합과에 속하는 이 식물은 끝이 창같이 날카롭게 생겼고, 남근(男根)같은 매력을 지니고 있는 것처럼 보인다.

영국의 모험가인 리차드 버튼 경(Sir Richard Burton)은 그의 저서 "Shaykh Nafzawi"에서 아스파라거스는 "영혼의 쾌락을 위한 풀잎향"이라고 할 정도로 격찬을 아끼지 않았다. 그는 또한 아스파라거스를 먹으면 왕성한 열정에 자극을 받는다고도 했다.

그는 아스파라거스를 삶고, 튀기고, 계란으로 만든 양념을 사용하는 등 매우 다양한 요리법으로 거의 매일 그의 식탁에 올렸다.

그렇지만 일부 사람들은 아스파라거스가 아무런 효과가 없다고 평가하기도 했다. 18세기 지식인 베오나데 폰텔레(Bernard de Fontenlle)는 초대받은 손님들이 아스파라거스를 먹지 않는 것을 보고 매우 놀랐다는 말을 짐작해보면 모든 사람들이 아스파라거스를 좋아한 것은 아닌 것으로 본다.

아스파라거스의 어원은 고대 페르시아어로 경작한다는 의미의 "싹(Sprout)"에서 유래된 것으로 본다. 구전에 의하면 아우구스트제왕(Emperor Augustus)이 좋아하는 음식 중의 하나가 바로 아스파라거스였는데, 요리를 할 때는 무엇보다도 빠른 시간 내에 해야 한다고 전해지고 있다.

아스파라거스는 봄에 많이 생산되는데, 벨기에와 스위스, 독일 등에서는 흰 아스파라거스(White Asparagus)가 식탁에서 사랑을 받고, 미국이나 이탈리아, 프랑스 등에서는 녹색의 아스파라거스(Green Asparagus)가 미식가들을 유혹하고 있다.

아스파라거스에 대한 행사로는 미국의 캘리포니아와 유럽 등지에서 판매촉진의 목적으로 많이 개최되는데, 4월의 마지막 주간의 이틀에 걸쳐 성대하게 연례행사로 치뤄진다.

아스파라거스를 선택하고 요리하는 데는 여러 사항을 고려하는데 일반적으로 굵기, 색(백색, 그린색, 라벤더색 등)에 따라, 또 온요리, 냉요리 등의 목적에 따라 기준을 둔다. 또한 요리방법에 있어서도 시간, 온도, 기름, 물 등을 고려한다.

아스파라거스와 파마산치즈 샐러드
(Asparagus and Parmesan Cheese Salad)

준비재료 (3인분)

아스파라거스(Asparagus) / 500 g
후레쉬 레몬주스(Fresh lemon juice) / 2 티스푼
엑스트라 버진 올리브 오일(Extra virgin olive oil) / 3 테이블스푼
검은 통후추 갈은 것(Ground fresh black pepper) / 1/3 티스푼
이탈리안 파마산치즈(Italian parmesan cheese) / 300 g
버터헤드 레터스(Butter head lettuce) / 1 포기

만드는 방법

아스파라거스는 껍질을 까서 3 cm 정도의 길이로 썰어 둔다.

버터헤드 레터스는 잎을 떼어내어 깨끗이 씻은 다음 물기를 제거하고 냉장고에 보관한다.

커다란 팬에 소금을 넣은 물이 끓을 때 아스파라거스를 넣고 1분 정도(물이 다시 끓어 오를 때) 얼음물에 넣어 식힌다. 아스파라거스의 물기를 제거한다. 적당한 볼에 올리브 오일과 소금, 후추, 레몬주스를 넣고 휘퍼로 잘 저은 다음 아스파라거스를 넣고 살짝 버무려 준다.

접시에 레터스를 깔고 아스파라거스를 올린다.

파마산치즈 덩어리를 껍질제거칼(peel knife)로 얇게 긋듯이 밀어 샐러드 위에 얹어 바로 고객에게 서브한다.

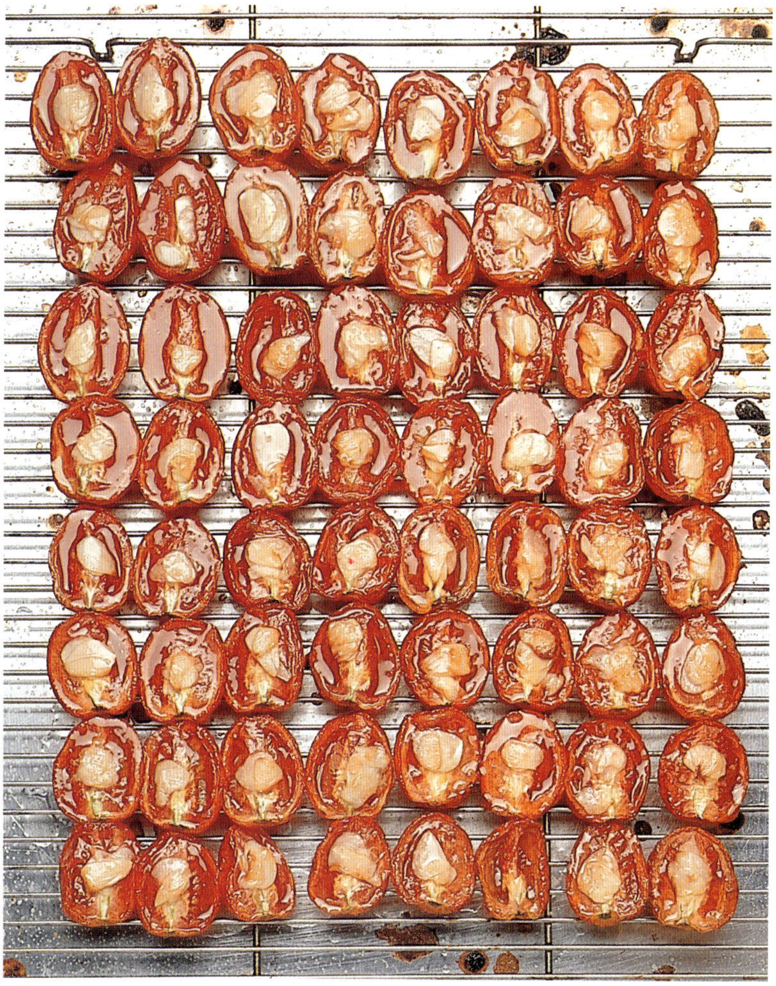

Oven Dried Tomato

오븐드라이 토마토(Oven Dry Tomato)

제철에 싱싱한 토마토를 먹는 것이 가장 좋겠지만 때로는 그렇지 못할 때가 종종 있다. 이러한 문제점을 해결하기 위하여 요리를 하는 사람들은 토마토 퓨레로 통조림을 만들기도 하고 다른 양념을 섞어서 케첩을 만들기도 하며, 냉동, 햇빛에 말려 기름에 절이기도 한다. 하지만 어느 것 하나 신선한 토마토를 직접 먹는 것보다 훌륭한 가치를 지니고 있지는 못할 것이다.

다만 이렇게 노력하는 과정에서 토마토에 대한 다양한 맛을 찾아내는 성과를 올리게 된다. 말리거나 케첩, 퓨레 등의 가공품은 같은 토마토를 원료로 하였다 할지라도 그 맛에 있어서는 대단히 다른 면을 지니고 있다. 세월이 흐르면서 사람들은 그 맛에 익숙해져 갔고 이제는 토마토의 구분된 맛을 요구하고 있다. 따라서 요리를 하는 사람들은 새로운 욕구에 부응하는 새로운 맛을 계속해서 찾아내는 문제에 직면하게 되었다.

오븐드라이 토마토 역시 요리를 하는 사람들의 노력의 결과라 할 수 있다. 오븐드라이 토마토는 선드라이 토마토와 비교하여 저장기간은 짧지만 조리시간이 절약되고 맛에 있어서는 비교될 수 없을 만큼 월등하다.

또한 만들고자 하는 요리사의 개성에 따라서 양념을 첨가할 수도 있고 그 반대일 수도 있으며 온도, 시간 등을 조절하여 약간씩 다른 맛을 낼 수 있으므로 자신만이 가질 수 있는 독특한 요리법을 개발할 수도 있다.

어쨌든 오븐드라이 토마토의 맛은 신선한 토마토의 엑기스를 농축하여 부드럽고 맛있는 새로운 토마토를 요리하는데 사용한다는 데는 두말할 필요가 없다.

준비재료

이탈리안 토마토(Italian tomato) / 5 kg
올리브 오일(Olive oil) / 100 ml
깐 마늘 얇게 썬 것(Thin sliced garlic) / 200 g
소금과 후추(Salt and pepper)

만드는 방법

이탈리안 토마토는 끓는물에 블랜치하여 껍질을 벗겨낸다. 사각 팬에 철망을 깔고 그 위에 토마토를 절반으로 잘라 질서 있게 놓는다. 얇게 썬 마늘을 골고루 뿌려주고, 소금과 후추, 올리브 오일을 발라준다. 90℃ 오븐에서 약 3시간 정도 말려준다.

● 오븐의 성격에 따라서 시간은 길어질 수도 있고, 그 반대일 수도 있다.

브레이징 엔다이브(Braising Endives)

마치 뿔같은가 하면 꽃봉오리같이 아름다운 엔다이브는 형태도 여러가지이고, 부르는 이름도 매우 다양하다. 그러나 이 책에서는 미국에서 일반적으로 벨기안 엔다이브로 불리우므로 '엔다이브'라 통칭하겠다.

엔다이브는 날것으로 샐러드에 사용하거나 조리하여 야채요리에도 다양하게 사용되는 식물의 일종으로 '치커리'라고 불리기도 한다. 엔다이브는 다양한 종류가 있지만 대부분이 쓴맛을 지닌 꼬불꼬불한 잎부분을 요리에 사용한다. 그러나 뿌리부분도 식용가능한데, 특히 엔다이브의 뿌리는 말린다음 커피대용으로 사용하는 경우가 많다. 우리나라의 치커리차가 그 대표적인 예이다.

엔다이브와 치커리 두 가지 이름 중에서 어떤 이름이 정확한 것인지 혼동될 때가 많은데, 영국에서 엔다이브라 함은 주름진 잎을 가진 상추류를 통칭하고, 미국에서는 이것을 치커리라 부른다. 그러나 영국에서 치커리라 함은 프랑스와 미국에서 엔다이브라고 부르고 있는 벨기안 엔다이브를 의미하는 말로 굳어져 있다. 명확하게 말한다면 엔다이브와 치커리는 영어의 관습적인 표현으로 말할 수 있다.

엔다이브는 크게 두가지 즉, 야생엔다이브와 컬리엔다이브로 구분된다. 야생엔다이브는 주로 봄철에 길가에 즐비하게 피어나는 일년생풀과 같이 파릇파릇 싹이 돋아나는데, 이 부드러운 어린잎을 따서 샐러드에 사용하게 된다. 이 어린잎들은 매우 쓴맛을 지니고 있으며, 이것은 무슬린 샐러드와 니코이스샐러드의 재료로 최적이다.

겨울날씨가 비교적 온화한 지중해지방에서는 겨울에도 야생엔다이브를 손쉽게 구할 수 있는데, 그늘진 곳에서 성장하는 겨울엔다이브는 봄철에 비하여 쓴맛이 덜하여 오히려 겨울철에 야생엔다이브를 좋아하는 사람들이 많다. 겨울철에 생산되는 엔다이브의 끝부분을 다듬어 깨끗하게 씻은 다음 비네그렛 드레싱을 곁들이면 최상의 샐러드를 만들어 낼 수 있다.

컬리엔다이브는 겨울, 여름할 것 없이 다양한 종류가 생산되고 있다. 프랑스 파리 서부근교에서 재배되고 있는 컬리엔다이브는 프랑스 샐러드요리에 중심재료로 사용된다. 그 색상도 다양해서 봉오리엔다이브, 흰색, 노란색 등 각각의 엔다이브가 기호에 맞게 생산된다. 컬리 엔다이브의 전형적인 모양으로 주위가 그린색을 띠고 안쪽으로 들어갈수록 연한노란색을 나타낸다.

이 엔다이브의 잎은 물결을 치는 듯이 조밀하게 모여 있고, 멀리서 보면 마치 커다란 꽃봉오리같은 착각을 일으킨다. 컬리엔다이브 역시 비네그렛 드레싱을 곁들이는 것이 전통적이며, 샬롯이나 머스타드, 마늘과 같은 기초양념을 곁들이면 더욱 좋고 경우에 따라서는 기름을 빼서 바삭바삭하게 만든 베이컨을 첨가해서 먹으면 새로운 맛을 느낄 수 있다. 프랑스 서쪽지방에서는 덜익은 꼬투리완두를 버터에 볶은 다음 호두와 올리브오일을 섞은 드레싱과 함께 컬리엔다이브를 곁들여 먹는 것이 특징으로 전해지고 있다.

준비재료

엔다이브(Endive)／5 kg
후레쉬 다임(Fresh thyme)／50 g
후레쉬 오레가노(Fresh oregano)／50 g
후레쉬 세이지(Fresh sage)／50 g
버터(Butter)／200 g
치킨스톡(Chicken stock)／4 *l*

만드는 방법

엔다이브를 절반씩 잘라 사각 팬에 질서있게 깔아둔다.

후레쉬 허브는 굵게 다져서 엔다이브 위에 골고루 뿌려주고, 소금, 후추 역시 골고루 뿌려준다.

바닥이 평평한 프라이팬에 버터를 두르고 엔다이브의 잘린 면과 뒷면을 색이 날 정도로 구워낸다.

브레이징팬에 구운 엔다이브를 다시 질서있게 정렬한다.

치킨스톡을 엔다이브가 잠길 정도로 붓고 쿠킹호일로 커버를 씌운다.

섭씨 165도 오븐에서 15분 정도 브레이징한 다음 식혀 냉장고에 보관한다.

비 트
(Beet)

요리를 하는 사람들에게 비트라 하면 우선적으로 붉고 선명한 색상을 먼저 떠올릴 것이다.

그런 까닭에서인지 우리나라에서는 비트 그 자체를 요리로 사용하기보다는 다른 요리의 가니쉬로 사용하는 것을 많이 보아왔다. 그 이유는 아직까지 우리나라의 서양요리가 대중화되지 못한 까닭일 것이다.

비트는 무 모양에 알과 같이 둥근 형태를 지니고 있으며, 붉은색, 진노란색, 흰색 등이 있다. 비트의 색은 조금씩 다르다 할지라도 맛에 있어서는 대동소이하다.

현재 많은 사람들이 즐겨 먹는 비트는 영국에서 인디아로 전해진 붉은 색을 지닌 것이 주종을 이루고 있다. 그 이유는 아마도 붉은 비트가 색상이 선명할 뿐만아니라 뿌리로부터 올라오는 잎이 아름답고, 야생에서도 넓게 분포하기 때문으로 분석된다. 또한 이러한 이유들이 사람의 본능을 자극하여 더욱 가깝게 만들었을 것이다.

1597년 요리저술가인 John Gerard는 그의 저서에서 비트는 삶아야만 먹을 수 있다고 했고, 비트와 관련지어 만들 수 있는 많은 요리를 소개하고 있는데 그 내용 중에서 비트의 크기나 모양과는 관계없이 어떤 것이든 사용할 수 있다고 전한다. 참으로 비트는 요리를 하는데 있어 다양성에 한계가 없는 것 같다.

James Trager는 그의 저서 "In terms of botany"에서 사람들의 창조적인 요리로 다른 어떤 것보다 비트에 있어서 월등하다고 말했다.

비트의 색은 아름답기 때문에 요리에 사용하면 맛을 보기도 전에 이미 요리에 대한 평가를 내리기도 한다. 비트는 육류요리, 생선요리, 샐러드, 소스 등 매우 다양하게 이용되고 있지만 본서에서는 주로 샐러드에 많이 이용하였다.

비트를 샐러드에 이용하기 위해서는 물론 날 것으로 사용하는 것도 좋지만, 삶거나 오븐에 굽는 방법을 권해보고 싶다. 그 이유는 삶을 때는 요리하는 사람의 개성에 따라서 식초, 레몬주스, 향료 등을 사용하면 그 맛이 월등히 달라지고, 오븐에 굽는 경우 비트의 맛이 농축되어 한층 더 깊은 맛을 내기 때문이다.

그밖에도 양파, 육류, 생선 등에 광범위하게 쓸 수 있다.

마늘과 딜소스를 곁들인 비트샐러드

(Beet and Bean Salad with Garlic-Dill Vinaigrette)

준비재료 (3 인분)

비트(Beet)／3 뿌리
그린빈스(Green beans)／500 g
흰콩(Dried white beans)／300 g
중간 크기의 붉은 양파(Red onion)／1 개
케이퍼(caper)／2 테이블스푼
마늘과 후레쉬 딜 소스(Garlic-dillvinaigvette) (만드는 방법 참조)

만드는 방법

비트는 소금을 넣은 물에 이쑤시개가 쉽게 들어갈 수 있을 정도가 될 때까지 삶은 다음 껍질을 벗기고 1/2 인치 두께의 네모로 썰어둔다.

그린빈스 역시 소금을 넣은 물에 푸른색이 유지되도록 삶아 1 인치 길이로 잘라둔다.

흰콩은 쓰다 남은 파마햄이나 당근, 셀러리 등을 넣고 완전히 부드러워 질 때까지 삶아 둔다.

붉은 양파는 비트와 같은 크기로 썰어준다.

케이퍼는 짠 소금기를 물에 씻어 타월로 물기를 제거해준다.

적당한 크기의 볼에 위의 재료를 모두 담고 마늘딜드레싱을 넣은 다음 골고루 섞이도록 잘 버무려 준다.

마늘딜 소스 (Garlic-Dill Vinaigrette)

후레쉬 딜(Fresh dill)／50 g
깐 마늘(Garlic clove)／2 쪽
레드와인 비네가(Red wine vinegar)／3 테이블스푼
올리브 오일(Olive oil)／300 ml
소금과 후추(To taste salt and pepper)／맛을 낼 정도

⇨ 다진 마늘과 딜, 붉은 식초를 믹서기에 담고 부드러워질 때까지 돌려준다. 적당한 크기의 볼에 옮겨 담은 다음 휘퍼로 천천히 저으면서 올리브 오일을 넣는다. 소금, 후추로 간을 한다.

휀 넬(Fennel)

휀넬의 생김새는 셀러리처럼 생겼고 맛은 아니스와 비슷하다. 우리나라에서는 "대향"이라 불린다. 재미있는 것은 휀넬의 원산지인 이탈리아에서는 "피노키오"라 부르지만 최상의 휀넬은 그저 휀넬일 뿐이다.

이탈리아 피렌체(Florentine) 사람들은 그 지방에서 생산되는 휀넬을 피노키오라 부르고 그들에게 있어서 휀넬은 우리나라의 김치와 같다고 볼 수 있다.

그들은 휀넬을 고기와 같이 찌거나, 올리브 오일에 버무리고, 파마산치즈와 곁들여 고객에게 제공하기도 하며, 굽고, 생선과 절이기도 하는 등 거의 모든 요리에 사용하고 있다.

19세기 유명한 저술가인 알렉산더 더마스(Alexander Dumas)는 이태리인의 시간(Italy of his time)이라는 리포트에서 이태리 사람들은 휀넬을 뿌리째 들고 다니면서 그들의 점심과 저녁에 빵과 함께 게걸스럽게 먹는다고 씌어 있다.

그밖에도 주 이탈리아 미국영사가 미국의 제3대 대통령인 토마스 제퍼슨(Thomas Jefferson, 1743~1826)에게 보낸 서한에서 이탈리아 피렌체사람들은 휀넬을 소금도 없이 날 것으로 먹으며, 그들은 어떤 야채나 과일보다도 휀넬을 좋아한다고 기술하고 있는데 이태리 사람들의 휀넬에 대한 선호도를 단적으로 말해주고 있다.

한편 제퍼슨은 휀넬을 피렌체 식물로 자신의 나라인 미국에 소개했는데, 아마도 미국 사람들에게 휀넬의 뿌리, 씨, 줄기, 잎 등을 상세히 소개함으로써 그들이 셀러리 줄기를 날 것으로 즐겨먹는 것처럼 휀넬도 요리에 사용되기를 원했는지도 모른다.

그렇지만 많은 이태리 이주민들이 미국으로 옮겨가기 전까지는 커다란 뿌리의 휀넬을 미국에서 발견할 수 없었다.

휀넬의 실제적인 기원을 더듬어보면 이집트와 그리스의 어원인 야채 즉, "마라톤"(Marathon)이라는 의미와 날씬해지기 위한(to grow thin) 식이요법 등에서 찾아 볼 수 있는데, 그 유명한 그리스의 마라톤전쟁이 일어난 지역이 휀넬로 뒤덥혀 있기 때문인 것으로 짐작해 볼 수도 있다.

어쨌든 우리나라에서는 아직 휀넬의 생산이 저조한 상태여서 대부분의 휀넬을 수입에 의존하고 있는 실정이다. 하지만 휀넬이 우리 입맛을 강하게 자극하면 머지 않아 휀넬의 향을 많은 곳에서 경험하게 될 것이다.

휀넬과 닭가슴살에 올리브를 곁들인 샐러드
(Fennel, Chicken and Nicoise Olive Salad)

준비재료 (3 인분)

휀넬(Large fennel bulb)／1 뿌리
닭가슴살(Chicken breast)／2 쪽
씨를 제거한 니코이스 올리브(Nicoise olive)／300 g
얇게 썬 차이브(Thin sliced chive)／100 g
마요네즈(Mayonnaise)／200 g
디존 머스터드(Dijon mustard)／1 테이블스푼
발사믹코 비네가(Balsamic vinegar)／1 테이블스푼
플레인 요거트(Plain yogurt)／200 ml
양상추(Head lettuce)／1 포기

만드는 방법

후레쉬 휀넬은 절반으로 자른 후 줄기를 떼어내어 얇게 썬다. 닭가슴살은 기름을 두른 프라이팬에 색을 낸 후 오븐에 구워 1.5 cm 두께로 네모 썰기한다. 차이브는 잘게 썰어둔다. 양상추는 먹기 좋은 크기로 손으로 뜯어 물에 담가 아삭아삭하게 만든다.

적당한 볼에 마요네즈와 머스터드, 발사믹코 비네가, 플레인 요거트, 소금과 후추를 넣고 휘퍼로 잘 저어준다.

양상추를 제외한 모든 재료를 넣고 가볍게 버무려준다.

접시에 물기를 제거한 양상추를 깔고 그 위에 버무린 샐러드를 올려 제공한다.

빈 스(Beans)

미국 원주민들에게 있어 "생활에 3자매가 있다"라는 말이 있는데, 이것은 바로 세 가지 야채를 뜻하는 말로써 빈스(Beans), 옥수수(Corn), 호박(Squash)을 칭한다. 그린빈스는 약 7000년전 멕시코에 정착한 정복자들에 의해서 신대륙에 들어온 매우 오래된 음식 중에 하나이다. 유럽에 전해진 것은 크리스토퍼 콜롬부스(Christopher Columbus)에 의해서 옮겨온 것으로 추정된다.

그린빈스가 유럽에 소개되자 마자 높은 호응을 얻게 된 것은 그 당시에 식용으로 사용되고 있던 "잠두(broad bean)"가 있었기에 거부반응없이 쉽게 식탁에 오를 수 있었다. 그 이유 외에도 그린빈스는 요리하는 방법이 아스파라거스와 비슷하였기 때문에 유럽의 요리장들에게 아스파라거스 대용으로 사랑을 받았다.

사실 17세기 백과사전 학자인 Randle Cotgrave는 그린빈스를 "스파라지 빈스(sperage beans)"라고 쓰기도 했다. 이탈리아 중부지방인 토스카나(Tuscany)에서도 그린빈스가 사랑을 받았는데, "mangiafagioli" 또는 "bean eater"라 불리웠다.

현대에 와서는 빈스가 전세계적으로 요리에 중요한 재료로서 널리 쓰이고 있으며 일반 대중들도 빈스의 맛에 길들여져 있다.

빈스요리를 발전시킨 요리장이라면 독일의 Blind Hnhn(Blind hen)가 빈스에 사보리(svory), 사과, 당근, 베이컨 등과 함께 요리하여 고객에게 제공하였고, 이탈리아와 미국 앨라바마 혼열인들의 빈스에 양파와 다른 야채를 곁들여 부드럽게 만드는 스튜방식을 들 수 있다. 이들의 빈스요리방식은 지금도 각 가정에서 흔히 즐겨 사용하고 있다.

그밖에도 "beans herb"라고 하여 버터와 사보리를 곁들여 그린샐러드로 이용하기도 하고, 펜실바니아주의 네덜란드 마을에서는 빈스를 피클로 즐기고 있다. 지금도 우리 주위를 살펴보면 아직 가정에서는 빈스요리를 찾아보기 힘들지만 조그마한 레스토랑만 가더라도 고기와 함께 제공되는 뜨거운 야채로 빈스가 종종 나오곤 한다. 하지만 가장 많이 사용되는 부분은 여러가지 양념을 섞어서 만들어진 샐러드라 할 수 있는데, 이것은 육류요리가 후퇴하고 새로운 야채요리 문화가 이미 시작되었음을 대변해 주는 것이라 할 수 있다.

요리를 하는 사람들은 "그 시대의 요리는 문화를 반영하고 있다"고 자신있게 말한다. 그것은 문화에 따라서 요리의 방법이 다르고, 재료가 바뀌고, 또한 그보다 더 중요한 사람들의 취향이 바뀌기 때문일 것이다.

그런데 빈스는 7000년전부터 지금까지 꾸준하게 사람들의 식탁에 오르내리고 있다. 요리방법에는 조금씩 차이가 있겠지만 빈스를 애호하는 사람들의 마음은 예나 지금이나 같을 것으로 생각한다.

모짜렐라치즈를 곁들인 그린빈스와 노란빈스 샐러드
(Green and Yellow Beans Salad with Mozzarella Cheese)

준비재료 (3인분)

그린빈스(Green beans)/300 g
노란왁스빈스(Yellow wax beans)/300 g
모짜렐라치즈(Mozzarella cheese)/200 g
붉은 토마토(Tomato)/1개
마늘 다진 것(Chopped clove garlic)/1쪽
디존 머스터드(Dijon mustard)/1티스푼
발사믹코 비네가(Basamico vinegar)/3테이블스푼
후레쉬 타라곤 다진 것(Chopped fresh tarragon)/1테이블스푼
올리브 오일(Olive oil)/50 m*l*
소금과 후추(Salt and pepper)

만드는 방법

그린빈스와 노란왁스빈스는 약 2인치 크기로 잘라서 소금이 가미된 물에 2분 정도 삶아 얼음물에 식힌다.

모짜렐라치즈는 작은 네모모양으로 살라둔다.

토마토 역시 씨를 제거한 다음 치즈와 같은 크기로 썰어둔다.

커다란 볼에 올리브 오일, 머스터드, 발사믹코 비네가, 타라곤 다진 것, 마늘 다진 것, 소금, 후추를 넣고 휘퍼로 내용물이 잘 섞이도록 젓는다.

준비된 빈스와 치즈, 토마토를 넣고 가볍게 버무린다.

오 이(Cucumber)

오이 역시 인류의 식생활과 오랫동안 같이해온 식물 중의 하나로 히말리아 풋힐(Foothills)에서 야생으로 자생하는 것을 인류가 식용으로 사용하였다고 전해지고 있는데, 약 3000 년 전부터 인디아에서 재배하기 시작하여 오늘날에 이르고 있다.

오이는 여러가지 종류가 전세계적으로 널리 퍼져 생산되고 있지만 오이 또한 두 가지가 가장 대표적으로 생산하는 방법에 따라서 온실오이와 노지오이로 나뉘어진다. 온실에서 재배되는 오이는 떫은맛이 약하나 부드럽다. 반면 노지에서 생산되는 오이는 껍질이 질기고 향이 강한 것이 특징이다. 다만 모양이나 표면은 오이의 크기와 종류에 따라서 조금씩 다르고 맛은 대동소이하다.

오이의 성분으로는 물이 전체 96%를 차지하고 칼로리가 매우 낮아 100 g 당 12 cal 정도이다. 그렇지만 다량에 미네랄과 비타민 A 와 C, E 가 함유되어 있다.

오이를 날것으로 요리에 사용할 때에는 떫은맛을 제거하기 위해서 약간의 소금을 첨가하여 절인 다음 양념을 첨가하면 된다. 그러나 이때 주의해야 할 점은 떫은맛은 없어진다 할지라도 오이에서 흘러나오는 수분과 함께 오이향이 날아갈 수 있으므로 물기가 많이 나오지 않도록 주의해야 한다.

오이는 오래 전 아시아에서 천주교도들에 의해 유럽으로 전파되었는데 오이에 대한 고대로마 요리사들의 애정은 특별하다고 볼 수 있다. 기록에 의하면 "오이는 태양이 만들어낸 모든 것과 비싸고 높은 품질의 와인과 박하를 넣어 '작은 요정(a little Sylphium)'을 만들어 낸다"고 한다.

또한 티베리우스왕(Emperor Tiberius)은 오이를 매우 좋아했기에 오이가 생산되지 않는 계절에는 마차에 오이를 심어 낮에는 햇빛을 쪼여 오이를 생산하도록 하여 식탁에 올렸다고 한다. 그렇지만 오이를 좋아하는 것은 티베리우스왕만은 아니었다. 일반 사람들이 들판의 벌레가 우글거리는 야생오이 넝쿨에서 손가락만한 오이를 따먹는 모습을 기록으로 전하고 있다.

천주교도들은 오이를 먹는데 갈거나, 튀김, 찜, 피클, 다른 재료로 속을 채우는 등 매우 다양하게 요리하였다. 1700년대 말 쉐이커(Shaker religious ; 기독교의 일파)의 교리에 오이에 대한 내용이 있어 매우 흥미롭다. 그들은 그것이 자신들에게 물려준 하나님의 축복이라 여겨, 광신자들은 오이를 그들의 기도기간 중 식이요법으로 사용하기도 했는데, 병을 치료하거나 피부를 아름답게 가꾸는 효력을 지니고 있다고 전한다. 한편 일본인들이 오랜 세월동안 가지를 쪄서 먹은 것처럼 인디언들은 오이를 그들의 주요 음식인 샐러드로 만들어 먹어왔다.

최근 과학적인 근거에 의하면 오이에는 비타민 E가 다른 야채에 비하여 월등히 많다는 결과가 나왔다는 것을 보면 사람들이 옛날부터 지금까지 오이를 즐겨 먹은 것이 결코 우연만은 아닌 듯 싶다.

파인애플과 오이샐러드
(Pineapple-Cucumber Salad)

준비재료 (3 인분)

중간크기 오이(Cucumber)／2 개
잘 익은 후레쉬 파인애플(Fresh pineapple)／1 개
붉은 피망(Red bell pepper)／3 개
후레쉬 생강 갈은 것(Grated ginger)／1 티스푼
붉은 양파(Red onion)／1 개
흑설탕(Brown sugar)／3 테이블스푼
후레쉬 레몬주스(Fresh lemon juice)／3 테이블스푼
엔다이브 잎(Endive leaf)／100 g
소금과 후추(Salt and pepper)
옥수수기름(Corn oil)／50 m*l*

만드는 방법

오이는 소금으로 씻어 껍질을 까서 둥글게 썰어놓는다.

파인애플 역시 껍질을 까고 중앙에 단단한 부분은 길집을 넣어 제거하고 다시 1/4 등분하여 0. 5 cm 두께로 썰어둔다.

피망은 씨와 씨방을 제거하고 굵은 줄리앙으로 썰어둔다.

엔다이브는 밑동을 잘라 잎들을 조심스럽게 떼어내어 절반씩 갈라 놓는다.

준비된 모든 재료를 볼에 담고, 콘 오일과 레몬주스, 설탕, 소금, 후추를 넣고 살짝 버무려준다. 이러한 오이 샐러드는 석쇠에 구운 고기나 생선 등과 잘 어울리므로 식단을 만들 때 조금만 신경쓰면 훌륭한 맛의 조화가 이루어질 수 있다.

셀러리(Celery)

네덜란드의 부인과 전문의인 반디벨드(Van de Velde)는 그의 저서 "영혼의 결혼 (Ideal Marrige)"에서 "셀러리는 정력에 좋은 효과가 있다"고 쓰고 있다. 그러한 말을 뒷받침이나 하듯 로마에서는 많은 사람들이 셀러리가 숙취를 제거해 준다고 믿고 있다.

또한 중세 마술사들은 '소량의 셀러리 씨를 신발에 넣고 다니면 사람들이 날아다닐 수 있다'고 하는 전설로 미루어 볼 때 셀러리에 대한 효능을 믿는 사람들이 상상 외로 많은 것으로 생각된다.

어쨌든 이러한 이야기들은 셀러리를 야채 중에서 으뜸의 위치에 올려놓는데 많은 공헌을 하였고, 요리를 하는데 있어서 셀러리의 역할을 강조되도록 하였다.

셀러리는 고대에서 지금까지 언제나 대중들의 곁에 있었다. 그 증거로 그리스에서는 모든 요리의 양념으로 셀러리가 쓰여졌고, 고대 로마에서는 디저트에 셀러리향을 첨가하였다.

그 후 16세기 유럽에서는 셀러리의 잎, 씨, 줄기 이 모든 것이 요리에 두루 사용되었으며 의약품으로도 이용되었다.

또한 덴마크의 전통요리인 Blad-selleri(블루치즈 수프의 일종, Rich blue cheese)에 셀러리를 기본재료로 사용하고 있으며, 우리가 흔히 알고 있는 월돌프샐러드(Waldorf salad)의 본래 레스피에는 사과와 셀러리의 비율이 50 : 50으로 사용되고 있다.

셀러리의 경작은 1600년경 프랑스에서 시작되었는데 그 당시 적어도 30종류가 넘는 다양한 셀러리가 개발되어 호황을 이루었다. 현재 미국에서는 캘리포니아와 플로리다주에서 미국 전역에서 사용되는 셀러리의 80%를 생산하고 있는데 이것은 이 지역이 셀러리가 성장하기에 좋은 기후조건을 지니고 있기 때문이다. 우리나라에서도 셀러리의 생산은 비교적 좋은 편이어서 양질의 셀러리를 요리에 사용하는데는 별로 불편이 없다.

셀러리는 요리에 사용하기에 매우 적합한 특성을 지니고 있다. 그것은 셀러리의 재배가 일년 내내 가능할 뿐만아니라 다른 야채와 비교하여 사용이 매우 간단하다.

여러분이 요리할 때 주위를 둘러보면 언제든지 셀러리를 발견할 수 있다는 것은 셀러리가 서양요리에서 차지하는 비중이 얼마만큼이라는 것을 대변해 준다.

셀러리와 당근 피클
(Pickled Celery and Carrots)

준비재료 (6인분)

올리브 오일(Olive oil)／60 m*l*
후레쉬 레몬주스(Fresh lemon juice)／5 테이블스푼
후레쉬 딜 다진 것(Fresh dill chopped)／2 테이블스푼
후레쉬 다임 다진 것(Fresh thyme chopped)／1/2 티스푼
파슬리(Sprigs parsley)／2 작은 줄기
월계수 잎(Bay leaf)／1
부드러운 셀러리(Celery)／4 줄기
중간 크기의 당근(Carrots)／4 뿌리
소금과 검은 통후추 갈은 것(Salt and fresh ground black pepper)

만드는 방법

셀러리와 당근은 깨끗하게 씻은 후 같은 크기(약 2인치)로 썰어 놓는다. 커다란 소스 팬에 올리브 오일과 레몬주스, 소금, 허브, 후추를 넣고 끓인다. 끓기 시작하면 셀러리와 당근을 넣고 한 번 정도만 살짝 소테한다.

야채가 잠길 정도로 물을 붓고, 뚜껑을 덮은 다음 낮은 온도에서 15분 정도 끓여준다. 당근과 셀러리가 익었으면 식힌다. 완전히 식은 다음 유리 그릇에 옮겨 약 24시간 정도 냉장고에 보관한 다음 사용하면 좋다.

셀러리, 당근 피클은 안티파스토나 샌드위치, 고기요리의 가니쉬 등으로 매우 다양하게 쓰인다.

브로커리(Broccoli)

브로커리를 좋아하는 사람은 요리되어 있는 브로커리를 보기만 하여도 전율을 느낀다고 한다. 바삭바삭한 줄기에 우거진 숲과 같은 모습의 파란 브로커리는 마치 자신의 숲으로 오라고 유혹하는 것처럼 느껴질 때도 있다.

브로커리는 끓는물에 살짝만 데쳐주는 것이 좋은데, 누구나 간단하게 조리하여 맛있고 훌륭한 요리를 만들어 낼 수 있다.

요리를 하는 사람들은 오래 전부터 브로커리의 진가를 인정하고 맛에 대하여는 의심하지 않았다.

따라서 브로커리를 요리하는 방법도 다양해서, 날 것으로 딮 소스(dip sauce)에 찍어 먹기도 하고, 부드러운 줄기를 썰어서 소스와 샐러드, 수프에 사용하기도 하며, 고기종류와 곁들여 제공되는 등 각종 요리에 이용해 왔다.

고대 로마시절의 요리사들은 향이 강한 큐민(Cumin), 커리앤더(Coriander) 등을 브로커리와 같이 조리했고, 중국에서는 전통적으로 기름에 튀기는 요리를 중시하므로 브로커리의 작은 줄기를 하나하나 떼어 내거나, 줄기를 얇게 썰어 높은 열을 가한 기름에 튀겨 바삭바삭한 맛을 유지시켰다.

16세기 프랑스 요리사들은 브로커리에 대하여 아무런 가치를 느끼지 못했는데 헨리 2세(Henry II, in 1533)와 결혼한 캐서린(Catherine de Medicis)에 의해서 브로커리에 대한 요리법이 소개되었고, 곧 많은 사람들에게 알려지게 되었다. 그러나 브로커리가 세계적으로 알려지는데 결정적인 공헌을 한 사람들은 아마도 이탈리아 요리사들일 것이다.

그들은 브로커리를 조리하는 수만 가지 래스피를 가지고 있었으며, 지금도 대부분의 조리방법이 이탈리아지역을 중심으로 즐겨 사용되고 있다.

브로커리의 의미는 이태리어 중에서 가지를 나타내는 말이 바로 “Brocco”인데 여기에서 발전된 것으로 추정되고 있다. 왜냐하면 브로커리는 작은 가지가 모여서 하나의 덩어리를 이루고 있기 때문이다.

따뜻한 브로커리와 베이컨, 검은 올리브 샐러드

(Warm Broccoli, Bacon, and Black Olive Salad)

준비재료 (3 인분)

중간 크기의 브로커리(Bunch broccoli)／2 덩어리
엔다이브(Endive)／2 포기
베이컨(Bacon)／200 g
마늘 다진 것(Minced clove garlic)／2 쪽
발사믹코 비네가(Balsamico vinegar)／3 테이블스푼
노란색의 말린 건포도(Golden raisins)／60 g
검은 캔 올리브(Pitted can black olives)／150 g
소금과 후추(To taste salt and pepper)／맛을 낼 정도

만드는 방법

브로커리는 한입에 먹기 좋은 크기로 약간의 줄기가 붙어 있도록 잘라 소금을 넣은 물에 데쳐 놓는다.

엔다이브는 잎을 조심스럽게 떼어내어 절반씩 잘라 놓는다.

베이컨을 네모썰기하여 프라이팬에 볶아 기름기를 빼고, 생성된 기름을 다른 팬에 옮겨 담아 마늘 다진 것을 넣고 마늘향이 고소하게 우러나올 때까지 볶아준다.

발사믹코 비네가와 노란 건포도를 넣고 1 분 정도 끓여준다.

적당한 볼에 브로커리와 엔다이브를 담고 베이컨, 마늘과 같이 볶은 건포도를 넣고 한두 번 버무려준다.

소금과 후추로 간을 한다.

아보카도(Avocado)

아보카도는 아보카도 나무에 열리는 열매를 말한다. 이 열매를 수확할 때는 아무리 많은 양의 아보카도라 할지라도 수작업에 의존한다. 그 이유는 품질의 유지와 숙성하는데 조금이라도 흠이 있으면 쉽게 썩기 때문이다. 아보카도를 보관할 때는 너무 찬 곳은 피해야 한다. 특히 냉장고에 보관하는 것은 아보카도가 숙성하는데 매우 좋지 않다.

아보카도가 단단하다 할지라도 상온에서 숙성되기 때문에 부드러운 천이나 왕겨, 쌀 등을 바닥에 깔고 보관하여 3~4일 후면 훌륭하게 숙성된 아보카도를 얻을 수 있다. 그러나 비닐봉지나 산소가 없는 진공상태에서는 숙성이 중지된다. 일단 껍질을 제거한 아보카도는 모두 사용하는 것이 좋다. 아보카도의 속부분은 공기와 접하게 되면 검은색으로 변하므로 이것을 요리에 사용하게 되면 결코 고객들의 입맛을 자극하지 못하기 때문이다.

아보카도는 고대 잉카제국시 왕에게만 상납되는 신비의 열매로 알려져 있다. 이것은 아보카도가 함유하고 있는 영양과 맛을 단편적으로 말해주는 것이다. 현대에 와서도 아보카도는 부드러운 맛과 깊은 향으로 많은 사람들을 유혹하고 있다. 그에 못지 않게 아보카도가 과일인가 또는 야채인가를 놓고 벌이는 많은 논쟁 역시 아보카도에 대한 사람들의 관심으로 풀이된다.

이러한 논쟁의 발단은 아보카도가 나무에 열리며 과일과 같은 씨앗을 지니고 있는 반면 그 맛이나 영양소의 구성에 있어서는 야채의 그것에 가깝다는 것이다. 하지만 이러한 논쟁거리는 학자들에게 맡겨두고 요리를 하는 사람들은 어떻게 하면 아보카도를 이용하여 맛있는 요리를 만들어 내는가에 관심을 갖는 것이 좋을 것이다.

아보카도의 씨를 제거하고 새우살이나 치킨으로 속을 채우고 버터에 굽는다던가, 곱게 갈아서 무스로, 수프에, 샐러드, 소스, 아이스크림 등의 요리로 미식가의 혀를 자극하는 것은 요리인의 몫이다.

브라질 사람들은 아보카도를 과일로 취급하고 있다. 그들은 껍질을 깐 아보카도를 곱게 갈아서 설탕을 첨가한 다음 맛있는 디저트를 만들어 내는 훌륭한 기술을 갖고 있다. 아보카도잎을 사용하는 사람들은 라틴국가들로 토틸라(Tortilla)라고 하는 옥수수빵을 만들어 오븐에 구울 때 아보카도잎으로 싸서 굽는다.

이렇게 구우면 빵에서 아니스와 같은 향이 난다. 아보카도가 처음으로 경작된 것은 7000 년전으로 추정되며, 스페인 이전인 아즈텍에서 처음으로 먹기 시작한 것으로 전해지고 있다.

아보카도의 어원은 라틴어인 "ahuacatl"에서 유래되었다. 이 뜻은 남성의 고환이라는 의미를 지니고 있다. 나무에 달린 아보카도가 마치 남성의 그것과 비슷하게 생겼기 때문이 아닐까? 현재 아보카도가 가장 많이 생산되고 있는 곳은 미국의 캘리포니아와 플로리다주로서 미국 내 생산의 80 % 를 차지하고 있다.

우리나라에도 제주도에 주렁주렁 달린 아보카도농장이 생겨났으면 하는 상상과 기대를 해본다.

아보카도와 새우 샐러드에 토틸라 샐러드
(Avocado and Shrimp Salad with Tortilla Salad)

준비재료 (3 인분)

중간 크기의 아보카도(Medium size avocados) / 3 개
레몬주스(Fresh lemon) / 1 개
후레쉬 오레가노 다진 것(Fresh oregano chopped) / 1 티스푼
말린 큐민(Dried cumin) / 1 티스푼
사워크림(Sour cream) / 150 m*l*
중간 크기 새우(Shrimp) / 15 마리
씨를 제거한 검은 올리브(Pitted black olives) / 100 g
토틸라(Tortilla) / 3 장
소금과 후추(Salt and pepper) / 맛을 낼 정도
식용유(Salad oil) / 1 *l*

만드는 방법

새우는 소금과 통후추를 넣은 물에 삶아 절반으로 자른다. 아보카도는 조심스럽게 돌려가며 칼집을 넣고 비틀어 씨를 제거한 다음 껍질을 벗기고 0.5~1 cm 두께로 썰어둔다.

토틸라는 웨지(Wedges)로 잘라 180℃ 기름에 튀겨 건져낸다.

적당한 볼에 토틸라를 제외한 모든 재료를 담고 잘 버무려 준다.

접시 중앙에 샐러드를 담고 준비된 토틸라를 접시주위로 돌려가며 보기 좋게 놓는다.

버 섯(Mushroom)

버섯은 서양요리에 있어서 매우 밀접한 관계를 갖고 있으면서도 때로는 맹독을 지닌 버섯들 때문에 많은 논란을 일으키곤 하였다. 한때 버섯은 아무런 가치도 없으면서 사람을 유혹하여 해를 입힌다는 혹독한 평가를 받기도 하였다. 그 당시 어떤 미식가는 "아무리 맛이 있는 요리법을 사용해서 버섯을 조리했다 할지라도 목숨을 걸만큼 그것을 먹고 싶지는 않다."라고 하여 버섯독을 무릅쓰고 버섯을 먹는데 얼마만큼의 용기가 필요했었는지 미루어 짐작할 수 있다.

1800년대 당시만 해도 버섯은 일반 가정에서 먹기에는 상당한 어려움이 있었다. 이때 Mrs. Marion Harland에 의해 씌어진 "가정주부의 일반상식"(Common sensein Household : A Manual of Practical Housewifery)에서 그녀는 시장에서 팔고 있는 버섯을 식재료의 선택기준에서 제외시켰고, 야생버섯을 수집하는 사람들에게는 자신의 판단을 신뢰하고 버섯에 들어 있는 여러가지 독에 대하여 경계해 줄 것을 당부하는 내용에 글을 쓰고 있다. 그리고 그녀 자신도 "나는 결코 버섯을 먹지도 요리하지도 않겠다."는 말을 남길 정도로 버섯에 대한 혐오감은 대단했다.

지금도 그녀의 주장 중에서 설득력이 있는 부분은 다음과 같이 독이 있는 버섯의 감별방법이데, "버섯을 양파와 같이 삶거나 은수저로 저었을 때 양파의 색이 검은 색으로 변하거나 은수저의 색이 변하면 먹지 않는 것이 좋다." 또는 "색깔이 화려하고 예쁘게 생긴 버섯은 일단 독이 들어있는 것으로 의심할 것"을 명시하고 있다. 그녀의 이러한 독버섯 감별은 현대에 와서도 흔히 사용되고 있다. 하지만 버섯을 애호하는 사람들의 주장은 그 반대이다.

버섯 애호가로는 19 세기초 알렉산더 더마스(Alexander Dumas)를 들을 수 있는데 그는 버섯이야말로 최고의 음식이라 칭찬하고 특히 표고버섯(cépes)은 힘을 솟게 하는 원천이라고 극찬을 아끼지 않았다. 그는 또한 모렐(Morels)이 식욕을 촉진시키고, 장의 기능과 위를 튼튼하게 하는데 도움을 줄 뿐만아니라 소스에 아주 중요한 역할을 하는 만능의 재료라고 격찬하였다.

20 세기 접어들면서 야생버섯에 대한 독의 논란은 줄어들지 않았지만 시장에서 판매되고 있는 버섯에 대하여는 독에 대한 성격을 달리하였다. 그것은 정확한 검증을 받고 식용으로 하여도 좋다는 승인을 얻은 버섯에 한하여 시장에서 거래될 수 있었기 때문이다. 이들 시장에서 승인을 얻은 버섯들은 양송이(Button Mushroom), 찬트라(Chanterelle), 팽이버섯(Enoki), 모렐(Morel), 느타리버섯(Oyster Mushroom), 표고버섯(Shiitake) 등 우리들 주위에서 흔히 볼 수 있는 것들이다.

이때부터 버섯은 비스큐(Bisques), 튀김, 소스, 스플레, 피클, 또는 날 것으로 샐러드 등에 급속하게 이용되었다. 버섯이야말로 요리의 재료로서 뒤늦게 사람들과 친숙해졌다 해도 과언이 아닐 것이다. 그렇지만 버섯 역시 고대 석기시대부터 인간이 식용으로 사용해온 재료 중의 하나이다. 그것은 고대 이집트의 파라오에서 음식물의 일부로 기록이 남아있고, 프랑스의 요리기록이 그것을 뒷바침해 주고 있다.

과학이 발달한 현대에 와서도 버섯은 매우 신비스러운 존재로써 그 비밀을 우리에게 완전히 보여주지 않고 있다.

구운 송아지고기와 느타리버섯 샐러드
(Crisp Veal and Oyster Mushroom Salad)

준비재료 (3 인분)

버터(Butter)／50 g
송아지 엉덩이살(Veal)／200 g
느타리버섯(Oyster mushroom)／300 g
후레쉬 세이지 다진 것(Fresh sage chopped)／1 티스푼
붉은 고추 다진 것(Chopped red pepper)／1/4 티스푼
발사믹코 비네가(Balsamico vinegar)／3 테이블스푼
푸른 모듬 샐러드(Mixed green salad)／300 g
오일(Olive oil)／2 테이블스푼
밀가루(Flour)／3 테이블스푼

만드는 방법

송아지고기는 0.2 cm 두께로 썰어 소금과 후추로 간을 한다. 프라이팬에 버터와 기름을 섞어 두르고 열을 가한 다음 송아지고기에 밀가루를 뿌려준다. 팬에 송아지고기의 양면이 노란색이 날 때까지 구워준 다음 꺼내서 식힌다.

같은 팬에 느타리버섯을 넣고 적당하게 구워지면 세이지 다진 것과 붉은 고추 다진 것을 넣고 약 2 분 정도 더 익힌다. 준비해 둔 송아지고기를 넣고 발사믹코 비네가를 첨가해 준다. 적당한 볼에 푸른 모듬 샐러드를 담고 송아지고기와 느타리버섯을 뜨거운 채로 넣는다.

살짝 버무려 더운 상태로 고객에게 제공한다.

아티초크(Artichoke)

얼마 전까지만 해도 아티초크는 예쁘게 생긴 푸른 꽃봉오리에 지나지 않았다. 왜냐하면 그것을 먹기에는 너무 단단해 보였기 때문이다.

하지만 새로운 요리방법이 소개되면서 여러 종류의 아티초크 중에서 몇 가지만을 제외하고는 우리들의 식탁에서 사랑받는 요리로 남게 되었다.

아티초크가 요리와 친숙해질 수 있었던 것은 그것이 갖고 있는 어떠한 영양학적 근거보다는 그것을 먹거리로 하려는 사람들의 열정이 더 크게 작용한 것으로 보인다.

이탈리아에서는 여러 종류의 아티초크가 생산되는데 그 중에서도 자줏빛 아티초크는 날 것으로 가늘게 썰거나 잘게 찢어서 편편한 널빤지에 깔아 올리브 오일을 뿌려 절인다음 그대로 먹는다. 이 아티초크는 색상부터가 전통적인 푸른 아티초크와 차이가 난다.

색상으로 볼 때 흰 아티초크는 프랑스에서 많이 자라고 있는데 살짝 데쳐서 요리에 사용하고 있다. 이 아티초크는 미쳐 피어나지 않은 부드러운 부분을 요리에 사용하는데 그것이 가지고 있는 독창적인 맛보다는 다른 양념을 첨가함으로써 훌륭한 맛을 낸다.

프랑스 역시 이탈리아와 마찬가지로 많은 종류의 아티초크가 자라고 있는데 엷은 자줏빛을 띠는 라벤더 아티초크가 역시 날 것으로 식용이 가능하다.

프랑스에 아티초크 요리법을 소개한 것은 15세기 중반 캐서린(Catherine de Me'dicis)이라고 할 수 있다.

그녀는 외관상 밑부분이 없어 보이는 아티초크를 프랑스로 가져와 요리에 사용했는데 그녀의 부군인 헨리 2세(Henry II)를 통해서 프랑스에 소개되었다 해도 과언이 아닐 정도로 헨리 2세는 귀족들과 만찬을 즐겼다. 또한 캐서린의 아티초크에 대한 열정은 남달랐다. 그녀는 특히 아티초크 하트를 밀가루에 묻혀 기름에 튀기는 요리를 즐겨먹었다.

이러한 이유 때문에 아티초크가 프랑스와 스페인에 급속하게 대중화되었다. 19세기에 와서 Maetha Washington이 쓴 "Books of Cookery"에서는 아티초크를 건강식으로 소개하고 있다. 그의 래스피에는 아티초크 파이, 무스, 빵 등 거의 모든 요리에 아티초크를 사용하고 있다.

아티초크는 바깥쪽의 짙은 잎을 하나하나 떼어내면 매우 부드럽고, 보물 같은 안쪽 잎을 발견하게 된다. 아무리 작은 봉오리의 아티초크라 할 지라도 이러한 보물을 지니고 있다. 아티초크를 조리할 때는 줄기도 포함하여 쓰기도 하는데 사용하기전 껍질을 벗기고 썰어주는 것이 좋다. 하지만 때로는 쓴맛을 지닌 경우도 있다. 후레쉬 아티초크를 다듬을 때 색깔이 변하는 것을 막기 위하여 레몬주스를 탄 물을 사용할 수 있는데, 500 m*l* 정도의 물에 1개의 후레쉬 레몬을 짜서 넣으면 적당하다. 이렇게 하면 하루 정도는 색깔이 변하지 않고 보관할 수 있다.

꿀과 머스터드소스를 곁들인 아티초크
(Artichoke with Honey Mustard Sauce)

준비재료 (3인분)

플레인 요거트(Plan yogurt)／100 m*l*
후레쉬 레몬주스(Fresh lemon juice)／1 티스푼
후렌치 머스터드(French mustard)／30 g
잘게 썬 차이브(Thin sliced chive)／2 테이블스푼
후레쉬 아티초크(Fresh artichoke)／10 송이

만드는 방법

아티초크의 단단한 겉껍질을 떼어내고 부드러운 속잎만을 남겨두고 맨윗부분을 잘라낸다음 절반으로 잘라 레몬주스를 섞은 물에 담아둔다.

소금을 넣은 물에 부드러워질 때까지 삶은 다음 건져 상온에 둔다.

적당한 볼에 요거트와 머스터드, 꿀, 차이브를 담고 완전히 섞일 때까시 부느럽게 저어준다.

접시에 아티초크를 돌려가며 보기 좋게 놓은 다음 준비된 소스를 뿌려 손님에게 서브한다.

제 2 부

에피타이저

요리를 즐기는 데는 여러가지 방법이 있다. 특히 서양요리에 있어서는 더욱 그러하다. 러시아의 위대한 명조리장인 "위르뱅 뒤브아(Dubois Urbain ; 1818~1901)"가 프랑스요리에 러시아식 요리방법인 코스별 요리를 접합시키면서 세계적으로 발전시키는 계기를 마련하였다. 에피타이저는 바로 이러한 코스메뉴에서 제공되는 순서적 요리로서 목적이 분명하게 나타나고 이해하기도 쉽다.

프랑스에서는 Hors d'oeuvre 라고 하며, 영 · 미에서는 에피타이저라고 하는데, 프랑스의 어원적 의미로 볼 때 Hors d'oeuvre 의 Hors 는 "앞"을 의미하고 oeuvre 는 "식사"를 뜻한다. 즉 식사 전에 제공되는 요리를 가리킨다.

따라서 에피타이저가 식사 전에 제공된다는 점에서 그 목적과 역할 역시 식욕을 일으킨(Appetissant)다든지, 식욕을 촉진(Appetizer)시킨다는 의미로 풀이된다. 이와같은 맥락에서 북유럽에서는 스모가스보드(smogasbord), 중국에서는 리앵반(冷盆), 러시아에서는 자쿠스키(zakuski)라고 부르고 있다.

에피타이저의 기원에 대하여는 학자들에 따라 조금씩은 차이가 있지만, 러시아에서 연회를 하기 전에 참석자들에게 주류와 함께 간단한 요리를 제공한데서 시작되었다고 한다. 이밖에도 중세기 이탈리아의 번성기에 이탈리아의 요리가 프랑스에 전해지면서 발전했다는 설도 있다.

PART 2

Appetizer

물론 각국마다 나름대로의 에피타이저 형식의 요리가 있으나, 그 목적은 대동소이하다. 에피타이저가 전체적인 요리를 맛있게 먹을 수 있도록 식욕을 돋구어 주고 요리 자체에 대하여 친근감이 갈 수 있도록 하기 위해서는 다음과 같은 몇 가지 조건을 구비하는 것이 좋다.

첫째, 맨 처음 제공되는 요리인 만큼 고객의 미각을 자극시킬 수 있는 향과 시각적인 아름다움이 갖추어져야 한다.

둘째, 주요리에 사용되는 재료와의 반복을 피하고 영양적으로 균형이 잡히도록 해야 한다.

셋째, 소화촉진을 위하여 타액을 충분히 촉진시킬 정도의 자극적인 맛이 나도록 한다.

넷째, 소량으로 계절감각을 느낄 수 있고, 특색이 뚜렷이 나타나도록 한다.

에피타이저의 종류는 크게 나누어 찬 것과 더운 것으로 구분할 수 있는데 찬 것은 Hors d'oeuvre Froid(Cold)라 하고 더운 것은 Hors d'oeuvre Chaud(Hot)이라 하며 다시 세분되어 종류별로 나눠진다.

본서에서는 보다 전문적이고 구체적으로 다루기 위하여 정찬에서 제공되는 에피타이저만을 다루었다.

허 브(Herbs)

허브가 요리에 미치는 영향은 대단하다. 특히 서양요리에 있어 허브의 사용은 요리의 맛을 좌우하는 중요한 요소로서 자세히 알아둘 필요가 있다. 우리나라 요리에는 고춧가루를 많이 사용하고 있는데 만약 "매운탕"에 고춧가루를 사용하지 않았다면 이것은 결코 "매운탕"이라고 할 수 없을 것이다. 그렇다고 해서 사용하지 말아야 할 요리에 사용한다면 그것 또한 엉뚱한 요리로 변해버리는 것이 고춧가루의 특성인 것처럼 허브 역시 사용해야 할 요리와 그렇지 않은 곳을 적절히 구분하여 첨가해야 한다.

에피타이저와(Appetizer)와 샐러드(Salad)에 있어서 허브의 사용은 일반적으로 가공하지 않은 자연 그대로의 것을 많이 사용하게 되는데, 전문가의 입장에서도 그 생김새나 모양, 향 등이 익숙하지 않아 혼동을 일으키는 경우가 자주 있다.

허브는 대체적으로 그 줄기나 꽃 등의 형태가 작다. 종족번식을 위해서는 벌과 나비를 유혹해야 하는데 꽃이나 줄기가 작아 잘 보이지 않으므로 멀리서도 향을 충분히 느낄 수 있도록 매우 강한 방향성 물질을 지니고 있다.

이러한 허브의 특성은 요리와 고객의 관계에서도 적용되는데, 요리가 완성된 후 한줄기 또는 그 이상의 허브를 접시에 얹어 제공함으로써 고객은 요리를 먹기 이전에 후각으로 요리를 음미하고, 다음으로 미각으로 음미하므로 고객의 전체감각을 자극시키는 역할을 하게 된다. 이러한 이유로 중세에서는 허브가 마약이라 불릴 정도로 과대평가되기도 하였다.

향신료의 사용은 동양과 서양에 있어서 약간은 다른 방향에서 시작되었다고 볼 수 있다. 동양에서는 대부분이 농경사회에 바탕을 둔 식생활을 하고 있었기에 굳이 냄새가 강한 향신료를 요리에 사용할 필요성을 느끼지 못하였다. 따라서 순한 맛을 내는 향신료는 요리에 사용하였고, 강한 향신료는 약용으로 많이 사용했다.

서양의 경우에도 향신료를 약품으로 사용하지 않은 것은 아니나, 그들의 주식이 육류에 바탕을 둔 관계로 조리시 나는 냄새를 없애고 저장과정에서의 부패를 방지하기 위한 방법으로 많이 사용하였다. 이러한 이유 때문에 향신료의 가격이 비싸다할지라도 사용하지 않을 수 없었고, 비싼 만큼 그것을 획득하려는 노력과 주도권 다툼은 매우 치열했을 것이다. 어쨌든 허브는 현대에 와서도 그 용도와 쓰임새가 날로 증가하고 있다.

육류를 이용한 에피타이저

(Meat Appetizer)

육류를 에피타이저에 사용할 때는 요리목적에 따라 적당한 부위를 선택해야 한다. 오늘날 육류의 소비경향은 지방질이 많은 부분보다는 단백질이 많은 살코기부분을 선호하고 있으며, 상당한 양의 야채를 곁들여 먹는 것이 대중화되어 있다. 이러한 이유는 동물성 지방에 포함되어 있는 콜레스테롤(Cholesterol)때문이기도 하겠지만 균형있는 영양을 섭취하겠다는 인간의 의지이기도 하다.

에피타이저에 사용되는 육류는 가급적 근육조직이 부드러운 부분을 사용하는 것이 좋다. 따라서 에피타이저의 재료로 쓰이는 육류의 부위는 운동량이 적은 안심이나 등심살을 사용하고 있다.

근육조직이 비교적 단단한 부위로 만들어진 이탈리안 파마햄(Parma Ham)이나 양념에 말린 쇠고기(Air Dry Beef) 종류는 얇게 썰거나 첨가제를 이용하여 부드럽게 하는 조리방법을 선택한다. 그리고 때에 따라서는 근육 속에 포함되어 있는 지방의 비율에 따라 부위를 선택하기도 한다.

그밖에 운동량에 관계없는 부위로 간(Liver), 송아지의 목젖(Sweetbread) 등을 이용하면 좋지만 무엇보다도 요리를 하는 사람의 정성과 재료에 맞는 적절한 조리방법을 선택하는 것이 중요하다.

다른 재료에서도 마찬가지겠지만 특히 육류를 이용해서 요리할 때는 온도조절과 적절한 시간의 선택이 필요하다. 그 이유는 육류의 요리시 익히는 정도의 차이가 육질의 부드러움과 단단함에 적지 않은 영향을 주므로, 완전히 익혀야 될 것과 그렇지 않을 경우를 사전에 숙지하고 요리에 임하지 않으면 고객이 요구하는 요리를 만들기 어렵기 때문이다.

뿐만아니라 뜨거운 요리의 경우 고객에게 제공되는 시간에 맞추어 정확하게 생산해야 하므로 많은 현장경험과 온도 및 기구에 관한 지식이 조리의 바탕이 되어야 한다.

그러기 위해서는 끊임없이 새로운 요리와 조리방법을 찾아내기 위한 연구와 실험을 통한 메뉴의 개발을 게을리해서는 안된다.

버섯과 달팽이에 치즈를 얹어 구운 돼지안심

(Pork Tenderloin and Grill Mushroom, Snail, Cheese)

사보리(Savory)

사보리는 초여름에 나는 것이 가장 향이 좋으므로 섬머 사보리(Summer Savory)란 말은 사보리 중에서 가장 좋은 것을 의미한다. 대부분의 허브 원산지가 지중해 국가이듯이 사보리 역시 지중해 국가들과 프랑스 남부지방에서 다량 재배된다. 매우 향기로운 잎과 연한 라일락색의 꽃을 지니고 있다. 잎을 따서 말리거나 후레쉬한 상태로 사용한다. 양고기구이, 수프, 샤워클락(Sauerkraut), 소시지, 야채 등에 사용하는데 조리할 재료와 같이 넣어서 요리하는 것이 좋다.

준비재료 (3 인분)

돼지고기 안심(Pork tenderloin)/120 g
느타리버섯(Oyster mushroom)/50 g
표고버섯(Black mushroom)/3 줄기
양송이버섯(Butom mushroom)/3 개
삶아서 껍질을 제거한 달팽이(Snail)/6 개
모짜렐라치즈(Mozzarella cheese)/120 g
10 mm 두께 양파링(Onion ring)/15 개
얇게 썰어 튀긴 인삼뿌리(Thin sliced ginseng)/6 쪽
비트오일(Beet root oil)/3 테이블스푼 (만드는 방법 참조)
물냉이(Water cress)/3 줄기
샐러드오일(Salad oil)/100 ml
다진 후레쉬 로즈마리(Chopped fresh rosemary)/1 티스푼
굵게 갈은 검은 통후추(Grated whole black pepper)/1 티스푼
소금과 후추(Salt and pepper)

만드는 방법

돼지고기 안심은 주위에 샐러드오일을 발라준다. 소금과 후추로 간을 하고, 다진 로즈마리를 고르게 발라준 다음 180℃의 오븐에서 5 분 정도 구워낸 후, 1 인분에 3 쪽씩 썰어둔다.

삶은 달팽이는 절반씩 잘라둔다.

프라이팬에 기름을 두르고 세 가지 버섯을 적당한 두께로 썰어서 노릇노릇한 색이 나도록 구워낸다. 모짜렐라치즈는 굵은 강판에 갈아둔다.

새 프라이팬에 기름을 두르고 센불에서 양파링을 약간 검은 색이 날 때까지 구워준다. 접시 중앙에 썰어둔 돼지고기 안심, 달팽이, 안심, 구운 버섯, 모짜렐라치즈 순으로 얹는다.

살라만더(Salamader)에 치즈가 노릇노릇한 색이 날 때까지 구워준다. 접시주위에 구운 양파링을 돌려놓고 인삼튀김을 얹은 다음 비트오일을 뿌려주고, 굵게 갈은 후추로 마무리한다.

이탈리안 멧돼지 햄과 멜론

(Procuitto Ham with Melon)

클로브(Cloves)

클로브는 인도네시아가 원산지인 열대목으로 꽃이 개화되기 전에 수확하여 건조시킨 것으로 향이 매우 강하다.

클로브는 프랑스를 비롯하여 전세계적으로 요리를 만들 때 없어서는 안될 매우 중요한 향신료로 인식되어 왔고, 현재도 전세계적으로 많이 사용되고 있다.

프랑스에서는 그 모양새가 뾰족하고 길이가 긴 관계로 "CLOU" 즉 "못", "정"이라는 뜻을 지니고 있다.

수확기의 클로브는 꽃봉오리가 연분홍색을 띠게 되는데 이때 대나무 장대를 이용하여 따낸 다음 햇볕이나 불을 이용하여 건조시킨다. 완성된 클로브는 짙은 밤색을 띠게 된다.

준비재료 (3 인분)

프로슈토햄(Procuitto ham)／60 g
머스크멜론(Musk melon)／1/4 개
세이지(Sage)／3 줄기
얇게 썬 후렌치빵(Thin sliced french bread)／9 쪽
올리브오일(Olive oil)／1 테이블스푼
다진 후레쉬 민트(Fresh mint)／1 티스푼

만드는 방법

오븐을 약 180℃ 정도로 미리 열을 가해 놓은 다음 후렌치빵을 베이킹팬에 깔고 올리브오일과 민트 다진 것, 소금과 후추를 골고루 뿌려준다.

오븐에서 노릇노릇한 색깔이 날 때까지 구워서 한쪽에 둔다. 멜론은 껍질과 씨를 제거하고 먹기 좋은 크기로 썰어 접시에 담는다.

프로슈토햄을 슬라이스기계로 얇게 썰어서 담는다. 세이지를 올려 향과 시각적인 효과를 높인다.

구워놓은 후렌치빵은 빵접시를 이용하기도 하고 때로는 햄과 곁들여 제공한다.

프로슈토햄은 파마햄과 함께 맛이 뛰어난 이탈리안 햄의 한 종류이다. 파마햄이 그러하듯 프로슈토햄도 이미 가공되어 있기 때문에 더 이상의 다른 재료를 첨가하지 않더라도 에피타이저의 역할을 충분히 해낸다.

맛의 구조상 조금의 멜론을 곁들임으로써 프로슈토햄의 조금 짜고 깊은 맛이 멜론의 단맛, 은근한 향과 어울려 새로운 맛을 창출해 내는데 이것은 비교적 간단하면서도 고급스러운 요리를 연출할 수 있다.

허브와 후렌치 머스터드로 절인 쇠고기안심 카파치오에 아루쿨라샐러드

(Beef Capaccio and Arugula Mixed Olive Oil Balsamico)

보우넷(Burnet)

보우넷은 독일과 중부유럽에서 자생하는데 그 종류만도 200종을 넘는다. 보우넷의 잎이 필 때 그 맛이 오이와 비슷하다 하여 오이꽃이라고도 한다.

보우넷의 어린잎은 샐러드로 사용하고 말린 보우넷의 뿌리는 약초로 사용하기도 하는데 요리에서는 수프의 양념과 야채, 생선 코스에서 친근한 맛을 낸다.

준비재료 (3 인분)

쇠고기 안심(Beef tenderloin)／150 g
후렌치 머스터드(French mustard)／30 g
아루쿨라잎 또는 물냉이(Arugula or water cress)／60 g
후레쉬 파마산치즈 갈은 것(Grated fresh pamesan cheese)／10 g
후레쉬 오레가노 다진 것(Chopped Oregano)／5 g
후레쉬 다임 다진 것(Chopped thyme)／5 g
후레쉬 딜 다진 것(Chopped Dill)／5 g
후레쉬 마죠람 다진 것(Chopped majoram)／5 g
후레쉬 로즈마리잎(Rosemary)／2 줄기
올리브오일(Olive oil)／2 테이블스푼
발사믹코 비네가(Balsamico vinegar)／1 테이블스푼
소금과 후추(To taste salt & pepper)／맛을 낼 정도

만드는 방법

잘 다듬어진 쇠고기 안심의 중간부분을 선별한다. 후레쉬 허브 다진 것을 후렌치 머스터드와 잘 섞고 소금과 후추로 간을 한다음 안심 주위에 골고루 발라주고 비닐이나 랩으로 팽팽하게 말아준다.

약 10 시간 정도 3~7℃의 냉장고에 보관한 후 다시 냉동고에 넣어 완전히 냉동이 되도록 한다. 사용하기 1 시간 전에 냉장고에 보관하여 칼이 잘 들도록 한다.

접시에 쇠고기 안심 카파치오를 얇게 썰어 둥근 모양으로 깔아놓는다. 아루쿨라 또는 물냉이를 발사믹코 비네가와 올리브오일로 살짝 버무려 카파치오 중앙에 보기 좋게 놓는다. 쇠고기 카파치오 부분에는 굵게 갈은 검은 후추와 올리브오일을 살짝 뿌리고 로즈마리 두서너 잎을 놓는다. 샐러드 위에는 후레쉬 파마산치즈 갈은 것을 뿌리듯 하여 바로 고객에게 서브한다.

● 주의할 점 : 아루쿨라샐러드는 고객에게 제공되기 바로 전에 버무리는 것이 매우 이상적이다.

가금류를 이용한 에피타이저
(Poultry Appetizer)

가금류는 그 종류에 있어서 생선이나 야채류 등에 비교할 때 다양성에서 뒤떨어지지만 부위별 특징이 뚜렷하다. 이러한 특성과 부위별 크기가 개별성을 띠고 있어 에피타이저에 사용했을 때 좋은 시각적인 효과를 가져온다.

가금류는 야생일 경우 겨울을 준비하는 가을에 포획한 것들이 살이 깊고 지방질도 적당하다. 그러나 최근에는 가금류를 상품화하기 위하여 과학적인 방법으로 사육하여 육질면에서는 계절에 관계없이 안정된 공급이 이루어지고 있다. 뿐만아니라 요리에 필요한 부위만 전문적으로 생산하기도 하고, 1차적인 손질을 하여 공급되므로 시간적 손실을 줄여 준다.

대표적인 재료로써는 오리(Duck), 거위(Goose), 닭(Chiken), 이들의 간(Liver), 메추리의 가슴살(Quail Breast), 꿩(Pheasant) 등이 있다.

이러한 재료에 신선한 허브나 향신료를 적절하게 가미하고 훈제, 로스트, 테린(Terrine)과 같은 조리방법을 이용하여 고객에게 제공하면 된다.

일반적으로 가금류 요리를 제공할 때에는 가니쉬로 신선하거나 조리된 과일을 함께 곁들이면 좋다. 특히 우리나라와 같이 계절이 뚜렷한 나라에서는 계절별로 생산되는 과일을 특색있게 이용하면 싫증나지 않고 다양한 에피타이저를 만들 수 있다.

꿀에 졸인 닭날개와 아스파라거스
(Chiken Wing and Asparagus with Honey Glazing)

보라지(Borage)

보라지의 기원은 지중해연안 지역으로 알려져 있으나 현재에는 유럽, 미국 등 여러 나라의 정원 또는 가정에서 흔히 자라고 있다. 이 식물은 푸른 꽃과 털이 보송보송한 잎과 줄기를 갖고 있다.

보라지의 어린잎은 샐러드, 꽃은 식초의 색을 내거나 디저트의 데코레이션으로도 사용된다. 말린 보라지 잎은 야채요리에 흔히 사용한다.

준비재료 (3 인분)

닭날개(Chiken wing)／3 쪽
아스파라거스(Asparagus)／6 줄기
실파(Spring onions)／9 줄기
민트(Fresh mint)／3 줄기
곱게 다진 살롯(Chopped shallot)／1/2 테이블스푼
꿀(Honey)／2 테이블스푼
토마토케첩(Tomato ketchup)／2 테이블스푼
곱게 다진 생강(Fine chopped ginger)／1 티스푼
적포도주(Red wine)／1 테이블스푼
밀가루(Flour)／50 g
튀김용 기름(salad oil)／300 m*l*

만드는 방법

닭날개는 깨끗하게 씻은 후 끝부분에 칼집을 내어 살 부분을 밑으로 밀어낸 다음 큰 뼈는 떼어 내고 작은 뼈는 예쁘게 다듬어 소금과 후추로 간을 한다.

팬에 기름을 넣고 185℃ 정도 열을 올린 다음 준비해 둔 닭날개에 밀가루를 고르게 묻히고 기름에서 짙은 노란색이 날 때까지 튀겨준다. 프라이팬에 기름을 두르고 연기가 날 정도로 열을 가한 다음 아스파라거스와 실파를 살짝 구워낸다.

소스팬에 살롯과 생강을 넣고 주스가 완전히 나올 때까지 볶는다. 여기에 적포도주를 넣고 한번 끓인 다음 다시 토마토케첩과 꿀을 넣고 끈끈해질 때까지 졸인다.

어느 정도의 농도가 되면 소금과 후추로 간을 한다음 튀겨 둔 닭날개를 넣고 소스의 맛이 스며들도록 다시 한번 졸인다.

접시에 아스파라거스와 실파로 장식하고 그 위에 졸인 닭날개를 소스와 함께 얹는다. 한줄기 신선한 민트로 포인트를 준다.

필로페스트리에 싸서 구운 오리간과 비트뿌리피클

(Roasted Duck Liver in Phyllo Pastry and Beetroot Pickle)

파슬리(Parsley)

우리나라에서 서양요리를 하는 사람 중에 파슬리를 모르는 사람은 거의 없을 정도로 많이 쓰이고 있다.

이렇게 많이 사용되는 이유는 정확히 알 수 없지만 아마도 파슬리의 번식력이 다른 허브에 비하여 월등하여 생산량이 많고, 꽃봉오리 같은 잎의 아름다움이 한국인의 정서에 쉽게 접근하였으리라 유추하여 본다.

파슬리는 말릴 경우 그 아름다운 색이 변하기 때문에 신선한 그대로 사용하는 것이 가장 좋다. 파슬리를 사용하는 방법은 모양 그대로 가니쉬로 쓰고, 잎을 뜯어서 샐러드로, 다져서 소스와 드레싱에 주스를 내어서 소스 및 색을 내기 위한 목적 등 요리하는 사람의 개성에 따라서 매우 다양하게 쓸 수 있다. 특히 파슬리는 잎과 꽃술에 독특한 휘발성 방향성분을 지니고 있으며, 비타민 A를 다량 함유하고 있고, 소화를 돕는 소화효소가 있어 건강식으로도 잠재성을 가지고 있다.

준비재료 (3 인분)

80 g 크기 오리간(Duck liver)／3 개	필로페스트리(Phyllo dough)／9 장
후레쉬 다임(Fresh thyme)／5 g	후레쉬 오레가노(Fresh oregano)／5 g
후레쉬 로즈마리(Fresh rosemary)／5 g	
차이브(Chives)／6 줄기	우유(Milk)／200 m*l*
버터(Butter)／50 g	피클링 소금(Pickling salt)／2 g
계란(Egg)／1 개	비트(Beetroot)／2 뿌리
식초(Red wine vinegar)／20 m*l*	양파(Onion)／1 개
식용유(Salad oil)／200 m*l*	후레쉬 민트(Fresh mint)／3 줄기
검은 통후추(Whole black pepper)／1 티스푼	
소금과 후추(Salt & pepper)	오렌지 제스트(Orange zest)／10 g

만드는 방법

후레쉬 오리간은 지방부분을 다듬어 내고 깨끗하게 씻는다. 깊이가 있는 그릇에 가지런히 놓고 피클링 소금과 우유, 소량의 다임, 오레가노를 첨가하여 24 시간 동안 재워 놓는다.

비트뿌리는 깨끗이 씻어 완전히 익을 때까지 물에 삶고 오븐을 약 200℃에 맞추어 20 분 동안 로스팅을 한다. 껍질을 제거하고 원하는 모양으로 슬라이스 한다. 일정한 그릇에 담고 양파 1/2 개와 식초, 통후추, 월계수잎, 후레쉬 로즈마리, 오레가노, 다임 등과 식용유로 24 시간 절여 놓는다.

오리간은 물기를 제거하고 버터에 재빨리 소테한다. 필로페스트리 중앙에 오렌지 제스트를 놓고 그 위에 오리간을 놓는다. 필로페스트리 주위에 계란을 붓으로 바르고 말듯이 감싸준 다음 양쪽을 캔디모양이 나도록 차이브로 묶어준다.

파이팬 바닥에 버터를 바르고 필로패스트리에 싼 오리간을 연결부분이 아래로 향하도록 놓고 180℃ 오븐에서 황금색이 날 때까지 구워준다. 절여진 비트 피클을 가는 막대형으로 썰고 절일 때 생성된 기름과 주스를 함께 버무린 후 소금과 후추로 간을 한다. 접시에 준비된 비트 피클을 담고, 구운 오리간의 절반을 잘라 어슷하게 놓은 다음 잘생긴 다임이나 민트 한줄기로 모양을 내면 훌륭한 요리가 완성된다.

붉은 콩과 민트향을 곁들인 치킨 갈란틴 크랜베리소스

(Chiken Galantine Stuffed Indian Beansand Pepper Mint Cranberry Sauce)

민트(Mint)

민트는 우리나라 농가의 뜰에서도 흔히 볼 수 있는 허브의 한 종류이다. 시골에서는 약재로 많이 쓰이고 있지만 우리나라 전통요리에 민트를 사용하는 것은 필자 개인적으로 볼 때 아직 접한 적이 없다.

그러나 서양요리에 있어서는 매우 광범위하게 사용되고 있는 것이 바로 민트이기도 하다. 민트는 종류에 있어서도 매운맛을 내는 페퍼민트, 향을 내는 애플민트, 캣민트, 스페어민트 등 다양하게 있고, 모양새도 조금씩 다르다.

민트의 사용은 껌을 생각하면 조금은 이해가 빠를 것이다. 그밖에 알코올음료, 캔디, 페스트리 뿐만아니라 육류, 야채, 수프, 소스, 생선 등에 널리 이용되고 있다.

준비재료 (3 인분)

닭다리(Chiken leg)／2 개　　페퍼민트(Pepper mint)／5 줄기
인디안 빈스(Red indian beans)／20 g
시금치 잎(Spinach leaf)／6 장　　백포도주(White wine)／2 테이블스푼
얇게 썬 표고버섯(Black mushroom)／1 컵 정도
크랜베리 젤리(Cranberry jelly)／200 ml
소금과 후추(To taste salt and pepper)／맛을 낼 정도
후레쉬 오렌지주스(Fresh orange juice)／100 ml
잉글리쉬 머스터드(English mustard)／1 티스푼
오렌지 제스트(Orange zest)／1 개
사과 네모썰기한 것(Diced apple)／1/4 개
붉은 복숭아 네모썰기한 것(Diced red peach)／1/2 개
체리(Fresh black cherry)／3 개　　마요네즈(Mayonaise)／2 테이블스푼
후레쉬 레몬주스(Fresh lemon juice)／1/4 EA

만드는 방법

닭다리는 뼈를 제거하고 칼집을 내어 조직을 부드럽게 한다. 민트의 어린 부분 3 줄기는 가니쉬를 위하여 남겨두고, 나머지 부분의 잎을 떼어내어 굵게 다진다. 준비된 닭다리에 소금과 후추, 민트 다진 것을 골고루 뿌리서 절인다.

붉은 인디안 빈스는 양파와 샐러리, 소금을 넣고 완전히 익을 때까지 삶는다. 시금치는 블란치하여 마른 수건에 깔아둔다. 표고버섯은 얇게 슬라이스 하여 끓는물에 데쳐서 물기를 제거한다.

치킨롤을 할 수 있을만큼 적당한 크기의 비닐을 잘라 깔고 그 위에 준비된 닭다리를 놓는다. 시금치를 깔고 표고와 인디안 빈스를 중앙에 놓고 김밥을 말듯이 팽팽하게 말아준다.

쿠킹호일로 다시 단단하게 고정을 시킨 후 끓는물에서 15 분 동안 삶은 다음 냉수에 식혀 그림과 같은 모양으로 슬라이스 한다.

크랜베리 젤리는 소스팬에 녹이고 오렌지주스와 머스터드, 식초를 넣고 살짝 끓여준다. 끓을 때 오렌지 제스트를 넣고 식힌다.

접시에 소스를 충분히 깔고 그림과 같이 슬라이스한 갈란틴을 놓는다. 민트와 자두 또는 계절과일을 조금 곁들여 가니쉬한다.

영치킨 완자에 블루치즈소스
(Young Chiken Quenelles with Blue Cheese Sauce)

로메인 레터스
(Romaine lettuce)

부드럽고 납작하며 뾰족한 줄기를 지니고 있는 이 레터스는 붉은색과 푸른색이 있는데 붉은색을 지닌 레드 로메인 레터스(Red romaine lettuce)는 푸른색의 로메인 레터스보다 색상도 아름답고 맛도 섬세하다. 로메인 레터스에 레몬식초소스를 곁들이면 강한 맛과 색의 조화가 이루어져 환상적인 샐러드를 연출한다.

준비재료 (3 인분)

치킨 가슴살(Chiken beast)／500 g
계란흰자(Egg white)／2 개
생크림(Fresh cream)／650 g
후레쉬 처빌(Fresh chervil)／6 줄기 정도
붉은 복숭아(Red peach)／113 g
체리 토마토(Cherry tomatoes)／60 g
채 썬 트러플(Sliced truffle)／0. 1 g
블루치즈 으갠 것(Grated blue cheese)／85 g
양파 다진 것(Onion chopped)／50 g
버터(Butter)／60 g
드라이 백포도주(Dry white wine)／50 ml
소금과 후추(To taste salt & pepper)／맛을 낼 정도

만드는 방법

먼저 닭가슴살의 기름기를 제거하고 조그마한 조각으로 썰어서 계란 흰자위와 함께 섞어 프로세서나 믹서기에 돌려서 부드러운 무스로 만든다. 이 무스를 가는 체에 내려서 볼에 담아 얼음에 담근다.

나무주걱으로 크림을 조금씩 넣으면서 휘핑하고 소금과 후추로 간을 한다. 깊이가 있는 냄비에 소금을 가미한 물을 끓이면서 티스푼으로 완자를 메추리알 크기만큼으로 만들어 넣는다.

5~6 분 정도 계속 삶아 속까지 익었을 때 꺼내어 부드러운 타월로 물기를 제거한다. 소스펜에 버터를 두르고 양파 다진 것을 색깔이 나지 않을 정도까지 소테한다.

화이트와인을 두르고 약 절반 정도 졸인 후 생크림을 넣고 끈끈해질 때까지 끓인다. 여기에 으갠 블루치즈를 넣고 나무주걱으로 부드러워질 때까지 골고루 저어주고 가는 체에 내린다.

그림과 같이 치킨 완자를 접시에 담고 그 위에 소스가 완전히 덮일 때까지 충분히 뿌려준 후 처빌, 트러플, 토마토를 보기 좋게 올리며 마지막으로 채썬 붉은 복숭아를 중앙에 올려준다.

적포도 샴페인젤리와 거위간

(Goose Liver and Champagne Gelly)

물냉이(Water cress)

유럽이 원산지이고 그 생김새는 우리나라의 들과 밭에서 자생하는 냉이의 잎과 흡사하다. 개울이나 습기가 많은 곳에 집단으로 자생하기 때문에 영어로는 물잔디(water cress)라 한다. 매운 무와 같이 톡 쏘는 맛이 있으며 엔다이브, 레터스 등과 같이 샐러드를 만드는데 있어 매우 훌륭한 재료이다.

물냉이를 사용할 때는 억센 줄기부분을 떼어내고 끝부분만을 사용하며 매운탕이나 국에 사용할 때에는 고객에게 제공되기 바로 전에 넣어 향기로움과 색이 변하지 않도록 한다.

준비재료 (3 인분)

거위간(캔)(Goose liver instant)／150 g
젤라틴(Gelatine powder)／30 g
더블 콘소메(Double consomme)／100 ml
적포도주(Red wine)／2 테이블스푼
샴페인 비네가(Champagne vinegar)／1 테이블스푼
후렌치 치커리(French chicory)／3 줄기
후레쉬 다임(Fresh thyme)／3 줄기
후레쉬 로즈마리(Fresh rosemary)／3 줄기
라스베리(Raspberry)／10 개
트러플 버섯(Truffle mushroom)／10 g
멕시칸 콘칩(Mexican corn chip)／2 쪽
말린 토마토 데판나드(Sun dry tomato teppanade)／50 g(만드는 방법 참조)
소금과 후추(Sale & pepper)

만드는 방법

콘소메에 젤라틴을 넣어 완전히 풀어진 다음 중탕하여 콘소메 속의 젤라틴 입자를 완전히 용해시킨다. 적포도주와 샴페인 비네가, 소금을 첨가한 다음 냉장고에서 식힌다.

멕시칸 콘칩은 6 등분하여 바삭바삭할 정도로 기름에 튀겨낸다.

완전히 식은 젤리는 다이아몬드 모양으로 썰어서 접시에 뿌려준다. 그 위에 거위간을 적당한 크기로 썰어서 배열한다. 데판나드와 멕시칸 콘칩은 샌드위치 모양으로 얹어 거위간 옆에 살짝 올려둔다.

트러플 버섯은 트러플슬라이서(트러플버섯만 전문으로 써는 기계)에 매우 얇게 썰어서 트러플오일에 살짝 버무린다.

버무린 트러플버섯과 물냉이를 얹어 마무리한다.

데판나드(Teppanade)

선 드라이 토마토／1 kg　　소금과 후추
선 드라이 토마토를 절여두었던 오일／300 ml
파슬리 다진 것／100 g
⇨ 선 드라이 토마토를 프로세서(Processor)에 넣고 부드러워 질 때까지 다진다. 오일과 파슬리 다진 것을 넣고 한번 더 강하게 다져준 후 그릇에 옮겨 담아 소금과 후추로 간을 한다.

훈제오리와 포도컴포트

(Smoked Duck Breast with Grapecomport and Ginger Chips)

차이브(Chives)

차이브는 한국, 미국, 러시아, 일본, 유럽 등 전세계적으로 요리에 이용되고 있는 파 계통의 식물로서, 줄기가 매우 가늘고 끝이 뾰족하며 그 맛은 매우 순하다.

차이브의 잎을 길이에 맞게 잘라서 요리의 가니쉬로 사용하면 요리의 시각적인 면에서 매우 클래식해 보이고, 깔끔한 효과를 연출할 수 있다. 샐러드에서 약간의 매운맛을 내기도 하고, 수프나 크림타입의 치즈, 오믈렛에도 이용하면 아주 좋다.

준비재료 (3 인분)

훈제된 오리가슴살(Smoked duck breast)／2 쪽
포도 컴포트(Grape comport)／6 테이블스푼 (아래 참조)
셀러리 작은 네모썰기한 것(Brunoised celery)／1 줄기
중간크기의 당근 작은 네모썰기한 것(Brunoised carrot)／1 뿌리
오이 작은 네모썰기한 것(Brunoised cucumber)／1 개
배 작은 네모썰기한 것(Brunoised pear)／1/2 개
후레쉬 다임(Fresh thyme)／3 줄기
차이브(Fresh chives)／6 줄기
굵게 갈은 후추(Grated black pepper)／1 티스푼
생강 다진 것(Ginger chip)／2 티스푼
트러플오일(Truffle oil)／1/4 티스푼
올리브오일(Olive oil)／2 테이블스푼
식초(White vinegar)／1 테이블스푼
소금과 후추(Salt & pepper)
당근색오일(Carrot oil)／1 테이블스푼 (p. 152 참조)

만드는 방법

훈제오리가슴살은 1 인분에 5 쪽 기준으로 얇게 썰어둔다. 소스팬에 올리브오일을 두르고 작게 네모썰기한 당근을 넣고 완전히 익을 때까지 소테하여 준다. 식초를 첨가하고, 준비해둔 오이, 배, 셀러리를 넣고 살짝 데칠 정도만 열을 가한 후 소금과 후추, 트러플오일(매우 향이 강하므로 조금만 넣을 것)로 간을 한 후 식힌다.

접시중앙에서 조금 벗어나게 포도 컴포트를 놓고, 오리가슴살을 그림과 같이 예쁘게 놓는다. 다시 주위로 식혀둔 소스를 깔아준다.

차이브와 후레쉬 다임은 부케를 만들어 컴포트위로 걸치도록 놓는다. 당근색오일을 뿌려준 다음 생강칩으로 마무리한다.

포도 컴포트(Grape comport)

씨 없는 포도 (송이에서 떨어진 포도를 모아서 사용하면 경제적)(Grape)／2 송이
황설당(Brawn sugar)／3 테이블스푼
계피줄기(Whole cinnamon)／5 g 정도
적포도주(Red wine)／30 ml 정도
레몬(lemon)／1/4 개
후레쉬 다임(Fresh thyme)／1 줄기
월계수(Bay leaf)／1 잎

⇨ 위의 모든 재료를 자루냄비에 넣고 약한 불로 주스에서 끈기가 날 정도까지 졸여준다.

어패류를 이용한 에피타이저
(Fishs, Shellfishs, Crustaceas Appetizer)

에피타이저의 재료로 가장 흔하게 사용되는 것이 바로 어패류라 할 수 있다.

어패류는 현대인의 식생활 패턴의 변화로 그 수요가 급증하고 있으며 앞으로도 얼마동안은 이러한 추세가 계속될 것으로 본다. 어패류는 종류도 다양하고 맛이 단백하며, 요리의 개성을 살리기에는 아주 적합하다.

생선을 에피타이저로 사용하기 위한 조리방법은 수백가지라 할 수 있지만 우리가 흔히 볼 수 있는 훈제(Smoked), 양파와 백포도주를 곁들인 찜(Poached), 날것에 양념을 가하여 사용하는 탈탈(Tartar), 저온에서 구운 것(Low temperature roasted) 등의 조리법을 사용하면 비교적 간편하면서도 훌륭한 요리를 만들 수 있다. 또한 이러한 조리법에 소스변화를 주면 더욱 다양한 요리를 개발할 수 있다.

다른 요리에서도 마찬가지겠지만 어패류를 에피타이저의 재료로 사용할 때에는 가능한 싱싱한 상태로 조리하는 것이 가장 바람직하지만 여건상 냉동, 냉장의 방법을 적절하게 이용하면 선도를 유지시키면서 비교적 안정된 메뉴를 고객에게 제공할 수 있다.

어패류는 육류에 비하여 변질되기 쉬우므로 당일 구매하는 것이 좋다. 하지만 어쩔 수 없이 냉동된 어패류를 사용할 때에는 해동시 열을 가하여 급하게 하지 말고 일단 해동된 재료는 다시 냉동시키는 일이 없어야 한다.

어패류의 부패는 해수어보다는 담수어가, 흰살생선보다는 갈색생선이 부패의 속도가 빨리 진행된다. 특히 지방이 많은 생선은 냉동된 상태에서도 지속적인 효소의 작용으로 자기소화가 이루어지므로 냉동시킨 생선이라 할지라도 안심해서는 안된다.

또한 어패류를 취급할 때 작업시작 전에 일의 순서를 정하여 그 순서대로 진행시킴으로써 불필요하게 만지작거림으로 인하여 생선의 선도를 떨어뜨리는 일이 없어야 하고, 가능한한 생선의 모양을 보기 좋게 살릴 필요가 있다.

그밖에도 어패류는 어느 정도 부패가 진행되었을 때에도 냄새를 동반하지 않으므로 의심이 가는 재료는 가급적 사용을 피하는 것이 좋다.

버터에 구운 가자미와 데리야끼소스

(Grilled Sole in Butterand Deriyaki Sauce)

마죠람(Marjoram)

마죠람은 감미로운 향과 그 잎의 매듭이 곱게 난 것이 상품으로 간주된다. 마죠람의 원산지는 지중해 지역이지만 영국, 독일, 프랑스, 체코슬로바키아 등 유럽에 널리 분포되어 있다.

자그마한 크기에 오레가노와 비슷한 모양을 하고 있으나 그보다는 조금더 세련된 잎과 연한 장미빛 꽃을 지니고 있다.

마죠람은 신선한 상태로 사용하기도 하지만 말려서 사용할 때에는 일반적으로 꽃이 핀 직후 수확하여 말린다. 우리나라의 허브생산 농장에서도 후레쉬 마죠람을 생산하고 있지만 말린 것의 경우 "마죠람잎", "그라운드 마죠람(Ground Marjoram)" 등으로 수입되어 우리 주위에서 사용되고 있다. 마죠람은 감자수프, 거위요리, 오리간, 달팽이소스, 토끼요리, 햄을 만들 때 등 매우 다양하게 쓰이고 있다.

준비재료 (3 인분)

가자미 필렛(Sole fillet)／2 쪽
밀가루(Flour)／50 g
후레쉬 레몬주스(Fresh lemon juice)／1 개
그린빈스(Green beans)／100 g
구운 마늘(Roasted garlic)／100 g
느타리버섯 작은 것(Oyster mushroom)／100 g
양송이버섯 작은 것(Butom mushroom)／100 g
표고버섯(Black mushroom)／3 개
데리야끼소스(Deriyaki sauce)／50 m*l* (p. 158 참조)
버터(Butter)／150 g
소금과 후추(Salt and pepper)

만드는 방법

가자미 필렛은 1 인분에 2 쪽씩 30 g 정도 크기로 썰어 소금과 후추, 레몬주스를 뿌려놓는다.

그린빈스는 절반을 갈라 보기 좋게 썰어서 살짝 삶아둔다. 양송이버섯과 표고버섯은 적당한 두께로 썰어서 소금과 후추를 뿌리고, 버터를 발라 구워놓는다.

프라이팬에 버터를 두르고 준비된 가자미에 밀가루를 골고루 묻혀 노란색이 날 때까지 구워준다. 접시에 구운 가자미를 놓고 사이에 마늘, 버섯을 넣어 샌드위치 모양으로 만든다. 주위로 남은 마늘과 버섯을 돌려놓는다.

다른 프라이팬에 버터를 두르고 그린빈스를 살짝 소테한 후 소금과 후추로 간을 하고 가자미 위에 올린다.

데리야끼소스를 주위의 야채들이 덮일 정도로 충분히 뿌려준다. 뜨거운 상태에서 고객에게 제공되는 것이 이상적이다.

표고버섯에 싸서 구운 새우와 사프란 크림소스

(Grill Shrimp with Thin Sliced Black Mushroom, Saffron Cream Sauce)

준비재료 (3 인분)

80 g 크기의 새우(Shrimp)／3 마리
표고버섯(Black mushroom)／3 개
사워크림(Sour cream)／50 m*l*
레몬주스(Fresh lemon juice)／1/2 티스푼
와플감자(Deep fried waffle potato)／9 쪽
마늘 다진 것(Chopped garlic)／1 티스푼
샬롯 다진 것(Chopped shallot)／1 테이블스푼
생크림(Freah cream)／30 m*l*
베이질 잘게 썬 것(Thin sliced basil leaf)／3 잎
버터(Butter)／20 g
차이브(Chives)／3 줄기
사프란(Saffron for color)／색을 낼 정도

만드는 방법

새우는 껍질을 벗겨 내장을 제거하여 깨끗하게 씻어놓는다. 표고버섯은 새우를 감쌀 수 있을 정도의 크기로 골라 줄기를 떼어내고 얇게 썰어둔다. 새우에 소금과 후추를 뿌리고, 썰어둔 표고버섯으로 머리쪽부터 붕대를 감듯이 감아준다.

버터를 바른 파이팬에 새우를 놓고, 버터를 발라준다.

소스팬에 샬롯과 마늘 다진 것을 넣고 생크림과 사프란을 넣는다. 절반 정도 졸여지면 고운 채에 내린다.

적당한 볼에 사워크림을 담고, 마늘 다진 것, 소금, 후추, 소량의 레몬주스를 넣고 저어준다.

200℃의 오븐에 새우를 넣고 3~4 분 정도 구워준다.

접시에 와플감자와 사워크림을 샌드위치 모양으로 만들어 놓는다. 옆에 구운 새우를 담고, 준비된 소스를 뿌린 후 베이질과 차이브를 이용하여 각각 가니쉬한다.

머스터드(Mustard)

머스터드는 온화한 기후와 열대기후 어디서든 자생하는 생명력 덕분에 세계적으로 광범위하게 퍼져있다. 야채로 사용되는 머스터드 잎은 날 것으로 먹기도 하고 열을 가하기도 한다. 하지만 다양하게 사용되는 것은 머스터드씨이다.

머스터드씨는 밝은 밤색으로 갈아서 사용하며 양념으로 흔히 쓰인다. 중국과 영국의 머스터드는 매우 입자가 곱다. 이러한 양념을 가미한 머스터드를 만들 때는 터메릭(Tumeric), 식초, 포도당, 소금 등을 넣어 순한 맛을 만들어낸다. 디존(Dijon) 머스터드의 경우 허브와 백포도주를 섞어서 톡 쏘는 맛이 나지만 끝맛은 부드러운 것이 특징이다.

그밖에도 호스래디쉬를 섞거나 지방특색을 살린 독일식, 오스트리안식, 자마이칸식 등이 있다. 머스터드는 소스, 샐러드, 피클 등에 사용하고, 육류와 곁들여 먹기도 한다.

무 피클에 싼 작은 새우와 생강드레싱

(Babyshrimp in Turnip Pickle with Ginger Dressing)

후추(Pepper)

후추가 우리의 식생활과 친숙해진 것은 몇 십년 전에 불과하나 후추만큼 많이 쓰이고 널리 알려져 있는 향신료도 없을 것이다.

중세기 후추의 가격은 금값과 비교될 만큼 비싸서 일반인들에게는 신비의 약초로 알려져 있었다. 후추가 이렇게 비싼 이유는 그 맛에 있는 것이 아니라 당시의 교역상황이 어려워 희귀성 때문으로 풀이된다.

검은 후추는 동남아시아 주로 말라바르해협, 보르네오, 자바, 수마트라가 원산지이고, 피페를 니그름(The Piper Nigrum)이라는 넝쿨에서 완전히 익기 전의 열매를 수확하여 햇볕에 말린 것이다. 완전히 익었을 때는 붉은 색으로 변하는데 이것으로 핑크 페퍼콘(Pink Pepper Corn)을 만든다.

일반적으로 검은 후추가 더 맵고 톡 쏘는 맛이 강하다. 흰 후추는 말라바(Malabar) 해협에서 생산되는 것을 최상의 품질로 인정하며, 가루를 내거나 통째 요리에 넣기도 한다.

준비재료 (3 인분)

작은 새우 깐 것(Peeled babyshrimp)／240 g
팽이버섯(Enoki mushroom)／150 g
무를 매우 얇게 원형으로 슬라이스한 것(Verry thin sliced round turnip)／15 장
식초(White vinegar)／30 ml
백포도주(Dry white wine)／50 ml
소금과 후추(To taste salt and pepper)／ 맛을 낼 정도
블란치한 차이브(Chives)／15 개
처빌(Chervil)／3 줄기

[소스를 위한 준비재료]

생강 껍질을 제거하고 갈은 것(Fresh, peeled and grated ginger)／20 g
마늘 다진 것(Chopped garlic)／15 g
꿀(Honey)／2 테이블스푼
후레쉬 레몬주스(Fresh lemon juice)／1
올리브오일(Olive oil)／100 ml
소금과 후추(Salt and pepper)

만드는 방법

깊이가 있는 자루남비에 식초와 백포도주, 소금을 넣고 끓인다. 얇게 슬라이스된 무를 포치하여 피클을 만든 후 물기를 제거한다.

다른 자루남비에 올리브오일을 두르고 새우와 팽이버섯을 넣고 소금과 후추로 간을 하여 살짝 소테하여 식힌 다음 포치해 둔 무피클을 펴고 중앙에 새우와 팽이버섯을 한입에 먹기 좋을 만큼 놓고 말아준다.

양쪽 끝을 오므리고 블란치한 차이브로 묶어준다. 소스를 위한 재료를 모두 적당한 볼에 담고 내용물이 잘 섞일 때까지 저어준다.

접시에 소스를 충분하게 담고 준비된 새우와 팽이버섯 묶음을 5 개씩 보기 좋게 놓고 후레쉬 처빌잎을 올려 생기를 북돋아준다.

때로는 매운맛을 내는 샐러드를 조금 섞어 내면 한층더 분위기를 살릴 수 있다.

오스트리안 바닷가재와 커리앤더 피망소스

(Chilled Austrian Lobster on Coriander Chilly Sauce)

커리앤더(Coriander)

파슬리과에 속하는 식물로 동양과 프랑스남부 및 멕시코에서 자란다. 커리앤더는 "고수"라 불리기도 하고, 중국 파슬리라고도 한다. 광동식 요리를 즐기다 보면 커리앤더향을 자주 접하게 되는데 처음에는 낯설겠지만 몇 번만 접하면 친숙해질 수 있는 향이다. 커리앤더의 열매는 작은 후추만하고 마치 모래알처럼 밖으로 튀어나와 있다.

커리앤더는 향이 강하므로 사용시 양을 적절히 조절해야 하고, 후레쉬로 사용할 경우 잎의 조직이 매우 연하여 너무 많은 물리적 방법을 가하면 맛이 변하는 경우가 있으므로 가능한 단순한 요리방법을 택하는 것이 좋다.

준비재료 (3 인분)

중간크기 오스트리안 바닷가재 꼬리(Austrian Lobster tail)／3 마리
붉은 피망(Red pimento) (믹서기에 갈아둔다)／1 개
푸른 피망(Thin sliced green pimento) (매우 가늘게 썰어둔다)／1/2 개
후레쉬 커리앤더(Fresh coriander)／2 줄기
후레쉬 크림(Fresh cream)／100 *ml*
생선스톡(Fish stock)／200 *ml*
마늘(Clove garlic)／1 쪽
살롯(Shallot)／1 개
소금과 후추(To taste salt and pepper)／맛을 낼 정도
대나무 꼬치(Bamboo stick)／3 개

만드는 방법

오스트리안 바닷가재는 내장부분을 제거한 다음 대나무 꼬치를 끼워서 똑바로 만든다. 소금이 첨가된 물에 약 5 분 동안 삶아서 얼음에서 식힌다. 꽃모양의 껍질만을 남기고 나머지는 벗겨낸다.

깊이가 있는 소스팬에 버터를 두르고 살롯과 마늘을 노란색이 날 때까지 소테한다. 믹서기에 갈아둔 붉은 피망과 생선스톡, 백포도주를 첨가하고 절반 정도로 줄을 때까지 졸인다.

고운 채에 내용물을 걸러내고 후레쉬크림을 첨가하여 소금과 후추로 간을 한다. 접시에 꽃잎 모양으로 바닷가재 꼬리부분을 놓는다.

바닷가재를 메달리온(medalion) 형식으로 썰어서 가지런히 놓고 소스를 뿌린다.

가늘게 슬라이스한 푸른 피망과 커리앤더잎을 올리브오일과 소금, 후추로 버무려서 놓은 다음 굵은 후추를 뿌려 마무리한다.

베이질과 마늘향을 가미한 저온에 구운 연어

(Low Temperature Roasted Salmon with Basil and Garlic)

파프리카(Paprika)

파프리카는 스페인, 헝가리, 남부프랑스, 이탈리아, 유고가 원산지로 우리나라의 고추와 비슷하지만 맛은 많은 차이가 난다. 스페인산 파프리카는 단맛을 지니고 있으며, 비교적 순한 맛을 내는 반면 헝가리산 파프리카는 매운맛을 내며 검붉은 색이 특징이다.

우리나라의 고추가 결코 매운맛만을 대표하지 않듯이 파프리카 역시 중후하면서도 그들 나름대로의 미세하고 깊은 맛을 지니고 있다. 파프리카는 샐러드나 피클을 만들어 먹을 수도 있고, 색을 내기 위한 목적으로도 사용하며, 생선요리, 스튜, 카나페 등 다른 응용요리로도 많이 이용된다.

준비재료 (3 인분)

연어필렛(Salmon fillet)／180 g
쪽마늘(Garlic clove)／5 개
베이질(Basil)／2 줄기
양파 중간 것(Onion)／1/2
붉은 피망(Pimento red)／1/2
푸른 피망(Pimento green)／1/2
가늘게 썬 대파(Fine sliced green onion)／10 g
기름에 튀긴 베이질잎(Deep fried basil leaf)／3 쪽
검은 통후추(Black pepper whole)／10 개
옥수수기름(Corn oil)／300 m*l*
후레쉬 레몬(Lemon whole)／1 개
와인 비네가(White wine vinegar)／1 테이블스푼
드라이 화이트와인(Dry white wine)／2 테이블스푼
소금과 후추(To taste salt & pepper)／맛을 낼 정도

만드는 방법

연어는 등쪽의 검은 부분을 완전히 제거하고 1 인분에 60 g 정도로 어슷어슷하게 썰어 놓는다. 깊이가 있는 사각 브레이징팬에 준비된 연어를 가지런히 놓고 소금과 후추로 간을 한다.

깨끗한 거즈로 덮어준 다음 베이질과 통후추를 뿌려 위에 얹고, 레몬을 절반으로 잘라서 주스를 뿌린 다음 껍질은 다시 절반씩 잘라서 넣는다. 백포도주와 옥수수기름을 연어가 잠길 정도로 붓고 쿠킹호일로 커버한 다음 24 시간 절여둔다. 다음날 준비된 재료를 브레이징팬 째로 65℃ 오븐에 넣어 1～1 시간 30 분 정도 로스팅을 한다(오븐의 가열 정도에 따라서 로스팅이 충분히 되지 않을 때에는 시간을 조절한다).

연어를 로스팅할 때 생성된 주스와 오일을 휘핑볼에 담아둔다. 양파, 피망, 베이질잎을 작은 네모썰기하여 넣고, 식초와 레몬주스, 소금, 후추로 간을 한다.

그림과 같이 접시에 보기 좋게 담고, 그 위에 로스트한 연어 한쪽을 올린다. 중앙에 튀긴 베이질잎과 채썬 대파로 가니쉬하여 제공한다.

향료에 절인 노르웨이산 연어와 올리브오일에 버무린 훼넬샐러드

(Herb Marinade and Fennel Salad with Extra Virgin Olive-oil)

로즈마리(Rosemary)

은녹색의 로즈마리잎을 요리가 완성된 후 접시의 한쪽 옆에 살짝 놓으면 마치 용을 그린 후 붓으로 눈을 완성시키는 느낌이 든다. 여기에 후드커버를 씌운 다음 고객 앞에서 커버를 벗겨내면 그 향에 취한 고객은 요리를 먹기 전에 이미 요리에 대한 평가를 내릴 것이다.

로즈마리는 보라색 꽃을 피우며 지중해 연안에서 자생하는 잡목의 일종으로 그 잎을 그대로 또는 말려서, 말린 것을 갈아서 사용한다. 말린 것은 대부분 육류요리에 있어 향을 내기 위한 목적으로 쓰이며, 특히 양고기와 돼지고기를 굽거나 졸이는데 많이 쓰인다.

준비재료 (3 인분)

후레쉬 연어(Fresh Norseland salmon)／200 g
후레쉬 딜 다진 것(Chopped Fresh dill)／10 g
후레쉬 처빌 다진 것(Chopped Fresh chervil)／10 g
후레쉬 차이브 다진 것(Chopped Fresh chives)／10 g
당근(Carrot)／150 g
셀러리(Celery)／50 g
양파(Onion)／50 g
대파(Green onion)／50 g
라디치오(Radicchio)／3 잎
그린 비타민(Green vitamin)／3 줄기
훼넬(Fennel)／1 뿌리
고운 소금(Rock salt)／135 g
검은 통후추(Black pepper whole)／10 g
올리브오일(Extra virgin olive oil)／2 테이블스푼
소금과 후추(To taste salt & pepper)／맛을 낼 정도

만드는 방법

먼저 신선한 노르웨이산 연어필렛을 떠서 작은 뼈를 제거한 다음 잘 다듬어 놓는다. 당근과 셀러리, 양파, 대파는 믹서기에 굵은 모양이 날 정도로 갈아준다. 여기에 다져놓은 허브와 통후추, 고운 소금을 넣고 잘 믹스하여 준비된 연어의 안쪽 부분에 양념이 골고루 가도록 묻힌다. 깨끗한 거즈로 한번 감싸준 다음 냉장고에 보관하여 48 시간 절여둔다.

48 시간이 지난 후 주위의 내용물을 완전히 제거하고 다시 세 가지 후레쉬 허브와 통후추를 굵게 다져서 연어의 표면에 골고루 뿌려준다.

훼넬은 밑부분을 잘라내고 양파를 벗기듯이 하여 결반대방향으로 아주 얇게 슬라이스 한다.

적당한 볼에 슬라이스한 훼넬을 넣고 올리브오일과 소금, 후추로 살짝 버무리고 레몬주스를 조금 첨가하여 다시 한번 가볍게 버무려 준다. 접시에 라디치오와 그린 비타민 잎을 보기 좋게 놓은 다음 그 위에 버무린 훼넬을 올리고, 체리토마토와 차이브로 모양을 낸다.

- 경우에 따라서 보드카나 허브를 곁들인 머스터드소스를 같이 제공하면 더욱 좋다.

신선한 참치 탈탈과 벨루가 캐비아 팀발

(Fresh Tuna Tar Tar and Beluga Caviar)

롤로로사(Lollo Rossa)

잔잔하게 물결치는 듯 하며 낮은 잎을 지닌 이 레터스는 이태리가 원산지이고, 그 맛은 소스에 달려있다 할 정도로 다양하게 낼 수 있다.

처음에는 엷은 그린색을 띠다가 날씨가 더워지면 끝이 붉은색으로 변하는 롤로로사는 성장속도가 매우 빠르고 그 만큼 부드럽다. 맛이 순하여 다른 여러가지 레터스와 같이 섞어 사용하면 더욱 돋보인다.

준비재료 (3 인분)

후레쉬 참치(Fresh tuna)／150 g
그린올리브(Green olives)／3 개
케이퍼(Capers)／10 g
살롯 다진 것(Chopped shallot)／5 g
벨루가 캐비아(Belugar caviar)／3 티스푼
엑스트라 버진 올리브오일(Extra virgin olive oil)／1 테이블스푼
후레쉬 레몬주스(Fresh lemon juice)／1 티스푼
비트오일(Beetroot oil)／3 테이블스푼 (p. 152 참조)
가늘게 썬 대파(Fine sliced green onion)／50 g
속잎상추(Lettuce inner side leaf)／3 잎
튀김용 오일(Salad oil)
소금과 후추(Salt and pepper)

만드는 방법

후레쉬 참치는 아주 작은 네모썰기하고 살롯과 케이퍼, 그린올리브는 참치크기보다 절반 정도의 크기로 썰어 넣는다.

후레쉬 레몬주스와 올리브오일, 소금, 후추를 넣고 잘 섞어 준다.

얇게 썬 대파는 200℃ 정도의 기름에서 바삭바삭할 정도로 튀겨 마른 타월로 기름을 빼준다.

접시 중앙에 둥근 모양의 틀을 놓고 준비된 참치 탈탈을 50 g 정도 넣고 살짝 눌러 윗부분이 평평하도록 한 다음 다시 윗부분에 1 티스푼 정도의 벨루가 캐비아를 놓고 골고루 다져준다.

비트오일을 팀발 주위로 뿌려주고 팀발의 상단에 미리 튀겨둔 대파를 얹는다. 팀발주위로 상추 속잎을 작게 뜯어 몇 개 놓아 시각적 효과를 높여준다.

한국식 초장소스를 가미한 해산물

(Chilled Seafood and Korean Vinaigrette)

딜(Dill)

유럽의 가정에 보면 창가나 정원의 한구석에 적어도 한두가지의 허브를 기르고 있는 것을 발견할 수 있는데 그 중에서도 딜(Dill)은 어디서나 쉽게 볼 수 있는 허브 중의 하나이다.

딜의 원산지는 역시 유럽으로 기후만 적당하면 어디서든지 잘 자라는 생명력을 지니고 있다. 딜은 우리나라에서도 다른 허브와 비교하여 상대적으로 잘 자라기 때문에 근래에 와서는 후레쉬딜을 널리 사용하며 그 맛도 대중화되어 가는 추세라 할 수 있다.

딜의 맛은 카라웨이(Caraway)와 비슷하나 경험한 사람이면 대부분 구별이 가능하다. 딜은 후레쉬딜(Fresh Dill), 말린 것은 딜위드(Dill Weed), 딜씨드(Dill Seed) 등으로 구분한다. 딜의 사용은 연어찜(Poached Salmon), 절임 연어, 피클, 샐러드, 사워클락, 수프, 소스 등 주로 가벼운 향을 원하는 요리에 적당하다.

준비재료 (3 인분)

꼴뚜기(Small calamari)／9 마리
그린홍합(Green mussle)／6 쪽
중간 크기의 새우(Mideum size prawn)／6 마리
후레쉬 관자(Fresh scallop with shell)／3 마리
고추장(Korean red pepper beans paste)／2 테이블스푼
참기름(Sesame oil)／1 티스푼
식초(White vinegar)／1 테이블스푼
실파 곱게 다진 것(Fine chopped Spring onion)／1 티스푼
올리브오일(Oilve oil)／2 테이블스푼
처빌과 딜(Fresh chervil and dill)／1 줄기
그린 비타민(Green vitamin)／15 잎
오이(Cucumber)／1/2 개
붉은 래디쉬(Red radish)／2 개

만드는 방법

자루남비에 물과 셀러리, 당근, 양파, 소금, 통후추, 월계수잎을 넣어 끓인다.

꼴뚜기는 껍질을 벗기고, 먹물과 내장을 제거한 후 살짝 데친다. 홍합은 흡착이를 떼어내고 새우와 함께 삶아서 식힌다. 새우는 길이로 절반을 자른다. 관자 역시 껍질을 제거하고 내장을 다듬어서 살짝 데쳐낸다.

오이와 붉은 래디쉬는 얇게 채썰어 분리하여 물에 담아둔다. 꼴뚜기와 새우, 홍합, 관자를 볼에 담고 올리브오일과 처빌, 딜, 후추, 약간의 소금을 넣고 절여 놓는다.

적당한 볼에 고추장과 식초, 참기름, 곱게 다진 실파를 넣어 한국식 초장소스를 만든다.

접시에 절여둔 해산물 무침을 보기 좋게 놓고 그 옆에 채썬 오이와 붉은 래디쉬를 올려놓는다. 주위로 준비된 초장소스를 뿌려준다.

딜꽃으로 장식하여 마무리한다.

양념에 재운 참치와 식초에 버무린 양파피클

(Tuna Capaccio and Pickeled Tosai Onion)

쥬니퍼(Juniper)

쥬니퍼라고 하면 쥬니퍼라는 술을 생각나게 하는데 그 향을 떠올리면 어느 정도 그 맛을 상상할 수 있을 것이다.

쥬니퍼는 이탈리아, 체코슬로바키아, 루마니아 등에서 자라는 자그마한 상록 삼나무과의 일종으로 완두콩 만한 검푸른 열매를 따서 사용한다.

이 나무의 열매가 열리기 시작하여 두 번째 계절에 수확하게 되는데 이탈리아에서는 수작업으로 열매를 채취하는 것을 최고의 품질로 인정한다.

쥬니퍼는 육류요리의 절임, 피클, 알코올음료의 향, 사슴, 양, 가금류의 로스트와 스튜에서 많이 애용되고 있다.

준비재료 (3 인분)

후레쉬 참치(Fresh tuna block)／150 g (벽돌모양의 덩어리)
마늘 다진 것(Chopped garlic)／1 티스푼
아니스(Anise)／1 티스푼
양파(Onion)／1 개
당근(Carrot)／1 뿌리
샐러드오일(Salad oil)／200 ml
셀러리(Celery)／1 줄기
처어빌(Chervil)／1 줄기
샐러드부케(치커리, 팽이버섯, 상추, 차이브, 라디치오, 그린비타민 등) (Salad bouquet garni)／3 다발
백설탕(White sugar)／1 테이블스푼
식초(Vinegar)／2 테이블스푼
참기름소스(Sesame soy sauce)／3 테이블스푼 (아래 참조)

만드는 방법

마늘과 양파 1/2 개, 샐러리, 당근은 믹서기에 곱게 갈아서 소금과 후추, 아니스, 샐러드오일을 넣고 고르게 섞는다. 적당한 용기에 참치를 담고 그 위에 골고루 덮은 다음 24 시간 정도 절여둔다.

나머지 1/2 개의 양파는 가늘게 썰어서 식초와 설탕, 소금에 절여준다. 샐러드부케는 모든 그린 잎들이 살아있도록 냉수에 담아 싱싱하게 만든 다음 안쪽 재료부터 차근차근 말고 미리 얇게 썰어둔 오이로 감아서 밑부분을 잘라준다.

그릴에 미리 열을 올린 다음 절여둔 참치를 주위에 색이 날 정도만 그릴해 준다. 접시에 샐러드부케를 놓고 주위로 그릴해 둔 참치를 얇게 썰어 가지런히 놓는다. 한쪽 옆에 절여둔 양파 피클을 20 g 정도 물기를 짜서 놓고 그 위에 차이브 한 잎으로 포인트를 준다.

참기름소스를 샐러드부케와 참치 위로 충분히 뿌려서 서브한다.

- 위 요리는 조금은 복잡해 보이나 한두 번 정도만 실행하여 보면 금방 친숙해질 수 있는데 참치, 절인 양파피클, 샐러드부케, 참기름소스 순서로 준비하면 무리없이 맛있는 요리를 고객에게 제공할 수 있다.

참기름소스(Sesame soy sauce)

참기름(Sesame oil)／3 테이블스푼
간장(Soy sauce)／1 테이블스푼
생강 다진 것(Chopped ginger)／1 티스푼
후레쉬 레몬주스(Fresh lemon juice)／1 테이블스푼
볶은 깨(Roasted sesame seed)／1 티스푼
⇨ 모든 재료를 볼에 담고 잘 저어준다.

계란과 야채를 곁들인 훈제연어말이

(Stuffed Smoked Salmon with Boild Egg and Vegetable)

버터 헤드 레터스
(Butter head lettuce)

마치 비단처럼 부드러운 감촉을 지니고, 주름지면서도 아기 손같이 오므라진 모습이 양파가 껍질 하나하나 싸여 있는 듯한 이 레터스는 우리가 흔하게 사용하고 있는 양상추와는 구별이 된다.

구운 잣과 오렌지 식초소스를 곁들이면 맛이 일품인 이 레터스 역시 붉은색과 푸른색 두 가지가 있으며, 여름에 제맛을 내고, 다른 샐러드를 접시에 담을 때 가니쉬로서도 훌륭한 역할을 한다.

준비재료 (3 인분)

얇게 썬 훈제연어(Sliced smoked salmon)／9 pc
분리해서 채에 내린 계란흰자와 노른자(Grated boiled egg)／2 ea
잘게 썬 붉은 피망(Fine sliced red pimento)／10 g
잘게 썬 푸른 피망(Fine sliced green pimento)／10 g
튀긴 베이질잎(Fried basil leaf)／6 잎
시금치(Spinach)／5 잎
무순(Mustard salad)／20 g
오이살사소스(Cucumbe salsa)／100 m*l* (아래 참조)

만드는 방법

시금치는 끓는물에 살짝 블란치하여 얼음에 식혀 마른 타월로 물기를 제거해 놓는다. 길이 40 cm 정사각형 비닐을 깔고 훈제된 연어를 세로놓기로 놓은 다음 준비된 시금치를 연어 위에 깔고 그 위에 다시 계란 흰자와 노른자, 피망을 보기좋게 놓은 다음, 롤라드(Loulade) 형식으로 말아준다. 이때 연어 속의 내용물 사이에 공간이 생기지 않도록 단단하게 말아주어야 한다.

베이질잎은 200℃ 정도의 기름에 튀겨 흡수지로 기름를 제거해 준다.

접시주위로 무순을 보기 좋게 돌려놓은 다음 중앙에 준비된 오이살사를 2 테이블스푼 정도 놓는다.

그 위에 연어말이를 한입에 먹기 좋은 크기로 썰어 놓고, 튀겨둔 베이질잎으로 가니쉬한다.

오이살사(Cucumbe salsa)

오이 작은 네모썰기한 것(Brunoise cucumber)／1 개
토마토 작은 네모썰기한 것(Brunoise tomato)／1 개
그린페퍼콘 다진 것(Chopped green pepper corn)／1 티스푼
올리브오일(Olive oil)／3 테이블스푼
발사믹코 비네가(Balsamico vinegar)／1 테이블스푼
후레쉬 민트 다진 것(Chopped fresh mint)／1 티스푼
소금과 후추(To taste salt and pepper)／약간
⇨ 기름을 제외한 모든 재료들을 적당한 볼에 담고 기름을 넣어가면서 젓어준다. 취향에 따라서 케이퍼나, 양파 다진 것 등을 첨가하면 더욱 좋다.

게살을 채운 훈제연어 퍼스

(Smoked Salmon Purse with Crab-meat and Vegetable Vinaigrette)

준비재료 (3 인분)

냉동게살(Crab meat)／60 g
얇게 썬 훈제연어(Sliced smoked salmon)／6 쪽
가늘게 채썬 오이(Fine julienne cucumber)／15 g
가늘게 채썬 양파(Fine julienne onion)／15 g
가늘게 채썬 셀러리(Fine julienne celery)／15 g
마요네즈(Mayonaise)／30 g
차이브(Chives)／6 잎
굵게 갈은 검은 후추(Freshly milled black pepper)／1 teas
베지타블 비네그렛(Vegetable vinaigrette)／6 테이블스푼(p. 156 참조)
처빌잎(Chervil)／9 잎
흰 후추와 소금(To taste salt and white pepper)／맛을 낼 정도

만드는 방법

먼저 잘 다듬어진 훈제연어를 약간 비스듬하게 일자형으로 썰어둔다. 냉동 게살은 해동한 후 깨끗한 타월을 사용하여 물기를 완전히 제거하여 놓는다.

가늘게 썬 오이, 양파, 셀러리, 차이브는 끓는물에 살짝 블란치하여 색깔이 살아 있도록 하고 역시 마른 타월로 물기를 제거하며 차이브를 제외한 게살과 야채는 마요네즈와 소금, 후추로 간을 하여 버무려 놓는다.

준비된 훈제연어를 열 십자(十)모양으로 놓고 그 위에 게살과 야채 버무린 것 30 g 정도를 놓고 돈주머니모양(Purse)으로 만든 다음 블란치 해놓은 차이브로 묶어준다.

접시에 베지타블 비네그렛을 2 테이블스푼 정도 담아 둥글게 테두리를 그려주고, 중앙에 돈주머니 모양의 훈제연어를 놓는다.

주위에 삼각형 모양으로 준비된 처빌잎을 놓고 그밖에 선을 따라서 굵게 갈아둔 검은 후추를 조금씩 뿌려 모양을 낸다.

처빌(Chervil)

처빌의 사용은 현대에 와서 급증하는 추세를 보이고 있다. 그 이유는 국내에서 처빌의 생산이 수요를 감당할 만큼 성장하였고 그 맛이 순하여 동양인의 기호에 잘 어울리기 때문인 것으로 분석된다.

처빌의 원산지는 서아시아와 남부러시아로 알려지고 있지만 유럽 농가에서는 마치 우리나라의 상추나 실파처럼 앞뜰에 심어놓고 자라는 데로 채취하여 식탁에 올리고 있다.

처빌의 잎은 가냘프게 꼬부라져 있어 생선이나 수프의 가니쉬로 사용되기도 하고 샐러드에 첨가하면 그 순한 맛이 샐러드의 품위를 한층더 높여준다.

야채를 이용한 에피타이저
(Vegetable Appetizer)

야채는 얼마 전까지만 해도 육류나 생선 또는 다른 식품의 보조적인 역할을 맡아 왔었다. 그러나 현재는 스테이크의 더운 야채나, 수프의 가니쉬, 에피타이저와 샐러드에 두루 사용되고 있다.

우리가 섭취하고 있는 육류, 곡류 등은 영양학적으로 볼 때 산성이므로 이를 중화시키기 위해서는 야채를 많이 섭취해야 하며, 영양의 균형을 이루기 위해서는 몸에서 생성되지 않는 필수 비타민이나 무기질을 외부에서 공급받아야 하므로 야채의 섭취는 필수적이라 할 수 있다.

근래에 와서는 야채만을 주식으로 하는 베지테리언(Vegetarian)의 증가와 식생활의 변화로 야채도 에피타이저 메인코스(Main Course)로 개발되어 야채를 선호하는 사람들의 수요를 충족시키고 있다.

이렇게 야채가 식단에서 차지하는 비율이 높아지면서 야채를 조리하는 방법 또한 최근에 와서 꾸준하게 개발, 연구되어지고 있다.

야채를 단독 또는 복합적으로 에피타이저에 사용하기 위해서는 어떠한 야채를 어떻게 사용할 것인가를 결정하여야 하는데 일반적으로 품질, 크기, 모양, 조리방법, 영양, 야채의 색상 등을 고려하여 선별하여야 한다.

[고려해야 할 점]

1. 야채의 크기가 개별적으로 고르게 생산이 되었는가?
2. 접시에 담았을 때 고객으로 하여금 시각적인 만족감을 느끼게 할 수 있는가?
3. 메뉴를 유지시킬 만큼 충분하게 생산, 공급이 가능한가?
4. 계절에 따른 품질의 변화가 어떻게 일어나는가?
5. 어떠한 조리방법을 선택할 것인가?
6. 조리를 하였을 때 영양소의 손실은 없는가?
7. 야채에 어울리는 소스는 어떤 것을 선택할 것인가?

야채사용에 있어 신선한 상태로 사용하는 것이 바람직하나, 조리를 해야 할 경우 지나친 손질이나 열을 가하는 것은 야채의 영양, 맛, 색상, 형태 등에 손실을 초래하므로 가급적 단순한 작업과 순간적인 조리방법을 사용하는 것이 좋다.

생선살을 채운 양송이 튀김과 사프란향을 첨가한 베이질소스

(Fried Mushrooms Stuffed with Seafood on Saffron-Basil Sauce)

준비재료 (3 인분)

중간 크기의 양송이(Botom mushroom) / 9 개
참새우 다진 것(Chopped prawn) / 6 마리
엠멘탈러치즈 갈은 것(Grated Emmental cheese) / 1/2 컵 정도
시금치 잎을 데쳐서 굵게 다진 것(Poached spinach) / 90 g 정도
계란(Fresh egg) / 2 개　　밀가루(Flour) / 50 g 정도
빵가루(Bread crub) / 100 g
식용유(Salad oil for fry) / 양송이를 튀길 수 있을 정도

[소스를 위한 준비재료]

양파 다진 것(Chopped onion) / 100 g
버터(Butter) / 30 g　　생크림(Fresh cream) / 300 ml
후레쉬 베이질 다진 것(Chopped fresh basil) / 20 g
드라이 백포도주(Dry white wine) / 50 ml
사프란 말린 것(Saffron) / 밝은 색이 날 정도

만드는 방법

양송이는 밑부분을 제거하고 씻어서 물기를 닦아놓는다. 참새우 다진 것과 엠멘탈러치즈가루, 시금치는 볼에 담아서 골고루 섞어준다.

양송이에 속을 채워 넣고 접시에 담아 냉장고에 약 20 분 정도 둔다. 3 가지 그릇에 계란, 밀가루, 빵가루를 종류별로 담아놓는다. 기름남비에 기름을 넣고 온도를 180℃까지 올려놓는다.

속을 채운 앙송이에 밀가루, 계란, 빵가루를 차례로 입힌 다음 준비된 기름에 짙은 노란색이 날 때까지 튀겨준다.

소스를 하기 위해 깊이가 있는 소스 팬에 버터를 두루고, 낮은 온도에서 양파가 부드러워질 때까지 소테한다. 다음 베이질과 드라이 백포도주를 첨가하고, 절반 정도 줄을 때까지 끓여준다. 크림과 사프란을 첨가하고 다시 절반 정도 졸여준다. 고운 채에 거른 다음 소금과 후추로 간을 한다. 접시에 소스를 충분히 두르고 양송이 튀김을 보기 좋게 놓는다. 채썰어 튀긴 베이질잎이나 가지튀김으로 가니쉬한 다음 소스 주위로 차이브를 잘게 썰어 뿌려준다.

사프란(Saffron)

사프란은 붓꽃의 일종으로 아시아가 원산지이나 스페인, 프랑스, 이탈리아, 남아프리카에서도 자라고 있다.

사프란은 초가을에 가장 먼저 피어나는 꽃 중에 붉은 부분만을 골라 생산되는데, 그 맛은 씁쓸하고 약간의 단맛을 지니고 있다. 하지만 사프론을 사용하는 주요 목적은 색을 내기 위함일 것이다.

밝고 투명한 노란색의 사프란이 첨가된 요리는 시각적인 면에서 벌써 하나의 요리로 충족시켜 준다.

사프란의 사용은 소스, 수프, 생선, 쌀, 감자, 페스트리에 아름다운 색상을 선사한다. 한가지 흠이 있다면 희소성과 공정상의 문제로 가격면에서 매우 비싼 향신료 중에 하나이다.

참새우와 아보카도칵테일에 삶은 복숭아와 커리 딜 소스

(Prawn and Avocado Cocktail with Curried Dill Sauce)

준비재료 (3 인분)

참새우(Prawn)/9 마리
그린치커리(Green chicory)/3 줄기
라디치오(Radicchio)/3 잎
삶은 복숭아(Poached peach)/2 쪽
완숙된 아보카도(Avocado)/1 개
붉은 피망 다진 것(Chopped red pimento)/1/2 개
푸른 피망 다진 것(Chopped green pimento)/1/2 개
굵게 다진 후레쉬 딜(Chopped fresh dill)/1 테이블스푼
커리파우더(Curry powder)/2 티스푼
식초(White vinegar)/300 m*l*
얇게 썬 대파(Thin sliced green onion)/10 g
소금과 후추(To taste salt and pepper)

만드는 방법

새우는 삶아서 껍질을 까고 절반으로 잘라 놓는다. 아보카도는 씨를 제거하고 껍질을 까서 적당한 두께로 썰어둔다. 삶은 복숭아 중 한 개를 작은 네모썰기하여 둔다.

적당한 볼에 위의 재료를 담고 식초와 딜, 커리파우더를 넣고 버무린다. 접시에 그린치커리와 라디치오를 그림과 같이 놓고 남은 한 쪽의 삶은 복숭아에 칼집을 내어 보기좋게 담는다.

작게 네모썰기한 복숭아를 접시 주위로 조금씩 뿌려준 다음 중앙에 가늘게 썬 대파를 올려 마무리한다.

커리(Curry)

커리는 인디아가 주산지이나 현대에 와서는 인도네시아를 비롯하여 우리나라 등 동남아 전역에서 재배, 이용되고 있으며, 전 세계적으로 커리의 맛이 대중화되는 추세이다. 커리는 본래의 커리만을 사용하기 보다는 터메릭(Turmeric), 커리앤더(Coriander), 생강, 카라웨이(Caraway) 등 여러 스파이스를 섞어 만들어내기 때문에 그 종류도 매우 다양하다.

커리의 맛은 생강과 고추의 함량에 따라 순한맛(Mild), 중간맛(Medium), 매운맛(Fire) 등으로 나눌 수 있는데, 남인디아지방에서 생산되는 커리가 맵기로 유명하다. 커리가 노란색을 띠는 것은 터메릭의 함량에 따라서 차이가 나는데 터메릭의 양이 적으면 적을수록 노란색이 약해진다.

커리가 사용되는 요리는 수백가지에 달하며, 우리에게도 익숙한 커리라이스, 커리치킨, 소스, 야채딮 등이 있다.

베이질을 곁들인 오븐에 말린 토마토와 관자

(Oven Dried Tomato and Poached Scallop Basil Tian)

베이질(Basil)

민트과에 속하는 일년생 식물로 원산지는 동아시아와 유럽이지만 우리나라에서도 재배가 가능하여 현재 많이 사용하고 있다.

특히 토마토요리에서 흔히 이용되는데 이태리요리에서는 빼놓을 수 없는 향신초로써, 샐러드의 드레싱, 생선요리, 수프에서 미식가의 입맛을 자극한다.

준비재료 (3 인분)

오븐 드라이 토마토(Oven dried tomato)／9 쪽
포치한 관자 또는 훈제한 것(Poached scallop or smoked scallop)／6 개
매우 잘게 썬 베이질잎(Chiffonaded basil leaf)／10 g
휘핑크림(Whipping cream)／2 테이블스푼
벨루가 케비아(Beluga caviar)／1 테이블스푼
3 종류의 야채색오일(3 kinds color oil) (p. 152 참조)
굵게 갈은 검은 통후추(Grated fresh pepper)／1 테이블스푼

만드는 방법

관자가 두꺼운 경우 절반을 자르거나 3 등분하여 둔다.

가장 아래 관자를 깔고 잘게 썬 베이질을 조금 뿌려주고 그 위에 오븐 드라이 토마토를 올린다. 다시 같은 방법으로 한층을 더 올리고, 마지막으로 관자를 올린 후 중앙에 베이질을 조금 놓는다.

접시에 삼색오일을 보기 좋은 정도로 뿌린다. 그 위에 준비해 둔 관자와 토마토를 놓는다.

휘핑한 크림에 소금과 후추, 후레쉬 레몬주스를 조금 첨가하고 파이핑 팩으로 1 티스푼 정도의 양을 관자 위에 짜놓는다.

스푼으로 벨루가 캐비아를 1/2 티스푼 정도씩 짜놓은 휘핑크림위에 장식한다.

굵게 갈은 검은 통후추는 접시 주위로 보일듯 말듯하게 뿌려준다.

● 벨루가 캐비아가 없는 경우 한 단계 낮은 등급인 오세트라(Osetra)나 세브루가(Sevruga)를 사용할 수 있다.

Cheese Appetizer

Havarti　Fetta　Camembert
Goat's　Edam
Parmesam

치즈로 만드는 에피타이저

치즈는 우유에 린렛이라는 효소를 첨가하고 화학적 작용을 가해서 얻어낸 흰 덩어리를 발효숙성시킨 우유가공품 중의 일종이다.

치즈는 인체에 필수적인 단백질과 칼슘, 미네랄이 농축 함유된 완전식품이라 해도 과언이 아니다. 치즈의 기원에 대하여 굳이 이야기하지 않더라도 치즈는 아라비아 유목민족으로부터 그리스, 로마를 거쳐 유럽지역에 전해졌고, 오늘날은 전세계적으로 800여종의 치즈가 많은 사람들의 애호를 받고 있다.

사람들은 수세기 동안 축적된 경험과 기술에 의해서 포유동물의 젖을 요리에 이용해 왔다. 그 중에서도 가장 많이 이용되고 있는 것이 소, 산양, 양 등이라고 할 수 있다. 하지만 같은 종류의 동물이라 할지라도 생산되는 젖(乳)의 질, 시기, 장소, 농도 등에 따라 치즈의 질 차이는 천차만별이다.

따라서 치즈가 많이 생산되고 그것으로 명성을 떨친 나라나 지역들을 면밀히 검토해 보면 그 지역의 기후나 풍토가 치즈를 생산하기에 적합하다는 것을 곧 알 수 있다.

근래에는 교통의 발달로 보존기간이 짧은 연질치즈(soft cheese)를 세계 어디서나 쉽게 접할 수 있다. 그 중에서도 카만베트(camembert) 치즈는 수를 헤아리기 힘들만큼 많은 곳에서 생산되고 있는데 최근에는 우리나라에서도 전문음식점에서라면 쉽게 연질치즈를 접할 수 있다.

이렇게 대중화된 치즈는 에피타이저에서 뿐만아니라 샐러드, 메인코스(Main Course), 디저트(Dessert) 등 어떤 요리에 사용하든 조화가 잘 이루어진다.

치즈를 에피타이저에 이용할 때에는 종류에 따라서 차이는 있겠지만 30～50 g 정도의 양을 사용하면 적절하고, 과일(Fruits), 넛(Nut), 신선한 야채 등을 곁들이면 맛도 담백하고 영양적인 면에서도 균형을 유지할 수 있다.

구운 피망을 곁들인 페타치즈

(Peta Cheese and Roasted Bell Pepper, Artichoke Heart)

미츠바(Mizba)

일본이 원산지인 미츠바는 원산지가 말해주듯 일식요리에서 많이 접하게 된다. 연녹색에 탐스러운 잎을 지니고 있는 이것은 줄기가 마치 미나리깡처럼 부드럽고 마디가 있다. 향은 미나리보다는 약간 순한 맛을 내며 가끔씩 쌈밥집에서 만나면 대단히 반가운 쌈재료가 된다.

줄기를 묶어서 조개국에 넣으면 시원한 맛을 더하고 샐러드에는 부드러운 잎을 따서 여러가지 그린 잎과 섞어 사용하면 시각적으로도 훌륭하다.

준비재료 (3 인분)

페타치즈(Peta cheese)／3 포션
구운 붉은 피망(Roasted red bell pepper)／1 개
구운 푸른 피망(Roasted green bell pepper)／1 개
삶은 아티초크 봉오리(Boilled artichoke heart)／2 개
구운 잣(Roasted pine nut)／1 테이블스푼
올리브오일(Olive oil)／50 m*l*
후레쉬 민트(Fresh mint)／3 줄기
레몬 제스트(Lemon zest)／1 개
후레쉬 레몬주스(Fresh lemon juice)／1 개
후레쉬 파마산치즈 갈은 것(Grated fresh parmesan cheese)／1 테이블스푼
굵게 갈은 검은 통후추(Grated whole black pepper)／1 티스푼

만드는 방법

구운 피망은 굵게 썰어 올리브오일과 소금, 후추로 버무려 놓는다. 아티초크는 질긴 잎부분은 떼어내고 부드러운 부분만을 선택하여 절반으로 잘라놓는다.

적당한 볼에 올리브오일, 레몬주스, 구운 잣, 굵게 갈은 후추를 넣고 휘퍼로 젓어준다.

접시 중앙에 페타치즈 한 덩어리를 놓고 주위로 아티초크, 준비된 피망을 보기좋게 놓는다. 만들어 둔 소스를 아티초크, 페타치즈, 피망위로 뿌려준다.

갈은 파마산치즈와 레몬제스트, 후추를 뿌려 마무리한다.

접시 테두리 밖으로 살짝 벗어나도록 후레쉬 민트를 올려 서브하면, 고객에게 제공되는 순간 향긋한 민트향이 입맛을 돋운다.

엠멘탈러치즈와 발사믹코소스에 물냉이

(Fancy Emmental Cheese and Water Cress with Balsamico Vinaigrette)

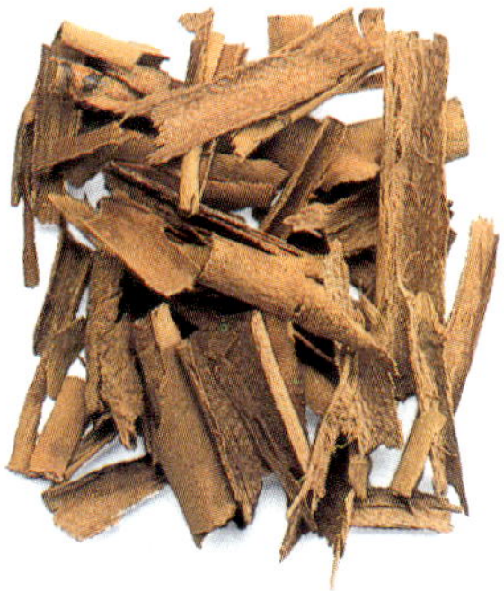

계피(Cinammon)

계피는 동서양을 막론하고 두루 사용되며 이미 세계적으로 대중화되어 있는 향료 중의 하나이다. 계피의 주요 생산지는 스리랑카와 미국, 중국 등이고 생산되는 장소가 다른 만큼 그 명칭이나 품질에 있어서도 조금씩 차이가 있지만 계피나무의 껍질을 사용하는 것은 다를 바가 없다.

계피의 품질은 그 두께가 얇고 향기가 좋은 것이 상품이다. 대부분의 계피는 미국의 카시아(Cssia) 계피가 많이 이용되고 있지만 근래에 와서 사이공에서 생산되는 계피가 품질과 향면에서 뛰어나 각광을 받고 있다.

가루계피는 페스트리, 빵, 푸딩, 캔디 등에, 통계피는 과일조림, 피클, 수프 등에, 계피오일은 향의 목적과 의학적인 목적으로 사용되기도 한다.

준비재료 (3 인분)

삼각형으로 슬라이스한 엠멘탈러치즈(Sliced Emmental)／12 쪽
깨끗하게 씻은 물냉이(Water cress)／150 g
붉은 자두(Red prune)／1 개
푸른 사과(Green apple)／1/2 개
구운 호두(Roasted walnut)／30 g
올리브오일(Olive oil)／1 테이블스푼
사이더 비네가(Cider vinegar)／2 티스푼
소금과 후추(Salt and pepper)
발사믹코소스(Balsamico Vinaigrette) (아래 참조)

만드는 방법

엠멘탈러치즈는 0. 1 cm 두께로 슬라이스하여 같은 크기의 삼각형으로 1 인분에 4 쪽 정도로 준비하여 둔다. 깨끗하게 씻은 물냉이의 물기를 제거하고 적당한 볼에 담아 올리브오일과 소금, 후추로 살짝 버무려 준다. 접시 중앙에 제일먼저 슬라이스한 치즈 한 쪽을 놓고 그 위에 물냉이를 가지런히 놓은 다음 다시 치즈를 놓고 샌드위치 형식으로 4 칸을 쌓는다.

푸른 사과와 자두는 네모썰기하고 호두는 굵게 으깨서 올리브오일 1 티스푼과 사이더 비네가로 버무려 치즈옆에 놓는다.

발사믹코소스(Balsamico vinaigrette)

발사믹코 비네가(Basamico vinegar)／60 ml
껍질과 씨를 제거한 사과(Apple)／1/2 쪽
양파(Onion)／50 g
올리브 오일(Olive oil)／150 ml
후레쉬베이질(Fresh basil)／3 잎
소금과 약간 굵게 갈은 검은 후추(To taste salt and grated pepper)／맛을 낼 정도
⇨ 사과와 양파는 믹서기로 곱게 갈아둔다. 베이질은 조직이 너무 파괴되지 않을 정도로 다져둔다. 위의 두 재료를 볼에 담고 발사믹 비네가와 올리브오일을 천천히 첨가하며 휘퍼로 젓어준다. 소금과 굵게 갈아둔 후추로 간을 한다. 고객에게 서브할 때 바로 발사믹 소스를 접시 주위로 충분히 뿌려준다.

훈제양고기 안심에 산양치즈와 토마토 살사소스

(Smoked Lamp-loin and Goat Cheese with Tomato Salsa)

타라곤(Tarragon)

타라곤은 다년생 허브로서 유럽이 원산지이며, 러시아나 몽골리아에서는 화초로 많이 키우고 있다. 길면서 얇은 잎은 올리브그린색을 지니며 자그마한 단추같은 꽃봉오리를 피운다.

타라곤을 말릴 경우 향이 줄어들기 때문에 신선한 상태로 사용하는 것이 최선의 방법이나 보관을 하기 위하여 말리기도 하고 식초나 오일에 절여두었다가 그 식초와 오일을 사용하기도 한다.

신선한 잎을 따서 샐러드나 피클, 수프에 넣으면 은근한 향을 낸다.

준비재료 (3 인분)

훈제양안심(Smoked lamb tenderloin) / 120 g
산양치즈 6 슬라이스(Goat cheese) / 90 g
양상추 속잎(Lettuce) / 3 잎
그린치코리(Green chicory) / 3 줄기
물냉이 (Water cress) / 30 g

[소스를 위한 준비재료]

토마토 작은 네모썰기(Brunoise tomato) / 100 g
오이 푸른부분 네모썰기(Brunoise cucumber) / 40 g
삶은 계란 흰자위 다진 것(Chopped boiled egg white) / 1 개
그린 페퍼콘 다진 것(Chopped green pepper corn) / 10 g
붉은 식초(Red wine vinegar) / 3 테이블스푼
옥수수기름(Corn oil) / 100 m*l*
소금과 후추(To taste salt and pepper) / 맛을 낼 정도

만드는 방법

훈제양안심은 부드럽게 먹을 수 있을 정도로 얇게 슬라이스 하는데 일반적으로 3 쪽, 5 쪽 등을 사용한다.

양상추와 그린치코리, 물냉이는 싱싱하게 살아나도록 씻어서 냉수에 담아 놓는다.

산양치즈도 테두리에 흰 곰팡이가 보이도록 예쁜 모양으로 썰어 놓는다. 소스는 준비된 재료를 모두 볼에 담고 오일과 식초를 넣고 휘핑기로 부드럽게 젓어준다.

위의 모든 재료들을 접시에 보기 좋게 배열하고 주위로 소스를 뿌려준다.

제 3 부

샐 러 드

샐러드는 요리가 발전함에 따라 그 기능과 역할도 다양하게 변화해 왔다. 샐러드가 정찬에서는 일정한 순서에 의해서 제공되는 한 종류의 요리에 불과하지만 경우에 따라서는 한가지 요리를 대표하는 주요리의 역할도 한다. 샐러드의 비중은 메뉴의 성격에 따라서 조금씩 차이는 있겠지만 그 역할이 증대하고 있는 것만은 부인할 수 없다.

샐러드의 어원은 라틴어인 "허바 살라테(Herba Salate)"로 소금을 뿌린 향신초의 의미를 지니고 있으며, 이것은 고대 인류가 야채에 소금을 뿌려서 먹으면서 유래된 것으로 보인다.

샐러드의 발전은 현대에 와서 두드러지게 나타나는데, 식생활의 변화로 육류의 소비가 감소되는 추세를 보이고 있는 반면 야채의 소비가 증가하면서 근래에 와서 더욱 가속화되고 있다. 그러나 샐러드는 야채만을 사용하는 것이 아니라 고기에 향신료와 허브 등을 넣고 버무리는 것을 비롯하여 파스타, 라이스, 생선 등등 매우 다양한 재료와 방법이 시대와 조리사의 개성에 따라서 변화하고 개발, 발전되어 왔다. 특히 주류를 이루고 있는 것이 기름과 식초를 이용한 오일 비네가 드레싱을 곁들인 샐러드인데, 그 이유는 맛이 깨끗하고 만드는 과정이 비교적 단순하기 때문으로 풀이된다. 하지만 샐러드를 만드는 것을 그저 단순하게만 생각해서는 곤란하다.

샐러드의 주재료인 잎야채는 조직이 매우 부드럽고 식초에 약하기 때문에 드레싱의 농도, 재료의 선택, 시간, 비율 등을 세심하게 고려하지 않으면 원하는 샐러드를 얻기가 쉽지 않다.

PART 3

Salad

이러한 이유에서 샐러드에 관한 로마의 속담이 있는데 샐러드를 만드는 데는 다음과 같은 네 사람이 필요하다고 한다.

첫째, 식초를 아끼는 수전노
둘째, 기름을 많이 사용하는 낭비가
셋째, 훌륭한 맛을 내는 현인
넷째, 샐러드를 버무리는 광인

이 속담이 시사하는 바는 식초를 많이 사용하면 푸른 야채의 색이 변하고, 단시간 내에 시들기 때문에 가능한 지나치게 사용하는 것을 피하고 영양이 풍부한 올리브오일을 많이 사용해야 한다는 뜻을 지니고 있다. 또한 기름과 식초의 배합을 적절히 하며 소금과 후추, 다른 향료로 맛을 낼 줄 아는 사람과 샐러드를 버무릴 때는 육류를 제외하고는 고객에게 제공되기 바로 전에 버무리는 것이 가장 이상적임을 말하고 있다.

샐러드를 구분하는데 있어 단순한 재료만을 사용한 단순샐러드(Simple Salad)와 여러가지 재료를 섞어서 만든 복합샐러드(Mixed or Compound Salad)가 있는데 현대에 와서는 그 의미가 조금씩 퇴색되고 있으며 대부분의 샐러드는 필요에 따라서 색, 맛, 영양의 조화를 이루기 위하여 적절한 배합을 한다. 샐러드 재료를 손질할 때 주의해야 할 점은 가급적 칼의 사용을 자제하고 손으로 뜯어서 사용하는 것이 좋은데, 그 이유는 칼이 접한 부분에는 산화현상으로 야채의 색이 쉽게 변하고 영양소의 손실이 우려되기 때문이다.

아보카도와 참새우샐러드

(Avocado and Prawn Salad with Lemon Vinaigrette)

올리브(Olives)

올리브하면 우선적으로 지중해 연안 국가들을 떠올릴 정도로 올리브는 지중해를 대표하는 것 중에 하나이다.

우리나라가 전통적으로 사용하는 기름이 참기름(Sesame oil)이라면 이태리나 스페인 등의 여러 국가들은 올리브유를 거의 모든 요리에 사용하고 있다.

올리브의 기름은 단백하고 맛이 깊기 때문에 그대로 빵에 찍어 먹거나 샐러드에 소금과 함께 버무려서 소스 등으로 매우 다양하게 쓰인다. 특히 올리브 기름은 불포화성 지방이므로 성인병에 대한 두려움 없이 즐길 수 있다.

준비재료 (3 인분)

후레쉬 레몬주스(Fresh lemon juice)／1 EA
아보카도(Avocado)／3 EA
붉은 상추(Red lettuce)／6 잎
중간 크기의 참새우(Mideum size prawn)／15 마리
커리앤더(Coriander)／1 줄기
다진 살롯(Chopped shallot)／1 개
올리브오일(Olive oil)／100 m*l*
디존 머스터드(Dijon mustard)／1 티스푼
소금과 굵게 갈은 검은 통후추(Salt and pepper)

만드는 방법

새우는 소금과 피클링 스파이스를 넣은 물에 삶아 얼음에 식힌다. 껍질을 깐 후 길이로 절반 잘라 내장을 제거하여 깨끗하게 다듬어 놓는다.

아보카도는 칼로 씨가 있는 부분까지 돌려가면서 칼집을 넣은 다음 양손으로 잡고 비틀어 주면 씨가 쏙 빠지게 된다.

손으로 껍질을 까서 0.5 cm 정도 두께로 썰어둔다. 볼에 아보카도와 참새우, 살롯 다진 것, 레몬주스를 넣는다. 커리앤더는 잎부분만을 떼어서 넣고 소금과 후추로 간을 한다.

올리브오일을 고르게 뿌려 준 다음 아보카도가 부스러지지 않도록 조심스럽게 버무려준다. 접시에 아보카도를 세로썰기하여 가지런히 놓고 상추 한 잎을 깔아준다.

그 위에 준비된 샐러드를 올려 서브한다.

아보카도는 고대잉카제국시에는 왕족만이 먹을 수 있는 신비의 열매로 전해지고 있을 정도로 귀한 과일이다. 그 명성에 어울릴 정도로 그 맛에는 깊이가 있고, 영양가 역시 비타민의 보고라 할만큼 풍부하다.

우리나라에서는 전량을 수입에 의존하고 있어 가격면에서 조금은 비싼 편이지만 맛이나 영양으로 따져 본다면 상대적으로 비싸게 느껴지지 않을 것이다. 아보카도 요리를 음미할 때는 여러 번 씹은 후 혀의 안쪽으로 조용히 삼키면 고소하고 매끄러운 맛을 오랫동안 기억할 수 있다.

로스한 오리가슴살과 대파 샐러드

(Roasted Duck Breast and Leek Salad)

레몬밤(Lemon Balm)

지중해 연안 남부유럽이 원산지인 레몬밤은 그 향이 달고 진해 많은 벌들이 몰려든다 하여 비밤(Bee balm)이라는 애칭도 가지고 있다. 다년생 초본으로 40~60 cm까지 자라며 잎과 줄기에 솜털이 나 있다.

대부분의 향신료가 그렇듯이 레몬밤 역시 약초로써 많이 쓰였다고 한다. 기원전 1세기에 기술된 의약서에는 독거미나 전갈 같은 독충에 물렸을 때 해독제로, 치통에 양치질 약으로, 관장제로, 관절염에 그 잎을 문지르면 아픔을 없앤다고 기술하고 있다.

레몬밤은 그 향이 매우 깨끗하고 상큼하기 때문에 디저트요리에 많이 사용되지만 육류, 샐러드, 드레싱, 음료에까지 두루 사용되고 있다.

준비재료 (3 인분)

오리가슴살(Duck breast)／2 쪽
릭(Leek)／1 줄기
오렌지(Orange)／2 개
구운 마늘(Roasted garlic)／50 g (p. 172 참조)
후레쉬 민트(Fresh mint)／2 줄기
오븐 드라이 토마토(Oven dry tomato)／100 g
굵게 갈은 엠멘탈치즈(Grated Emmental cheese)／30 g
소금과 후추(Salt, pepper)
후레쉬 오렌지주스(Fresh orange juice)／3 테이블스푼
올리브오일(Olive oil)／3 테이블스푼

만드는 방법

오리가슴살은 기름부분을 주위로 다듬어낸다. 후레쉬 민트를 다져서 오리가슴살 위에 뿌리고 소금과 후추로 간을 한다.

프라이팬에 기름을 두르고 센 불에 양면을 갈색이 나도록 소테한 후 기름부분이 위로 가도록 놓고 165℃ 정도의 오븐에 약 7분간 구워 식힌다. 완전히 식은 오리가슴살을 기름부분이 조금씩 붙은 정도로 썰어준다.

릭을 어슷어슷하게 썰은 다음 두께가 얇은 프라이팬에 기름을 두르고 연기가 날 때까지 열을 가한 다음 소테하는데, 약간은 검은 색이 날 정도로 해준다. 오렌지는 양쪽을 잘라내고 껍질을 제거한 다음 세그먼트한다(이때 발생된 주스는 모아둔다).

볼에 위의 모든 재료를 담고 올리브오일, 오렌지주스, 소금, 후추를 넣고 가볍게 버무려준다.

서브하기 전에 갈아둔 엠멘탈치즈를 접시주위로 뿌려준다.

- 오리는 가금류 중에서 뛰어난 육질을 지니고 있어 매우 다양하게 이용되고 있다. 샐러드에 있어서도 예외는 아니다. 부드러운 육질의 오리가슴살에 허브를 발라 굽고, 여기에 오렌지향과 대파를 그을릴 때 나는 고소한 맛을 경험하고 나면 살아있는 오리만 봐도 기억을 떠올릴 것이다.

토마토와 오이에 페타치즈를 가미한 샐러드

(Tomato and Cucumber, Peta Cheese Salad)

스테비아(Stevia)

스테비아는 파라과이가 원산지이로 그곳 원주민들에게는 "카해애"라는 단맛을 내는 풀로 불리고 있다. 그 이유는 스테비아의 잎을 뜯어 맛을 보면 금방 알 수 있듯이 설탕과 같이 단맛이 난다.

스테비아는 스페인의 식물학자 겸 의사인 "에스테브"(P. J. Esteve 1556년)의 이름을 따서 명명된 것으로 요리에 단맛을 내기 위하여 흔히 사용하는데 칼로리가 다른 당류에 비하여 월등히 낮아서 비만이나 당뇨병, 충치, 심장병 환자의 건강식에 사용하면 더욱 좋다.

그밖에도 스테비아를 차로 즐길 때에는 10장 정도의 신선한 스테비아를 넣어 끓이면 7~8잔 정도의 향긋한 스테비아를 차로 만들 수 있다.

준비재료 (3 인분)

물냉이, 미츠나, 머스터드잎 섞은 것
(Mixed green with mizuna, watercress and mustard greens)／200 g
씨를 제거한 토마토(Vine-ripened tomatoes)／400 g
작은 오이(Small cucumber)／1½ 개
페타치즈(Peta cheese)／60 g
후레쉬 오레가노 다진 것(Chopped fresh oregano)／1 티스푼
후레쉬 민트 다진 것(Chopped fresh mint)／1 티스푼
후레쉬 레몬주스(Fresh lemon juice)／1 테이블스푼
식초(Vinegar)／2 테이블스푼
올리브오일(Olive oil)／40 ml
소금과 후추(To taste salt and pepper)

만드는 방법

물냉이와 미츠나 머스터드잎은 줄기를 떼어내고 잎부분만을 깨끗하게 씻어서 물기를 제거한 후 냉장고에 보관한다. 1/4 등분한 토마토는 씨를 제거하고 웨지형으로 썰어둔다.

오이는 껍질을 까서 둥근 원형으로 썰어둔다.

접시에 준비한 그린샐러드를 깔고 그 위에 오이와 토마토를 섞어서 보기좋게 얹는다. 볼에 페타치즈를 으깨서 놓고 올리브오일과 소금, 후추, 민트와 오레가노를 같이 넣고 단 한번만 섞어준다.

접시에 담긴 토마토와 오이샐러드 위에 페타치즈 버무린 것을 골고루 뿌려준다.

아삭아삭한 맛을 내는 신선한 오이와 씨를 제거한 토마토를 곁들이고, 페타치즈를 으깨 넣은 샐러드는 보기에도 군침을 돌게 한다.
샐러드를 먹었을 때 풍겨나는 민트와 오레가노향은 결코 미식가의 기대를 저버리는 일은 없을 것이다.

도토리묵과 아루쿨라 샐러드에 간장드레싱

(An Acorn Jelly and Arugula Salad with Korean Style Soy Sauce)

준비재료 (3 인분)

도토리묵(An acorn jelly)／1/2 모
아루쿨라(Arugula)／150 g
꽃상추 속잎(Korean lettuce)／3 잎
체리 토마토(Cherry tomato)／5 개
마늘 다진 것(Chopped garlic)／1 쪽
생강 다진 것(Grated ginger)／1/2 티스푼
붉은 양파(Red onion)／1/2 개
실파(Spring onion)／2 줄기
볶은 흰깨(Roasted white sesame)／1 테이블스푼
참기름(Sesame oil)／1 테이블스푼
간장(Soy sauce)／1 테이블스푼
식초(White vinegar)／2 티스푼

만드는 방법

도토리묵은 한입에 먹기 좋은 크기로 썰어놓는다. 아루쿨라는 억센 부분인 밑줄기는 떼어내고 잎만을 씻어서 물기를 제거한 후 젖은 타월에 싸서 냉장고에 보관한다.

체리 토마토는 꼭지를 떼어내고 세로로 1/4 등분한다.

붉은 양파는 세로썰기로 하여 하나하나 떼어놓는다.

작은 볼에 마늘, 생강, 참기름, 식초, 간장을 모두 넣고 휘퍼로 저어준다. 접시에 도토리묵이 그린 샐러드와 잘 어울리도록 아루쿨라, 붉은 양파, 붉은 래디쉬 등을 섞어 놓는다.

참기름 간장 드레싱은 소스 폿(Pot)을 이용하여 개별 서비스를 하거나 제공되기 바로 전에 뿌려주면 된다.

볶은 참깨와 체리 토마토를 얹어 장식한다.

● 우리나라 사람이라면 도토리묵을 싫어하는 이는 거의 없을 것이다. 최근에 와서 도토리로 만든 요리가 서양사람들로부터 많은 인기를 얻고 있는 것은 도토리의 칼로리가 낮은 미용식일 뿐만아니라 싫증나지 않는 고유의 맛 때문일 것이다.

머스터드와 마늘, 식초 드레싱(Garlic and Muatard Vinaigrette)

마늘 다진 것(Chopped clove garlic)／1 쪽
붉은 식초(Red wine vinegar)／2 테이블스푼
올리브 오일(olive oil)／70 ml
후렌치 머스터드(French mustard)／1 테이블스푼
소금(Salt)／1/2 티스푼
후추(Pepper)／1/2 티스푼
⇨ 오일을 제외한 모든 재료를 볼에 담고 오일을 천천히 넣으며 내용물이 잘 섞이도록 잘 저어준다.

쿠스쿠스에 말린 살구, 생강을 곁들인 샐러드
(Cous Cous Salad with Apricots and Ginger)

준비재료 (3 인분)

말린 쿠스쿠스(Instant cous cous) / 150 g
물(Water) / 70 ml
후레쉬 오렌지주스(Fresh orange juice) / 70 ml
올리브오일(Olive oil) / 35 ml
발사믹코 비네가(Balsamico vinegar)
말린 살구(Dried apricot) / 8 개
노란 건포도(Golden raisins) / 1 테이블스푼
검고 작은 건포도(Dried currants) / 1 테이블스푼
다진 생강(Grated ginger) / 1 티스푼
붉은 양파 다진 것(Finely diced red onions) / 20
구운 잣(Roasted pine nut) / 2 테이블스푼 (아래 참조)

만드는 방법

스테인레스 볼에 쿠스쿠스를 담는다. 소스 펜에 올리브오일, 물, 오렌지주스, 식초 2 테이블스푼 등을 넣고 끓인다.

끓는 순간 건포도와 살구, 생강, 소금 1/4 티스푼을 넣고 이것을 재빨리 쿠스쿠스에 붓는다. 뚜껑을 덮고 약 20 분 가량 둔다.

양파는 작은 소스 팬에 물을 넣고 15 초 정도 삶은 다음 건져내어 소량의 식초를 첨가하여 다시 물기를 제거하여 준다.

쿠스쿠스가 완전히 조리되었으면 스푼으로 가볍게 긁듯이 모두 떼어 뽀송뽀송하게 섞어준다. 여기에 준비한 양파와 잣, 소금, 식초를 가미하여 접시에 보기좋게 담아낸다.

한줄기 싱싱한 베이질을 얹어 향을 발산하게 한다.

눈으로 보기에는 마치 좁쌀같이 생긴 쿠스쿠스는 환상적인 맛을 지니고 있다. 여기에 말린 살구나 건포도 등 과일종류를 곁들이면 더욱 좋다. 여름철에는 물냉이나 아스파라거스를 참기름이 약간 가미된 식초에 버무려서 쿠스쿠스와 같이 먹으면 잃었던 입맛도 되돌아 온다.

잣을 로스트하는 방법
(Roast pine nut)

⇨ 잣은 샐러드의 가니쉬로 사용하기에 좋은 재료 중에 하나이다. 잣을 구울 때에는 적은 양일 경우 바닥이 두꺼운 프라이팬에 은근한 열로 시작하여 짙은 황금색이 날 때까지 구워주면 된다.

많은 양을 구울 때에는 오븐을 사용하는 것이 편리할 뿐만아니라 고른 색을 낼 수 있다. 오븐에 잣을 구울 경우 팬을 골고루 깔고 170℃에서 시작하여 4~7 분 정도 구워주면 된다.

주의해야 할 점은 빠른 속도로 구워지기 때문에 투명유리가 없는 오븐일 경우 자주 확인해야 하고 눈으로 확인할 수 있다 할지라도 로스트가 끝날 때까지 자리를 뜨는 일이 없어야 한다.

ACETO BALSAMICO DI MODENA
PRODUCT OF ITALY

바삭바삭한 파마산크러스트와 시저샐러드

(Caesar Salad with Crispy Parmesan Cheese Crust)

준비재료 (3 인분)

파마산치즈 갈은 것(Grated fresh parmesan cheese)／500 g
노란 옥수수가루(Grated yellow corn)／3 테이블스푼
포카시아빵 크루퉁(Foccacia bread croutons)／1 컵
로메인 레터스(Romaine lettuce)／3 포기
시저드레싱(Caesar dressing)／300 m*l* (아래 참조)
소금과 후추

시저드레싱

(Caesar dressing)

샐러드오일(Salad oil)／1000 m*l*
올리브오일(Olive oil)／1000 m*l*
계란 노란자(Fresh egg york)／3 개
앤초비 다진 것(Anchovy chopped)／3 테이블스푼
마늘 다진 것(Garlic chopped)／1 티스푼
후레쉬 레몬주스(Fresh lemon juice)／1 개
파마산치즈 갈은 것(Grated parmesan cheese)／100 g
레드와인 비네가(Red wine vinegar)／20 m*l*
소금과 후추(Salt and pepper)／각 1 티스푼
워처스터소스(Worcestershire sauce)／2 테이블스푼

⇨ 볼에 계란 노란자를 넣고 충분히 저은 다음 기름을 첨가하면서 마요네즈를 만든 다음 나머지 재료를 모두 넣고 풀어지지 않도록 조심스럽게 섞어준다.

만드는 방법

먼저 파마산치즈 크러스트 컵(Crust cup)을 만들기 위해 직경 10 cm 크기의 프라이팬에 옥수수가루를 뿌리고 그 위에 갈아둔 파마산치즈 가루를 골고루 뿌려준다.

약한 열을 천천히 가하여 파마산치즈가 녹으면서 서로 엉길 수 있도록 시간을 두고 열을 가해준다. 컵모양이 나올 정도의 밑면이 둥근 도자기 그릇을 덮어놓고 그 위에 뜨거운 치즈 크러스트를 얹어 굳힌다.

로메인 레터스는 억센 잎은 떼어내고 부드러운 속잎만을 골라 한입에 먹기 좋은 크기로 뜯어서 냉수에 담아 아삭아삭하게 만든 다음 부드러운 타월로 물기를 제거한다.

적당한 볼에 준비된 로메인 레터스를 담고 포카시아빵 크루퉁과 후레쉬 파마산치즈 갈은 것을 첨가하여 시저 드레싱으로 살짝 버무려준다.

접시에 완전히 굳은 파마산치즈 크러스트를 중앙에 오도록 놓고 컵 안에 먹음직스럽게 시저샐러드를 담는다.

남겨둔 크루퉁과 파마산치즈를 샐러드위에 올려 제공한다.

고객이 파마산치즈 크러스트를 스스로 으깨어 샐러드와 같이 먹을 수 있도록 도와주거나 알려주는 것도 중요한 서비스의 하나이다.

● 샐러드의 가장 기본적이면서도 훌륭한 맛을 지니고 있는 것이 바로 시저 샐러드라 말 할 수 있다. 로메인 레터스의 부드러운 맛에 바삭바삭한 크루퉁, 파마산치즈의 맛, 이 모든 것이 어울려 하나의 시저 샐러드를 만들어 낸다. 이들 재료 중에서 어느 것 하나 빠져도 제맛이 나지 않는다.

시금치와 오렌지에 닭가슴살 샐러드

(Spinach and Orange Segments, Chiken Breast Salad)

삼색오일

1. 비트오일(Beet oil)

중간크기의 비트／3 뿌리
올리브오일／400 ml
백포도주／10 ml
소금과 후추

⇨ 비트는 껍질을 벗겨 주서기에서 주스를 짜 적당한 자루냄비에 넣고 낮은 불에서 1/5 정도까까지 졸여준 다음 식힌다. 완전히 식은 비트주스를 믹서기에서 강하게 2분 정도 돌려준다. 올리브오일을 풀어지지 않도록 조금씩 넣고 소금과 후추로 간을 한다.

2. 당근오일(Carrot oil)

중간 크기의 당근／3 뿌리
올리브오일／400 ml
소금과 후추

⇨ 당근을 주서기에서 주스를 짜낸다. 적당한 자루냄비에 담고 1/5 정도가 되도록 졸여준 다음 식힌다. 믹서기에 담고 응어리진 당근주스가 완전히 풀어질 때까지 강하게 돌려준다. 올리브오일을 풀어지지 않도록 조금씩 넣어준다. 소금과 후추로 간을 한다.

3. 베이질오일(Basil oil)

시금치 잎／300 g
베이질잎／50 g
올리브오일／400 ml
소금과 후추

⇨ 시금치와 베이질은 믹서기에 곱게 갈아서 흡수지에 걸러내고 걸러낸 주스를 믹서기에 넣고 돌려가며 오일을 조금씩 부어준다. 소금과 후추로 간을 한다.

준비재료 (3 인분)

삶은 닭가슴살(Chiken breast)／2 쪽
다듬어서 깨끗하게 씻은 시금치 잎(Fresh spinach leaf)／100 g
중간 크기의 오렌지(Fresh orange)／3 개
캔블랙 올리브(Pitred black olives)／30 개 정도
꿀(Honey)／50 ml
생강 다진 것(Grated ginger)／15 g
후레쉬 라임주스(Fresh lime juice)／2 개

만드는 방법

닭가슴살은 닭뼈와 당근, 양파, 셀러리 등 사용하다 남은 야채를 볶아 넣은 물에 삶아 손으로 뜯어 놓는다.

시금치는 연한 잎만을 골라 줄기는 떼어내고 씻어 마른 타월로 물기를 제거한다.

중간크기의 오렌지는 위와 아래를 잘라내고 세로로 껍질을 벗긴 다음 섹션으로 잘라 놓는다(이때 발생하는 주스는 모았다가 버무릴 때 사용한다).

큰 볼에 꿀, 생강 다진 것, 라임주스, 오렌지를 자를 때 발생한 오렌지주스와 소금과 후추를 넣고 휘퍼로 저어 골고루 섞은 다음 위 재료를 넣고 손으로 가볍게 버무려준다.

고객에 제공되기 바로 전에 버무리는 것이 시금치가 시들지 않고 싱싱하게 보존될 수 있다.

● 닭은 가금류 중에서도 우리나라의 정서와는 오랜 세월동안 생활을 같이 해왔고, 우리 국민의 단백질보급원으로 중요한 역할을 해왔다. 요리방법에 있어서 샐러드는 조금은 생소할 수 있지만 시금치와 오렌지를 곁들이므로서 영양학적 균형을 고려할 때 매우 과학적인 요리라 하겠다.

구운 작은 감자와 베이컨 피망을 곁들인 샐러드

(Roasted Baby Potato and Crispy Bacon, Pimento Salad)

준비재료 (3 인분)

구운 작은 감자(Roasted small potato)／500 g
바삭바삭하게 구운 베이컨(Crispy bacon)／100 g
붉은 피망 네모썰기한 것(Diced red bell pepper)／50 g
푸른 피망 네모썰기한 것(Diced green bell pepper)／50 g
슬라이스한 민트잎(Thin sliced fresh mint)／10 g
올리브오일(Olive oil)／100 ml
레드와인 비네가(Red wine vinegar)／3 테이블스푼
기름에 튀긴 케이퍼(Fried caper)／30 g
그린 비타민(Green vitamin)／10 g
당근 속잎(Carrot inner leaf)／3 줄기
미츠나(Mizuna)／15 잎
소금과 굵게 갈은 검은 후추(Salt and grated black pepper)

만드는 방법

감자는 깨끗하게 씻어서 물기를 말린 다음 로스트팬에 고르게 깔아준다. 붓으로 올리브오일을 골고루 발라준 다음 소금과 후추로 간을 한다. 오븐을 미리 180℃ 정도로 열을 올려놓고 감자를 황금색이 날 때까지 로스트하여 준다.

베이컨 역시 팬에 깔고 기름이 완전히 빠질 때까지 구운 다음 마른 타월로 기름을 제거하고 각면 1.5 cm 크기로 썰어준다.

두 가지 피망도 씨와 속을 빼낸 다음 베이컨과 같은 크기로 썰어준다. 케이퍼는 팬에 기름을 100 ml 정도 넣고 200℃까지 열이 오르면 순간적으로 튀겨낸 다음 기름을 걸러내고 마른 타월로 기름을 닦아준다.

적당한 볼에 위 재료를 담고 올리브오일과 와인비네가로 버무려준다. 그린 비타민과 당근속잎, 미츠나는 조직이 연하므로 서브되기 바로 전에 올리브오일과 소금, 후추로 살짝 버무린 다음 준비된 감자와 함께 접시에 담아낸다.

마지막으로 접시 주위에 굵은 후추를 조금 뿌려준다.

호두 로스트하는 방법

껍질을 깐 호두／2 kg
버터／50 g
흰설탕／100 g
소금／조금

⇨ 로스트한 호두는 맛있는 샐러드를 만들기 위해서는 충분한 조건이라 할 수 있다. 한가한 시간을 이용하여 준비해 두면 샐러드를 버무릴 때나 드레싱을 만들 때마다 긴요하게 쓸 수 있다.

커다란 프라이팬에 버터를 녹이고 호두를 볶기 시작한다. 처음에는 센불로 볶다가 은근한 열로 시간을 두고 골고루 젓어준다. 호두의 색이 황금색으로 변하고 뜨거울 때 설탕을 첨가한다. 설탕이 골고루 섞이고 호두가 바삭바삭 해질 때까지 볶은 후 넓은 팬에 담아 식힌다.

많은 양의 호두를 한꺼번에 구울 때는 바닥이 고른 팬에 겹치지 않도록 호두를 깔고 180℃ 오븐에서 5～7분 정도 로스팅을 한후 꺼내어 설탕을 골고루 뿌려준 다음 다시 한번 오븐에 넣어 2분 정도 더 로스팅을 하면 된다. 주의해야 할 점은 호두는 빠른 속도로 쿠킹이 되기 때문에 로스팅을 하는 동안 자리를 비우지 말아야 한다.

붉은 인디안 빈스와 토마토에 베이질을 곁들인 샐러드

(Red Indian Beans, Tomato with Basil Salad)

준비재료 (3 인분)

말린 인디안 빈스(Indian beans sorked overnight)／1 컵
(물에 담그어 하룻밤 정도 불린다)
월계수(Bayleaf)／1 잎
후레쉬 마죠람, 다임, 세이지(Each 1stem marjoram thyme, and sage)／각 1 줄기씩
네모썰기한 붉은 양파(Red onion)／1/4 개
샴페인 비네가(Champagne vinegar)／2 테이블스푼
레드와인 비네가(Red wine vinegar)／2 테이블스푼
엑스트라 버진 올리브오일(Virgin olive oil)／150 m*l*
레몬제스트(Lemon zest)／2 개
마늘 다진 것(Garlic chopped)／2 쪽
토마토(Tomato)／500 g
소금과 후추(Salt and pepper)
굵게 다진 베이질잎(Chopped basil)／10 g

만드는 방법

인디안 빈스는 조금 큰 소스팬에 담고 물과 함께 월계수잎 하나를 띄운다. 잎을 떼어낸 마죠람, 다임, 세이지 줄기를 넣고 부드러워 질 때까지 천천히 끓인다(익었다 할 지라도 껍질이 쭈글쭈글하다면 좀더 삶아서 껍질이 팽팽해지고, 빈스가 터질 때까지 좀더 삶아 준다).

빈스가 삶아지고 있는 동안 다른 하나의 냄비에 물을 끓이고 붉은 양파를 15 초 정도 데쳐내어 샴페인 비네가에 버무려 준다. 볼에 레드와인 비네가와 소금, 후추, 레몬제스트, 마늘을 섞고 오일을 조금씩 부어가며 휘퍼로 저어준다.

토마토는 씨와 속을 제거하고 길쭉길쭉하게 썰어준다. 잘 익은 인디안 빈스를 건져서 뜨거울 때 준비해 놓은 오일소스와 같이 버무린다(뜨거운 인디안 빈스는 양념을 속으로 빨아들여주기 때문임).

식은 다음 준비된 토마토와 양파, 허브를 넣어 다시 한 번 버무리고 약 2 시간 정도 재워둔 다음 실온에서 고객에게 제공한다.

● 빈스로 샐러드를 만들기는 간단하면서도 영양가가 풍부한 샐러드를 만들 수 있고 종류에 따라서 매우 다양하게 변화시킬 수 있으며, 빈스 샐러드는 주요리의 역할도 충분히 할 수 있다는 점에서 가정식으로 사랑을 받는다.

베지타블 비네그렛 (Vegetable Vinaigrette)

올리브오일(Olive oil)／500 m*l*
사이더 비네가(Cider vinegar)／100 m*l*
배 작은 네모썰기한 것 (Brunoised pear)／1/2 쪽
당근 작은 네모썰기한 것 (Brunoised carrot)／50 g
셀러리 작은 네모썰기한 것 (Brunoised celery)／50 g
그린 페퍼콘 다진 것(Chopped green pepper corn)／1 테이블스푼
트러플 오일(Truffle oil)／1/3 티스푼
소금과 굵게 갈은 검은 후추

⇨ 소스폿에 올리브오일과 사이더 비네가를 넣고 사이더 비네가가 끓어 오를 때까지 열을 가해준다. 작은 네모썰기한 당근과 셀러리를 넣고 완전히 익어 손으로 눌러 깨질 정도가 되면 썰어둔 배를 넣고 식힌다. 완전히 식은 후 다진 페페콘과 후추, 소금으로 간을 한다.

체리 토마토와 검은 올리브 샐러드
(Cherry Tomato and Black Olive Salad)

준비재료 (3 인분)

붉은 체리 토마토(Red cherry tomato)／1 kg
씨를 제거한 검은 올리브(Pitted black olives)／300 g
후레쉬 다임 다진 것(Chopped fresh thyme)／5 g
후레쉬 오레가노 다진 것(Chopped fresh oregano)／5 g
후레쉬 처빌잎 부분만 떼어낸 것(Fresh chervil leaves)／5 g
엔다이브(Endive)／3 포기
차이브(Chives)／6 줄기
올리브오일(Olive oil)／50 m*l*
사이더 비네가(Cider vinegar)／3 테이블스푼
소금과 후추(Salt and pepper)

만드는 방법

체리 토마토는 깨끗이 씻어 놓고 얼음물을 준비한다.

깊이가 있는 냄비에 물을 올리고 물이 끓기 시작하면 체리 토마토를 넣고 20 초 정도 지난 다음 건져내어 바로 얼음물에 담는다.

엔다이브는 밑동을 잘라내고 꽃봉오리 같은 잎을 하나하나 조심스럽게 떼어내 깨끗하게 씻어 놓는다. 체리 토마토의 껍질과 꼬투리를 제거한다.

적당한 볼에 준비된 체리 토마토와 올리브, 다진 허브를 넣어 골고루 섞어준 다음 올리브오일, 소금, 후추를 넣고 양손으로 가볍게 버무려 준다.

깊이가 있는 샐러드 접시에 준비해둔 엔다이브를 보기좋게 돌려 깔고, 그 위에 토마토 샐러드를 놓은 다음 차이브를 잘게 썰어 뿌려준다.

언제부터인가 시장이나 과일 상점마다 붉고 예쁘게 생긴 체리 토마토를 진열하여 팔고 있는 것을 흔히 볼 수 있다. 체리 토마토는 그 모양새 때문에 보기에도 맛이 있어 보인다.

우리나라의 영농기술이 어느 수준까지 와있음을 짐작케 한다. 어찌되었든 요리, 특히 샐러드에 있어서는 체리 토마토의 역할이 매우 다양하다.

데리야끼 소스
(Deriyaki Sauce)

물／15 *l*
왜간장／3 *l*
흑설탕／900 g
꿀／200 m*l*
닭발／3 kg
생강／50 g
통마늘／50 g
파인애플／200 g
대파／2 줄기
중간 크기의 양파／3 개
당근／300 g
검은 통후추／1 테이블스푼
정종／2 *l*
작은 잎의 다시마／1 줄기

⇨ 닭발은 깨끗이 씻어 놓는다. 후레쉬 파인애플은 껍질을 제거하고 큼직큼직하게 썰어 놓는다. 마른 다시마는 물에 씻어 불려 놓는다. 모든 재료를 커다란 소스팟에 담고 1 시간 정도 끓인 다음 다시마를 건져내고 다시 3～4 시간 정도 약한 불에 끓여준다.

소스가 맑고 반짝반짝 윤이나면 걸러서 사용한다. 닭발대신 아롱사태를 사용해도 된다.

오븐에 구운 비트와 양념에 버무린 양파샐러드

(Roasted Beet and Marinade Onion Salad)

준비재료 (3 인분)

오븐구이한 비트(Roasted beet)／3 개 (아래 참조)
양파(Ring sliced onion)／1/2 개
올리브오일(Olive oil)／50 ml
사이더비네가(Cider vinegar)／2 테이블스푼
소금과 후추(Salt and pepper)
후레쉬 로즈마리(Fresh rosemary)／1 줄기

비트를 굽는 방법 (Roast Beets)

비트／10 kg
소금／10 g
월계수잎／5 장
검은 통후추／2 테이블스푼
스타아니스／3 개

⇨ 비트는 깨끗하게 씻어서 꼬리와 머리부분을 다듬어 준다. 스텀폿 또는 바닥이 두꺼운 스테인레스 폿에 비트를 넣고 완전히 잠길 정도로 물을 채운다. 비트가 속까지 익을 수 있도록 삶은 다음 꺼내서 바닥이 고른 팬에 크기별로 구분하여 가지런히 깔고 200℃ 오븐에서 15~20 분 가량 로스팅을 한다. 이때 작은 것은 먼저 꺼내도록 한다.

로스팅이 끝난 비트는 상온에서 식힌 다음 껍질을 제거하고 깊이가 있는 컨테이너에 담고 올리브오일, 식초, 후레쉬다임, 오레가노, 로스마리 등의 향초에 함께 절여두고 필요할 때마다 꺼내서 사용하면 된다.

만드는 방법

오븐에 구워 미리 오일과 허브에 절여둔 비트는 먹기 좋은 크기로 썰어준다.

양파는 0.2 cm 두께로 둥근 모양으로 썰어 서로를 분리시켜 둔다.

로즈마리의 가장 윗부분은 떼어 가니쉬로 사용하고 나머지는 잎만을 떼어 넣는다.

볼에 모든 재료를 담고 올리브오일과 소금, 후추로 간을 한 후 비트를 절일 때 사용한 오일과 주스를 2 테이블스푼 정도 더 첨가한 후 가볍게 버무려 준다.

🍎 비트의 색깔은 보기에도 맛의 아름다움을 느낄 수 있어 샐러드의 재료로서 매우 훌륭하다. 오븐에 굽는 방법은 조금은 생소하지만 지중해식 요리에서는 오래 전부터 애용해 온 요리기술이기도 하다. 그 이유는 비트를 오븐에 굽게 되면 농축효과로 맛의 깊이를 더해주기 때문이다.

그린빈스와 로스트한 호두샐러드

(Green Beans and Roasted Pecan Salad)

준비재료 (3 인분)

후레쉬 그린빈스(Fresh green beans)／300 g
중간 크기의 토마토(Tomato)／2 개
양파(Onion)／1/2 개
로스트한 호두(Roasted pecan)／100 g (p. 154 참조)
가늘게 썬 베이질잎(Julienne basil)／1 테이블스푼
쉐리 비네가(Sherry vinegar)／2 테이블스푼
올리브오일(Olive oil)／50 m*l*
후레쉬 레몬주스(Fresh lemon juice)／1 개
소금과 후추(Salt and pepper)

만드는 방법

후레쉬 빈스는 양쪽을 잘라내고 보기 좋은 크기로 자른다. 끓는물에 블란치하여 색깔이 변하지 않도록 재빨리 찬물에 넣어 식힌다.

토마토는 네 등분한 다음 씨와 속을 도려내고 굵은 줄리앙으로 썰어 둔다. 양파 역시 토마토와 같은 크기로 썰어서 옆에 담아둔다.

커다란 볼에 올리브오일과 소금, 후추, 레몬주스, 쉐리 비네가를 같이 담고 휘퍼로 골고루 섞이도록 저어준다. 준비된 재료를 모두 넣고 재빨리 버무려준다.

식초는 그린색깔을 변하게 하므로 가능한한 조리의 마지막 단계에서 사용하는 것이 바람직하다.

● 초여름에 생산되는 그린빈스는 서양요리의 어느 부분에 접목시켜도 자연스럽게 조화를 이룬다. 그린빈스는 씨방이 생겨나서 알이 굵기 전에 가느다란 것이 상품으로 섬유질이 부드러워야 한다. 아름다운 그린빈스에 로스트한 호두를 첨가하면 한 덩어리의 쇠고기를 먹는 것보다 더 환상적인 만족감을 느낄 수 있을 것이다.

꿀과 머스터드드레싱
(Honey Mustard Dressing)

꿀(Honey)／1 테이블스푼
디존 머스터드(Dijon mustard)／1 테이블스푼
소금과 후추(Salt and pepper)／1/2 티스푼
식초(White wine vinegar)／2 테이블스푼
레몬주스(Lemon juice)／1 티스푼
올리브오일(Olive oil)／70 m*l*

⇨ 오일을 제외한 모든 재료를 볼에 담고 천천히 오일를 첨가하며 휘퍼로 잘 저어준다.

선 드라이 토마토를 이용한 그린샐러드

(Garden Lettuce and Sun Dry Tomatoes)

준비재료 (3 인분)

그린치커리와 비타민잎(Green chicory and vitamine)/100 g
꽃상추(Korean flower lettuce)/50 g
발사믹코 비네가(Balsamico vinegar)/2 테이블스푼
올리브오일(Olive oil)/3 테이블스푼
토스트한 잣(Roasted pine nut)/1 테이블스푼 (p. 146 참조)
기름을 제거한 선 드라이 토마토(Sun dried tomato)/100 g
산양치즈(Goat cheese)/100 g
붉은 양파(Red onion)/1 개
소금과 후추(Salt and pepper)

만드는 방법

상추의 겉잎은 떼어내고 속잎은 그대로 둔다.

그린치커리와 비타민의 큰 잎은 손으로 먹기좋은 크기로 잘라준다.

물로 깨끗하게 씻은 다음 마른 타월로 물기를 제거하고 냉장고에 보관한다. 오일에 담아둔 선 드라이 토마토는 기름을 제거하고 1/4 정도로 썰어놓는다.

산양치즈는 손으로 뜯어서 따로 담아 놓는다. 붉은 양파는 세로로 썰어서 놓는다.

치즈를 제외한 모든 재료를 볼에 담고 올리브오일을 먼저 뿌리고 발사믹 비네가로 맛을 낸다.

마지막으로 산양치즈를 조심스럽게 섞어준 다음 접시에 담고 구운 잣과 후추로 마무리한다.

● 선 드라이 토마토는 토마토를 말림으로써 그 맛을 농축시킨 것이라 할 수 있다. 따라서 또 다른 토마토의 맛을 그린샐러드와 함께 경험함으로써 태양의 경이로움을 새삼 깨닫게 한다.

토마토, 베이질 드레싱
(Tomato Basil Dressing)

기름에 절여진 선 드라이 토마토 (Sun dry tomato in oil)/3 쪽
후레쉬 베이질 잎(Fresh basil leaf)/10 g
마늘(Clove garlic)/1 쪽
후레쉬 파마산치즈 갈은 것(Grated parmesan cheese)/1 테이블스푼
발사믹코 비네가(Balsamico vinegar)/3 테이블스푼
올리브오일(Olive oil)/70 ml

⇨ 선 드라이 토마토는 후레쉬 베이질잎과 같이 프로세서(processor)에 부드럽게 갈아준다. 다시 믹서기로 옮겨서 천천히 돌려주며 치즈를 제외한 모든 재료를 넣고 완전히 섞일 때까지 돌려준다.

볼에서 꺼낸 다음 갈아둔 파마산치즈를 넣고 휘퍼로 다시 한번 잘 저어 준다.

시금치와 그린 치커리 샐러드

(Spinach and Green Chicory Salad)

준비재료 (3 인분)

엑스트라 버진 올리브오일(Extra virgin olive oil)／6 테이블스푼
소금과 후추(To taste salt and pepper)／맛을 낼 정도
양파(Onion)／1/2 개
빵쿠루퉁(Croutons)／12 쪽
시금치(Bunch of spinach)／3 포기
그린 치커리(Green chicory)／50 g
발사믹코 비네가(Balsamico vinegar)／3 테이블스푼
마늘 다진 것(Clove garlic)／1 쪽
그린 올리브 씨 제거한 것(Pitted green olives)／10 개
파마산치즈 갈은 것(Grated fresh parmesan cheese)／1/3 컵

만드는 방법

오븐은 미리 180℃ 가량 열을 올려놓는다. 양파는 썰어 매운맛을 없애기 위하여 냉수에 담아둔다. 빵은 1 cm 두께의 네모로 썰어서 베이킹 팬에 깔아두고 브러시로 올리브오일을 가볍게 뿌려준 다음 오븐에서 엷은 브라운색이 날 정도로 약 8 분 동안 구워준다.

시금치는 억센 부분은 떼어내고 안쪽으로 부드러운 부분만을 선택하여 줄기는 떼어내고 잎만을 씻은 후 말린다.

그린 치커리 역시 억센 줄기는 떼어내고 한입에 먹기 좋은 크기로 뜯어서 깨끗이 씻은 후 타월에 싸서 냉장고에 보관한다.

샐러드를 만들기 바로 전에 양파를 물에서 건져 물기를 제거한다. 커다란 볼에 준비해둔 치커리, 시금치, 올리브, 마늘 다진 것을 넣는다. 30 m*l* 정도의 올리브오일을 연기가 나기 바로 전까지 열을 가해준 다음 검은 올리브를 넣어 재빨리 소테해준다.

오일과 올리브를 식힌 다음 준비해둔 샐러드 재료 위에 뿌려주고 두 개의 나무주걱으로 살짝 버무려준다.

약간의 깊이가 있는 접시에 샐러드를 담고, 파마산치즈가루와 쿠르통을 뿌려 마무리한다.

● 시금치와 치커리는 비슷하면서도 서로 다른 맛을 지니고 있다. 시금치의 부드러운 맛과 치커리의 쌉쌀한 맛이 어울리면서 태양이 선사한 그린의 의미를 되새겨 보는 것 또한 야채주의자들의 또 다른 즐거움이라 할 수 있다.

발사믹코 비네가 드레싱
(Pure Balsamico Vinaigrette)

엑스트라 버진 올리브오일 (Extra virgin olive oil)／300 m*l*
발사믹코 비네가(Balsamico vinegar)／100 m*l*
중간 크기의 양파 다진 것 (Chopped onion)／1/2 개
중간 크기의 사과 다진 것 (Grated apple)／1/2 개
깐 마늘 다진 것 (Chopped clove garlic)／2 쪽
후레쉬 타라곤 다진 것 (Fresh tarragon)／1 티스푼
후렌치 머스터드 (French mustard)／1 티스푼
쉐리 와인(Sherry wine)／30 m*l*
소금과 후추(Salt and pepper)

⇨ 적당한 크기의 볼에 양파, 사과, 마늘, 머스터드, 후레쉬 타라곤 다진 것을 넣는다. 발사믹코 비네가와 올리브오일을 번갈아 넣으면서 휘퍼로 저어준다. 소금과 후추, 쉐리와인으로 마무리한다.

취향에 따라서 다른 재료들을 첨가할 수 도 있지만 너무 많은 재료를 섞으면 발사믹코의 깊은 맛을 잃어 버릴 수 있으므로 가능한 단순한 재료를 사용하는 것이 바람직하다.

푸실리파스타와 구운 마늘샐러드

(Fussili Pasta and Roasted Garlic Salad)

준비재료 (3 인분)

푸실리 파스타(Fussili pasta)／100 g
붉은 피망(Red pimento)／1/2 개
푸른 피망(Green pimento)／1/2 개
그린 올리브(Green olives)／10 개
검은 올리브(Black olives)／10 개
올리브오일(Olive oil)／50 ml
아티초크 하트(Artichoke heart)／2 개
구운 마늘(Roasted garlic)／50 g (아래 참조)
베이질 줄리안(Basil julienne)／10 g
소금과 후추(To taste salt and pepper)

마늘 로스트하는 방법 (Roast Garlic)

⇨ 마늘은 껍질을 제거하고 뿌리부분을 잘라낸 다음 적당한 볼에 담고 소금과 후추 올리브 오일, 여러가지 허브를 넣고 버무려준다.

팬에 마늘이 겹치지 않도록 골고루 깔아준 다음 180℃ 오븐에서 황금색이 날 때까지 구워준다.

만드는 방법

푸실리 파스타는 기름을 한 두 방울 넣은 물에 부드러워질 때까지 삶은 후 건져 식힌다.

아티초크 하트는 8 등분하고, 올리브는 절반씩 잘라준다. 붉은 피망과 푸른 피망은 씨와 속을 제거하고 굵은 줄리안으로 썰어둔다.

약간 넉넉한 볼에 위의 모든 재료를 담고 올리브오일을 충분히 넣은 다음 후추로 간을 한 후 골고루 버무려 준다.

접시에 담고 싱싱한 허브 한 잎으로 가니쉬한다.

● 파스타를 조리한다는 것은 매우 즐거운 일이다. 그 이유는 우리나라 사람들의 정서에도 밀가루로 만든 요리는 잘 어울리기 때문일 것이다.

파스타는 종류도 다양하지만 어떠한 내용물을 첨가하는가에 따라서 그 맛도 수백가지로 변화한다.

알맞게 조리된 파스타에 구운 마늘과 올리브오일을 곁들인 샐러드는 특히 남성들의 장강식으로 일품이다.

브로커리와 오븐 드라이 토마토에 알몬드를 곁들인 샐러드

(Broccoli with Oven Dried Tomato and Almond)

준비재료 (3 인분)

브로커리(Head of broccoli)／1 덩어리
식초(White wine vinegar)／3 테이블스푼
마늘 다진 것(Clove chopped garlic)／1 쪽
올리브오일(Olive oil)／5 테이블스푼
오븐 드라이 토마토(Oven dried tomato)／9 쪽
로스트한 알몬드(Roasted almond)／2 테이블스푼
샴페인 식초(Champagne vinegar)／1 테이블스푼
오렌지 제스트(Orange zest)／10 g
소금과 후추(Salt and pepper)

만드는 방법

브로커리는 먹기 좋은 크기로 줄기가 조금 붙어 있도록 자르고 줄기는 껍질을 벗긴다. 볼에 올리브오일과 식초, 소금과 후추, 마늘 다진 것을 넣고 휘퍼로 젓는다.

냄비에 물을 넣고 끓기 시작하면 1 티스푼 정도의 소금을 넣는다. 브로커리를 넣고 2 분 정도 익힌 후 바로 얼음물에 넣어 식힌다. 브로커리의 물기를 제거하고 준비해둔 소스에 넣는다.

오븐드라이 토마토와 알몬드를 넣고 소금과 후추를 좀더 첨가한 후 가볍게 버무려준 다음 약간 깊이가 있는 접시에 담고 위에 알몬드를 뿌려 가니쉬한다.

식초는 브로커리의 파란색을 변화시키므로 고객에게 제공되기 바로 전에 버무리는 것이 이상적이다.

● 브로커리는 우리에게는 비교적 친숙해져 있는 야채 중에 하나이다. 브로커리가 가장 맛나는 시기는 늦봄과 초여름이다. 브로커리의 입자 하나하나가 빽빽하게 붙어 있는 것을 보면 아름다운 감정마져 든다.

이렇게 아름다운 브로커리를 요리하기 위하여 자신이 원하는 모양으로 하나하나 다듬어 가는 것 역시 요리하는 즐거움 중에 하나가 아니겠는가?

제스트(Zest)

⇨ 제스트는 오렌지나 레몬, 라임 등의 껍질을 벗겨 그 색상과 향을 사실적으로 표현하는 조리방법의 하나이다.

제스트가 주로 이용되는 요리로는 파스타, 드레싱, 데판나드(tapennade), 샐러드, 가니쉬 등에 상큼하고 튀는 맛을 내기 위하여 쓰인다.

제스트를 만들기 위하여는 손으로 하는 도구가 필요한데 한 손에 제스트할 과일을 잡고 긁어내듯이 처음부터 끝까지 당겨준다.

만약 제스트 나이프가 없으면 치즈 그레이터의 고운 부분을 사용해도 된다. 칼을 이용할 때는 매우 얇게 껍질을 벗겨서 썰어준다.

근래에 와서는 꼭 오렌지나 레몬 등에 한정되지 않고 야채나 엽채 취향에 따라 무엇이든 제스트가 가능하다.

육수에 졸인 대파샐러드에 샴페인 식초소스

(Poached Leek Salad with Champagne Vinaigrette)

준비재료 (3 인분)

대파(Leek) / 10 줄기
셀러리(Celery) / 1/2 줄기
당근(Carrots) / 1/2 개
양파(Onion) / 1/2 개
후레쉬 다임(Fresh thyme) / 3 줄기
후레쉬 타라곤(Fresh tarragon) / 3 줄기
월계수잎(Bay leaf) / 1 잎
검은 통후추(Whole black pepper) / 1 티스푼
비프스톡(Beef stock) / 1 *l*
백포도주(White wine) / 30 m*l*
샴페인 식초소스(Champagne vinaigrette) / 150 m*l*
소금(Salt) / 조금

만드는 방법

대파는 푸른 부분을 떼어내고 흰 뿌리 부분만을 적당한 크기의 브레이징 팬에 나열한 다음 셀러리, 당근, 양파는 격식없이 썰어서 그 위에 뿌린다.

비프스톡을 대파가 잠길 수 있을 만큼 담은 후 월계수잎과 다임, 타라곤, 백포도주를 첨가한다.

쿠킹호일로 커버한 다음 브레이징팬을 일단 센불위에 올려 한번 끓인 후 약한 불로 약 30 분 동안 대파가 부드러워질 때까지 은근히 졸여준다.

완성되었으면 식힌 다음 대파만을 골라 먹기 좋은 크기로 썰어 접시에 배열하고 주스에 샴페인 식초와 붉은 고추를 가늘게 썰어 넣고 샴페인 식초소스를 만들어 위에 뿌려준다.

샴페인 식초소스
(Champagne Vimaigrette)

생강 다진 것(Grated ginger) / 1 티스푼
라임주스(Fresh lime juice) / 1 테이블스푼
샴페인 비네가(Champagne vinegar) / 1 테이블스푼
큐민씨드 갈은 것(Toasted and ground cumin seed) / 1/8 티스푼
샐러드오일(Salad oil) / 3 테이블스푼
소금과 후추(Salt and pepper)
⇨ 오일을 제외한 모든 재료를 볼에 담고 휘퍼로 저어가면서 오일을 천천히 첨가한다.

귤과 시금치, 붉은 양파 샐러드에 참기름 드레싱

(Tangerines and Spinach, Red Onions Salad with Sesame Vinaigrette)

준비재료 (3 인분)

치커리(Chicory)／100 g 정도
시금치 잎(Spinach)／10 포기 정도
중간 크기의 붉은 양파(Red onion)／1/4 개
라디치오(Radicchio)／6 잎
그린 비타민(Green vitamin)／30 g
정종(Rice wine)／50 ml
귤(Fresh mandarine)／3 개 정도
참기름드레싱(Sesame vinaigrette) (아래 참조)
볶은 참깨(Roasted sesame)／1 티스푼

만드는 방법

시금치와 치커리, 그린 비타민은 부드러운 속잎만을 골라서 깨끗이 씻은 다음 냉장고에 보관하여 싱싱하게 살아나도록 한다.

라디치오는 억센 밑부분은 잘라내고 굵게 썰어 냉수에 담았다가 건져 물기를 빼준다. 붉은 양파는 썰어서 정종에 담았다가 건져낸다.

귤의 껍질을 까고 섹션을 뜬 다음 씨를 제거한다.

드레싱을 만든 다음 커다란 볼에 시금치, 치커리, 준비된 양파, 귤을 모두 넣고 드레싱과 함께 살짝 버무려준다.

접시에 담은 다음 마지막으로 볶은 참깨를 위에 뿌려준다.

🍎 참기름은 향이 강하고 우리나라 사람이면 참기름의 맛을 모르는 사람이 없을 것이다. 참기름의 향과 귤의 달콤한 맛, 시금치의 부드러움이 입맛을 당기게 한다. 귤이 제철이 아닐 때는 오렌지를 사용하여도 좋을 것이다.

참기름 드레싱
(Sesame Vinagrette)

잘게 썬 귤제스트(Mandarine zest)／1 티스푼
후레쉬 귤주스(Fresh mandarin juice)／2 테이블스푼
생강 잘게 다진 것(Grated ginger)／2 티스푼
정종(Rice wine)／3 테이블스푼
샐러드오일(Vegetable oil)／2 테이블스푼
참기름(Sesame oil)／1 테이블스푼
왜간장(Soy beans sauce)／1 티스푼
소금／조금

⇨ 기름과 제스트를 제외한 모든 재료를 넣고 잘 섞은 다음 기름과 제스트를 넣어가면서 휘퍼로 조용히 저어준다.

망고와 파파야 샐러드에 라임-생강드레싱

(Mango–Papaya Salad with Citrus–Ginger Vinaigrette)

준비재료 (3 인분)

미즈나(Mizuna)／100 g
머스터드 그린(Mustard green)／100 g
망고(Mango)／3 개
파파야 또는 머스크멜론(Papaya or musk melon)／1 개
라임-생강드레싱(Citrus-ginger vinaigrette)／200 ml (아래 참조)

라임-생강드레싱
(Citrus–ginger vinaigrette)

라임 제스트(Lime zest)／1 티스푼
레몬 제스트(Lemon zest)／1 티스푼
후레쉬 라임주스(Fresh lime juice)／1 테이블스푼
후레쉬 오렌지주스(Fresh orange juice)／1 테이블스푼
샴페인 비네가(champagne vinegar)／1/2 테이블스푼
곱게 갈은 생강(Grated Fresh ginger)／1/2 티스푼
올리브오일(Light olive oil)／3 테이블스푼
소금(Salt)／조금

⇨ 제스트를 제외한 모든 재료를 넣고 잘 섞은 다음 다시 제스트를 넣고 천천히 휘퍼로 저어준다.

만드는 방법

미즈나와 머스터드그린의 억센 줄기는 떼어내고, 씻어서 마른 타월로 싸서 냉장고에 보관한다. 망고는 껍질을 벗기는 칼로 껍질을 벗긴 다음 조심스럽게 타원형으로 썰어 내리듯 자른다.

파파야 또는 머스크멜론은 껍질을 벗기고 1/4 로 잘라 씨를 제거하고 가로질러 썰어준다.

드레싱을 준비하여 미즈나와 머스터드그린을 먼저 버무려 접시에 담은 다음 망고와 파파야 또는 머스크멜론을 보기 좋게 올린다.

몇 줄기 미즈나를 접시 주위에 올려 시각적 효과를 높인다.

● 현재 우리나라에서 망고는 생산되지 않으므로 그리 흔치 않지만 파파야는 계절에 관계없이 쉽게 구입할 수 있다. 이 샐러드는 파파야와 망고의 단맛이 생강향과 미즈나, 머스터드그린맛과 어울려 신선감을 더해주고 특히 여름에 입맛을 잃었을 때 입맛을 돋구는 역할로써 제격이다.

버터에 소테한 관자와 오이, 치커리 샐러드

(Scallops Sauted in Butter and Cucumber, Garden, Leaves Salad)

준비재료 (3 인분)

오이(Cucumber)／1 개
중간 크기 관자(Scallop)／15 개
버터헤드 레터스 또는 로메인 레터스
(Butter head lettuce or romaine lettuce)／1 포기
라디치오(Radicchio)／6 잎
그린치커리(Green chicory)／20 g
크루퉁(Croutons)／20 g
토마토 네모썰기 한 것(Diced tomato)／2 개
허브드레싱(Herb dressing) (아래 참조)

만드는 방법

오이는 소금으로 문질러 털을 떼어낸 다음 물로 씻어 둥글게 썰어놓는다. 관자는 껍질을 떼어내고 살코기 부분만을 소금과 후추로 간을 한다. 버터헤드 레터스와 라디치오, 치커리는 씻어서 물기를 제거하고 냉장고에 보관한다.

그림과 같이 접시에 오이를 둘러 깔고 샐러드를 중앙에 놓는다.

쿠르퉁과 네모썰기한 토마토를 주위로 뿌려주고, 소스는 서브하기 바로 전에 뿌려준다.

- 관자는 버터에 소테한 후 식어도 그 부드러움은 그대로 간직할 뿐만아니라 향기와 맛도 샐러드와 깊은 조화를 이룬다. 관자를 소테할 때는 높은 온도에서 가능한한 짧은 시간 내에 조리하도록 한다.

허브드레싱
(Herb dressing)

케이퍼 다진 것(Chopped caper)／10 g
파프리카(Paprika)／5 g
토마토케첩(Tomato ketchup)／200 ml
잉글리시 머스터드(English mustard)／10 g
파슬리 다진 것(Chopped parsley)／10 g
샬롯 다진 것(Chopped shallots)／10 g
후레쉬 다임 다진 것(Chopped thyme)／5 g
후레쉬 타라곤 다진 것
(Chopped fresh tragon)／5 g
워처스터 소스(Worcestershire sauce)／20 ml
타바스코 소스(Tabasco sauce)／1 티스푼
후레쉬 레몬주스(Fresh lemon juice)／1 테이블스푼
브랜디(Brandy)／2 테이블스푼
쉐리와인(Sherry wine)／3 테이블스푼
마요네즈(Mayonaise)／400 ml
소금과 후추(To taste salt & pepper)
⇨ 위의 재료를 볼에 담고 휘퍼로 골고루 섞일 때까지 믹스해 준다.

엔다이브와 사과샐러드에 살롯드레싱

(Endive and Apple Salad with Sherry-Shallot Vinaigrette)

준비재료 (3 인분)

엔다이브(Endive)／1 포기
물냉이(Water cress)／30 g
쉐리살롯드레싱(Sherry-shallot vinaigrette) (아래 참조)
사과(Apple)／1 개
로스트한 호두(Toasted pecan)／1/4 컵 (p. 154 참조)
소금과 후추(Salt and pepper)

만드는 방법

엔다이브는 밑동을 잘라내고 조심스럽게 잎을 떼어낸다. 엔다이브의 큰 잎은 절반 정도로 잘라 사용하고 작은 잎은 그대로 사용한다.

물냉이의 긴 줄기는 잘라내고 물에 씻어 마른 타월로 물기를 제거한다. 사과는 1/4 등분하여 씨와 씨방을 제거하고 얇게 슬라이스 한다.

모든 재료를 커다란 볼에 담고 쉐리살롯 드레싱을 뿌린 다음 조심스럽게 버무려준다.

- 물냉이의 매콤한 맛과 엔다이브의 쌉쌀한 맛은 서로의 보완관계이면서도 육류를 메인 코스로 하는 정찬에서 몇 번째 코스에 샐러드가 제공되던지 상관없이 입맛을 돋구어 준다.

  주의해야 할 점은 고객에게 서브하기 바로 전에 버무려야 시들어버리지 않고 싱싱한 맛을 유지할 수 있다.

쉐리살롯드레싱
(Sherry-shallot Vinaigrette)

쉐리 비네가(Sherry vinegar)／2 테이블스푼
작은 살롯 얇게 슬라이스한 것(Shallot)／1 개
올리브오일(Light olive oil)／100 ml
소금(Salt)／조금

⇨ 오일을 제외한 모든 재료를 넣고 오일을 조금씩 첨가하면서 휘퍼로 저어준다.

로메인 레터스와 빵크로통에 파마산치즈

(Romaine Lettuce and Bread Croutons and Parmesan Cheese)

준비재료 (3 인분)

로메인 레터스(Romaine lettuce)／2 포기
깐 마늘 잘게 다진 것(Garlic clove, finely chopped)／1 쪽
올리브오일(Extra virgin olive oil)／60 ml
빵 자른 것(Bread cubes) (1/2 인치 정도 크기가 적당함)／1 컵
레몬, 마늘 식초소스(Lemon garlic vinaigrette) (아래 참조)
씨를 제거한 블랙올리브(Pitted black olive)／8 개
후레쉬 파마산치즈 갈은 것(Grated parmesan cheese)／20 g
소금과 후추(To taste salt and pepper)／맛을 낼 정도

레몬, 마늘 식초소스
(Lemon garlic vinaigrette)

레몬제스트(Lemon zest)／1/2 티스푼
후레쉬 레몬주스(Fresh lemon juice)／3 테이블스푼
마늘 다진 것(Garlic chopped)／1 쪽
올리브오일(Extra virgin olive oil)／5 테이블스푼
소금(salt)／1/4 티스푼

⇨ 위의 재료들을 모두 볼에 담고 휘퍼로 부드럽게 저어준다.
이 소스의 색은 밝고 강한 레몬맛을 내야한다.

만드는 방법

로메인 레터스는 억센 잎부분을 뜯어내고 연한 부분만 쓸 수 있도록 준비한다. 물에 깨끗이 씻은 다음 마른 타월로 물기를 완전히 제거하여 냉장고에 보관한다. 오븐을 160℃ 정도로 미리 가열하여 둔다.

1/2 인치 정도의 사각으로 썬 빵조각을 볼에 담고 다진 마늘과 올리브오일을 1 테이블스푼 정도 뿌리고는 재빨리 버무려준다.

크로통의 색깔이 황금색이 날 때까지 8～9 분 정도 로스팅을 하여 꺼내놓는다. 식초소스를 준비한다. 고객에게 제공되기 바로 전에 커다란 볼에 레터스를 담고, 올리브오일과 레몬식초소스로 골고루 버무려준다.

접시에 담고 크루통과 갈아 둔 후레쉬 파마산치즈, 그라운드 블랙후추를 샐러드 위와 접시 주위에 뿌려준다.

● 로메인 레터스는 올리브오일, 파마산치즈, 바삭바삭한 크루통과는 너무도 잘 어울리는 샐러드의 원천이다. 거기에다 마늘향오일을 곁들이면 더 말할 나위 없이 좋다.

구운 가지와 피망, 마늘을 섞은 시실리안식 샐러드

(Sicilian Salad with Roasted Eggplant, Pepperand Garlic)

준비재료 (3 인분)

붉은 피망 또는 노란 피망(Yellow pimento or red pimentoes) / 4 개
올리브오일(Extra virgin olive oil) / 5 테이블스푼
껍질이 있는 마늘(Unpeeled garlic clove) / 16 쪽
깐 마늘(Peeled garlic clove) / 2 쪽
작은 가지(Small eggplant) / 5 개
발사믹 비네가(Balsamic vinegar) / 2 테이블스푼
올리브(Olives) / 10 개 정도
아티초크 삶은 것(Artichoke heart) / 9 봉오리
얇게 긁은 파마산치즈(Grated parmesan cheese) / 6 쪽
소금과 후추(To taste salt and pepper)

만드는 방법

피망을 로스트한다(로스트하는 방법 참조). 가지는 껍질을 벗기고 소금, 후추, 올리브오일을 살짝 뿌려준다.

미리 열을 가한 오븐에 마늘과 가지를 넣고 12~15 분 정도 로스팅을 하는데 마늘이 조금 굵은 경우에는 가지를 먼저 꺼내고 마늘은 좀더 로스트한다.

로스트하여 껍질을 벗긴 피망은 길이로 썰고, 구운 마늘은 껍질을 까서 가지와 함께 섞는다(피망을 썰 때 생긴 주스도 같이 넣는다).

아티초크는 질긴 껍질 부분을 떼어내고 작은 것은 1/4 등분, 큰 것은 1/6 로 자른다.

큰 볼에 재료를 담고 올리브오일과 발사믹코 비네가와 소금, 후추로 간을 하여 상온에 둔다.

접시에 그린 샐러드잎을 한 두 장 깔고 그 위에 준비된 샐러드를 얹은 다음 파마산치즈나 올리브로 가니쉬하여 서브한다.

피망을 로스트하는 방법
(Roast Pimentoes)

피망을 로스트하여 껍질을 제거하고 올리브오일과 후레쉬 베이질잎을 첨가하면 놀라운 피망의 맛을 발견할 수 있다. 피망을 로스트하여 껍질을 벗긴다는 것은 일이 많고 매우 불편할 것으로 보이나 생각보다는 아주 쉽고 간단하다.

피망을 굽는 방법에는 숯불이나 스토브에서 껍질이 물집처럼 일어나고 검은색이 날 때까지 굽는 방법도 있으나 오븐을 이용하는 것이 가장 쉽고 한꺼번에 많은 양을 로스트할 수 있다.

로스팅을 하기 위하여 오븐을 약 225℃ 정도로 열을 올려놓는다. 피망을 길이로 절반 잘라서 씨와 속줄기 꼭지를 제거하고 잘린 쪽이 밑으로 향하도록 하여 팬에 호일이나 기름을 깔고 가지런히 놓는다. 붓으로 껍질부분에 기름을 살짝 발라준 후 오븐에 넣어 껍질이 물집처럼 올라와 검은 색이 날 때까지 약 15~20 분 정도 로스트하여 준다.

오븐에서 피망을 꺼낸 다음 다른 그릇에 옮겨 담아 커버를 씌워 식힌다. 약 10 분 후 껍질을 제거하는데 손을 담글 정도의 냉수를 준비하여 손가락을 담그면서 껍질을 벗겨낸다. 껍질을 벗겨낸 피망을 물에 담그거나 씻어서는 안된다. 이렇게 만들어진 로스트 피망은 2~3 일 정도 냉장고에 보관하며 사용할 수 있다.

제4부

수프요리

PART 4

Soups

수프먹는 소녀(가스트로미끄, Laura Le Roux, 1912)

수프라고 하면 우리가 우선적으로 떠올리는 것은 양식의 정찬에서 제공되는 수프로 생각하기 쉬운데 이제는 이러한 고정관념을 떠나서 수프의 다양함을 소개하기로 한다.

수프는 계절이나 날씨, 사람의 영양상태에 따라서 산단한 형식이니 반대로 한끼의 식사로 만들어 먹을 수 있다. 수프의 형태는 매우 다양하여 국수류나 샌드위치 등 다른 여러가지 요리들과도 조화가 쉽게 이루어지므로 조금만 신경을 쓰면 훌륭한 메뉴를 만들어 낼 수 있다.

1. 수프의 기원

수프의 기원은 여러가지 설이 있지만 그 중 프랑스에서 전해져 오는 포타주(Potage) 생산에 사용되는 빵의 일종이 변하여 수프로 되었다는 것이 가장 설득력이 있다. 물론 고대 로마에서는 빵에 포도주를 적셔서 먹기도 하였는데, 이 당시에는 빵 만드는 기술이 현대와 같이 발전되지 못한 관계로 조금만 시간이 흘러도 단단해지기 때문에 단단해진 빵을 와인이나 육즙에 담가 부드러워진 다음에 먹은 것으로 보인다.

가자미살을 곁들인 맑은수프

농가식 그린수프

요리의 양이 많고 장시간 동안 요리가 제공되던 프랑스에서는 수프먹는 시간을 충분하게 주어 수프를 매우 천천히 먹었고 수프를 먹는 동안 서로 간에 대화를 나누는 것도 바로 수프의 특징 중에 하나였다.

현대에 와서 수프(Soup)와 포타주(Potage)가 동의어로 사용되는 경우가 있지만 예전에는 야채나 생선, 육류를 이용하여 만든 맑은 수프에는 빵이나 파스타(Pasta), 잡곡류를 곁들여 내는 것이 일반화되어 있었다. 뿐만아니라 지역적으로 상류층 계급에서 항상 수프에 빵을 함께 제공하는 것이 현대에 전해져 오는 전통적인 프랑스식 양파수프인 것이다.

2. 수프의 종류

(1) **맑은 수프** (Clear soups)

전통적으로 맑은 수프는 그 국물안에 맛이 스며들어 있고 고객으로 하여금 맛을 느낄 수 있도록 색깔도 깔끔하고 투명한 색을 지니고 있다. 맑은 수프를 마무리 할 때에 야채나 신선한 허브(Herb)를 작고 예쁘게 만들어 장식으로 같이 곁들이는 것이 좋다. 야채향을 뽑아낸 수프에는 오이를 가늘게 썰거나 당근을 살짝 브란치하여 사용하면 좋고, 프랑스 양파수프와 같이 쇠고기의 맛이 진하면 그레이어 치즈(Gruyere cheese)를 쿠루통과 함께 제공하는 것이 전통화되어 있다.

대부분의 맑은 수프는 그 자체로 포만감을 느끼기보다는 다른 요리와 함께 제공되는데 매우 고급스런 분위기를 만들어 갈 수 있다. 주의해야 할 점은 수프에 이물질이나 다른 향이 들어가면 매우 좋지않은 결과를 초래할 수 있으므로 조리과정에서 세심한 주의가 요구된다.

(2) **크림과 퓨레 수프** (Cream and Pureed soups)

맛이 부드럽고 감촉이 좋은 크림수프는 우리나라 사람들에게 가장 대중적으로 알려져 있는 수프의 일종이기도 하다. 이것은 우리나라의 전통요리인 '죽'과 비슷하여 쉽게 친숙해질 수 있었던 것으로 짐작된다.

그린빈스와 보리수프

오이와 멜론냉수프

크림수프는 주재료 자체로 농도를 내거나 그렇지 않을 경우 다른 재료를 이용하여 농도를 조절하는 방법을 사용하는데 농도를 내는 재료, 즉 리애종(Liasion)은 주재료의 맛을 최대한 보존하면서 농도를 조절할 수 있는 것이 가장 이상적이다. 이 수프의 재료는 매우 다양하여 전문화된 식당이나 가정할 것이 없이 모두 손쉽게 만들어 식탁에 올릴 수 있다.

(3) 비스큐 수프 (Bisque Soups)

비스큐 수프는 크림을 사용하는 크리미(Creamy)계통이지만 만드는 방법에 있어서 조금 차이가 있어 분류하고자 한다. 비스큐 수프는 바닷가재(Lobster)나 새우(Prawn) 등 껍질이 있는 쉘 피쉬(Shell Fish) 껍질을 이용하는 것도 원가절감에 한 방법이기도 하다.

수프를 처음 시작하기 전에 야채나 재료를 깨끗하게 손질하여 두어 시간을 절약할 수도 있는데 비스큐 수프는 야채와 쉘 피시의 껍질을 으깨어 완전히 맛이 우러날 수 있도록 하고 마무리시에 크림이나 다른 재료를 너무 많이 첨가하여 맛을 변하시키지 않도록 해야 한다.

(4) 식사대용 수프 (Hearty Soup)

하티수프(Hearty Soup)는 일반적인 수프의 양보다 많고 재료도 여러가지를 혼합하여 만들기 때문에 수프만으로도 하나의 요리가 된다.

대부분의 수프가 내용물보다는 육수가 많은 부분을 차지하는데 반하여 하티수프는 걸쭉해서 마치 스튜에 가깝다고 볼 수 있다.

최근에는 이러한 수프가 유행하게 되었는데 그 이유는 바쁜 일상생활에서 시간을 절약하고 먹기에도 편리하다는 점 때문이다. 하티수프를 만들기 위해서는 수프에 사용되는 야채나 육류에서 그 맛이 잘 우러날 수 있도록 하여야 한다.

(5) 차가운 수프 (Cold Soups)

유럽이나 미주에서는 수프를 차게 해서 계절에 관계없이 식탁에 자주 올리는데 아직까지 우리나라는 차가운 수프에 대해서는 다소 생소한 느낌을 받는 것은 서양요리가 보편적이라기 보다는 특별할 때에 먹는 요리로 인식되어 있기 때문이다. 우리가 여름철에 흔히 즐기는 오이 냉국이나 콩국수 정도로 생각하면 쉽게 이해될 수 있을 것이다.

서양요리를 하는 사람들은 차가운 수프하면 우선적으로 오이(Cucumber), 토마토(Tomato), 양파(Onions), 피망(Bell pepper), 빵가루(Breadcrumbs)에 올리브 오일과 마늘을 곁들여 얼음과 함께 서브되는 스패니쉬수프(A spanish Soup)인 가즈파쵸(Gazpacho)를 떠올릴 것이다. 가츠파쵸는 아라비아에서 전해졌는데 원뜻은 물에 불린 빵(Sorked Bread)으로 그것이 발전되어 다른 재료들을 포함하여 먹기 좋게 수프의 형식을 빌린 것이다.

앨리스 토클라스(Alice Toklas)는 그의 저서에서 스페인 마부들이 여행 중 식사시간에 흙으로 만든 그릇에 말라붙은 빵과 올리브 오일, 토마토, 마늘, 오이 등을 넣어 먹는 것을 재미있게 표현하고 있다.

이 당시 사람들은 빵을 오랜시간 동안 보관하기 위해서 말린 다음 먹기 좋도록 불려 먹기 위해 물이나 올리브오일을 사용하였다.

지금에 와서는 차가운 수프를 만드는 데 있어서 이러한 빵 종류를 넣기 보다는 과일과 신선한 야채를 퓨레(Puree)로 만들어 크림이나 다른 가니쉬를 곁들이는 방법을 많이 사용하고 있다.

3. 수프를 만들기 위한 기구류 (Equipment For Soups)

껍질까는 칼

국자

거품기

고무주걱

나무주걱

대부분의 수프를 만들기 위해서는 일반주방에서 갖추고 있는 기구만 있으면 충분하다. 하지만 조금만 더 아름답고 클래식한 분위기를 연출하기 위해서는 자그마한 소도구들을 평상시에 하나씩 준비해두는 것도 전문요리사로서의 자세라 할 수 있다.

다음은 수프를 만드는데 필요한 기구들을 요모조모 알아보기로 하자.

먼저 가장 많이 쓰이는 칼인 보통칼(chef knife)과 야채나 작은 재료들을 다듬을 수 있는 작은칼(small knife)과 빵이나 생선을 자를 수 있는 길이가 길고 칼 끝에 홈이 파인 톱칼이 있으면 충분하다. 조금 더 깊이 생각한다면 생선이나 가금류의 뼈를 자를 수 있는 망치칼이 있다면 일을 더욱 쉽게 진행시킬 수 있다.

칼은 이 정도로 하고 소도구의 경우 야채를 아름답게 자를 수 있는 야채절단기(Vegetable Shapes)와 껍질까는 칼 멜론볼(Melonballer)과 신선한 레몬주스를 생산할 수 있는 레몬스퀴즈(Lemon Squeezer)가 매우 유용하게 사용된다.

스푼은 수프를 잘 젓기 위한 나무로 된 스푼과 자루가 길고 쇠로 된 롱스푼, 내용물을 쉽게 건질 수 있는 아미스푼이 있어야 하며, 수프를 옮기기 위해서는 적당한 크기의 국자가 준비되어야 한다. 국자(Ladles)는 조리할 때 뿐만아니라 고객에게 서브할 때에도 손잡이가 짧은 것이 있으면 더욱 편리하다.

고무로 된 주걱은 재료를 갈아서 내용물을 서로 섞거나 다른 곳으로 옮길 때 마무리 작업용으로 적합하며, 다른 기계에 붙어 있는 재료를 완전히 제거하기 위해서도 필요하다. 재료를 부드럽게 하기 위해서는 믹서기(Blender) 또는 분쇄기(Food Processer)가 필수적인데 흔히 가정용 믹서기를 영업주방에서 사용하는데 이것은 용량이나 힘이 부족하여 원하는 만큼의

믹서기

분쇄기

뚜껑이 있는 소스팬

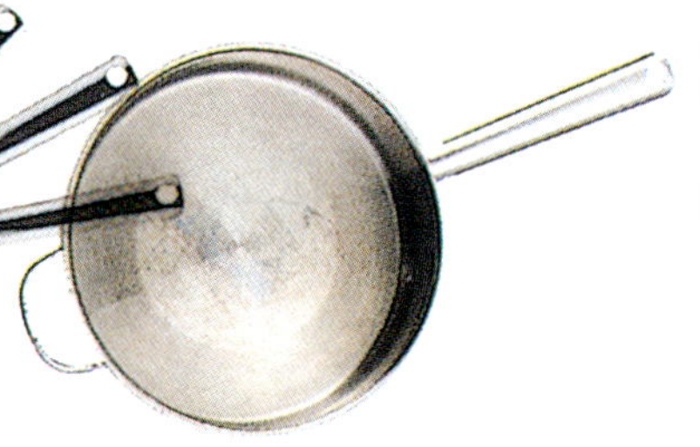
소테팬

수프를 조리할 수 없으므로 막대형이나, 용량이 충분한 믹서기를 준비하는 것이 바람직하다.

수프를 끓이기 위해서는 냄비나 폿(Pot)이 필수적인데 경우에 따라서는 큰것과 작은것 모두 필요하므로 가능한 3~4가지 정도의 크기로 소스팬이나 폿을 준비하는 것이 좋다. 물론 깊이나 소스팬 바닥의 두께도 염두에 두고 구입하는 것이 훌륭한 요리장이 갖추어야 할 지혜이다.

수프 역시 대부분의 작업이 스토브(Stove) 위에서 이루어지는데 그 주위에는 수프에 필요한 멜바 토스트(Melba Toast)와 같은 쿠루통(Croutons) 종류를 생산하기 위하여 버터나 작은붓, 오일 등을 준비하여 두는 것도 잊지 말아야 한다.

그밖에도 작업시에 필요한 키친 타월(Kitchen Towel)이나 흡수지, 장갑, 양념통 등 작지만 없어서는 안될 기구들은 세심하게 챙겨두는 버릇을 들이는 것이 실질적인 생산에 들어갔을 때 당황하지 않게 한다.

무엇보다도 중요한 것은 수프의 생산과정을 처음부터 끝까지 테이블 워킹(Table Working)과 실습을 하여 보는 것이, 어떠한 기구가 필요한지를 알게 되는 최선의 방법이다.

조리용 롱스픈

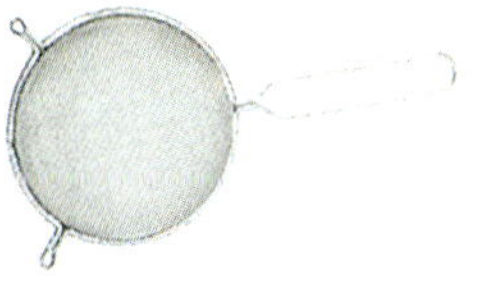
채

로스팬

4. 수프에 사용되는 재료 (Ingredients For Soup)

수프를 만들기 위한 재료들을 나열하면 그 끝이 보이지 않을 정도로 많을 것이다. 바꾸어 말하면 수프의 재료는 제한이 없다는 것이다.

하지만 수프를 위해서는 여러가지 재료들을 조합하게 되는데 그 중에서 야채는 거이 모든 수프에 빠지지 않는다고 볼 수 있다. 야채 중에서도 특히 양파나 샬롯(Shallots), 실파(Spring Onions), 마늘(Garlic), 릭(Leek) 등 파 계통의 야채들이 빠지지 않는데 그것은 이러한 야채들이 수프에 기초향을 부여하는데, 그 향이 싫증을 느끼지 않고 깊은 맛을 낼 수 있다는 장점 때문으로 풀이된다.

다음으로 즐겨 사용되는 야채는 뭐니뭐니해도 감자(Potatoes), 셀러리악(Celeriac), 당근(Carrots), 무(Turnip) 등 뿌리 야채를 들 수 있다. 뿌리야채는 감자나 당근과 같이 단맛을 포함하고 있는 것도 있으나 샐러니악과 같이 순하면서도 독특한 맛을 지닌 재료가 나름대로 개성있는 수프를 만들기 적당하다. 특히 우리나라의 경우 수프라기보다는 생즙을 그대로 갈아 복용

마늘

샬롯

실파

릭

당근

감자

순무

파슬리

브로컬리

이태리파슬리

베질

셀러리

버터

계란

하는 뿌리야채가 다양하게 있으므로 수프개발에 잠재성이 뛰어난 재료를 가지고 있다고 볼 수 있다.

다음으로 푸른잎을 가지고 있는 잎야채인데 잎야채는 비타민이나 다른 영양소의 파괴가 쉽게 이루어지므로 수프를 만들 때 각별히 주의하지 않으면 안된다. 잎야채 외에도 푸른색을 띤 아스파라거스(Asparagus)나 브로콜리(Broccoli)도 조리시에 너무 지나치게 오랫동안 열을 가하거나 끓이게 되면 원하는 수프를 만들 수 없게 된다.

그밖에도 콩이나 빈스 등 잡곡류를 이용하여 수프를 만들 수 있는데 잡곡류로 만든 수프는 당질이나 탄수화물이 풍부하여 시간에 쫓기는 셀러리맨들의 아침이나 식사대용으로도 좋다. 잡곡류로 수프를 생산할 때에는 우선적으로 물에 충분히 불리는 시간을 갖고, 잡곡류에 섞여있는 돌이나 이물질을 완전히 제거한 다음 조리를 시작해야 한다. 잡곡류는 잡곡을 그대로 사용할 수도 있지만 가공된 재료를 선택할 수 있는데 파스타(Pasta)나 스프링 롤(Spring Roll) 등은 수프의 곁들임으로 아주 좋다.

좋은 수프를 만들어내기 위해서는 평상시에 재료를 준비하는 습관을 갖는 것이 매우 중요하다. 가정이나 전문식당 할 것 없이 흔하게 사용하고 있는 닭(Chicken)이나 생선(Fishes)의 뼈를 냉동보관 후 수프를 만들기 전날 해동하여 야채의 줄기나 쓰다남은 양파, 당근, 샐러리 등을 모아 두었다가 사용하면 경제적인 면에서 재료들을 새로이 구입하는 것 이상으로 좋은 효과를 볼 수 있다.

수프에는 원재료도 중요하지만 맛을 보충해 주는 부재료의 기능도 무시할 수 없는 부분이다. 수프를 좀 더 부드럽게 하기 위해서 크림이나 버터, 계란 등을 사용하는데 주위에서 쉽게 구할 수 있는 요거트 또는 레몬껍질을 조금만 손질하여 쓰는 방법을 배우면 수프의 분위기를 한층 더 살릴 수 있다.

우리나라 주부들이나 경양식 조리사들은 향신료 사용에 대단히 인색함을 보이는데 향신료를 정확한 용도로 사용하려는 욕심에서거나 사용해보지 않았기 때문에 선뜻 사용하기가 쉽지 않을 것으로 보인다. 하지만 향신료사용은 일정한 법칙이 있는 것이 아니므로 취향에 따라 주위에서 쉽게 구할 수 있는 파슬리(Parsley)나 깻잎(Sesame leaf), 민트(Mint), 마늘잎(Garlic Leaf) 등을 사용하면 보다 더 다양하고 특색있는 수프를 생산할 수 있다.

최근에 미국이나 유럽의 조리사들은 동양의 식재료를 자신들의 요리에 사용하는 것을 새로운 조리법으로 받아들이고 있으나 그 재료를 전통적으로 또는 주위에서 흔히 구할 수 있는 우리들은 형식에서 벗어난다는 이유로 기피하는 경향을 보이고 있다. 고정관념을 벗어나서 자신만이 가지고 있는 특색있는 요리를 만들어 자기 고유의 조리법을 고객에게 제공하는 것도 경쟁사회에서 틈새시장의 공략법이 아닌가 생각해본다.

4. 수프를 만드는 기초기술 (Techniques of Soup Making)

앞에서는 수프가 비교적 간단하다고 하였다. 하지만 아무리 간단한 기술이라 할지라도 기본을 게을리하면 고객이 만족하는 수프를 생산할 수가 없고, 비용도 가중된다. 수프를 처음부터 서브될 때까지 그 과정을 검토하여 보면 대부분이 다음과 같은 다섯단계를 거치게 된다.

(1) 재료를 적당하게 손질하는 단계
(2) 익히거나 맛을 들이는 단계
(3) 퓨레형식 또는 곱게 하는 단계
(4) 맛을 부드럽게 하기 위하여 마무리하는 단계
(5) 그릇에 담고 장식하는 단계

재료를 손질할 때에는 수프의 특성을 살릴 수 있는 모양이나 재료의 부분이 손상되지 않도록 함은 물론이고 조리시 골고루 열이 전달될 수 있도록 크기나 두께를 고려하여 작업해야 시간을 낭비하지 않고 좋은 수프를 만들 수 있다.

익히거나 맛을 들이는 단계에서는 수프를 처음 조리시 양파나 마늘을 버터에 볶는 작업을 주로 하게 되는데 이때에 재료들이 부분적으로 타거나 덜 익게 되면 수프가 완성이 되어서도 향이 제대로 나지 않고 부자연스러운 맛을 내게 되므로 특히 주의를 기울여야 한다.

수프가 입안에서 잔존하는 기간을 늘리려면 크림타입으로 만들어 깊은 맛까지 느끼도록 해주는 것이 좋다. 그러나 경우에 따라서 수프의 모양이나 영양소의 손실을 막기 위하여 굵은 퓨레를 만들어 수프를 생산하기도 하는데 이때에는 수프의 특성에 따라서 갈아주는 속도나 시간을 적절히게 조절하여야 한다. 또한 매우 부드러운 입자를 원하는 수프는 고운체를 사용하여 걸러주면 보다 더 부드러운 감촉이 나는 수프를 만들 수 있다.

수프생산은 네번째 단계인 마무리 작업이 무엇보다 중요한데 이때에는 수프가 어느 정도 형성되어 있는 상태이기 때문에 수프입자들이 온도나 다른 재료의 사용에 대단히 민감하게 작용한다.

예를들어 버터(Butter)나 생크림(Fresh Cream)을 잘못 사용하거나 지나치게 온도가 높게 형성되면 수프가 분리(Breakdown)될 수 있으므로 조심스럽게 다루어야 한다. 일반적으로 버터나 생크림을 첨가한 후에는 센불은 피하고 낮은불에서 짧은 시간 내에 은근하게 끓여주는 것이 영양소 파괴를 최소화하고 수프가 분리되는 것을 막을 수 있다.

마지막으로 수프의 모양내기(Garnish) 단계에서는 수프의 맛을 돋구어 줄 수 있는 재료를 사용하는 것이 좋다. 흔히 빵에는 향신료와 소금, 후추로 간을 하여 올리브 오일을 발라 구워 사용한다거나 토틸리아 같은 콘칩, 야채 등을 보기좋게 썰거나 튀겨서 놓기도 한다.

그밖에 기초 재료를 알 수 없는 맑은 수프나 크림수프의 경우 사용된 기초 재료를 보기좋게 수프의 위나 중앙에 뿌려 고객이 알아 볼 수 있도록 하는 것도 좋은 방법 중의 하나이다.

수프를 생산한다는 것은 자신의 개성을 보여주는 것으로 같은 재료라 할지라도 만드는 조리사의 능력이나 성격에 따라서 그 맛이나 품위가 달라지므로 만드는 사람이 조금만 주의를 기울이면 자신의 조리 언어를 수프로 표현할 수 있다.

레몬향을 곁들인 해물버섯수프

(Seafood and Mushroom Sour Soup)

준비재료(3 인분 기준)

중간크기 새우(Medium Size Prawns) .... 9 ea
양송이 가늘게 썬 것(Buttom Mushroom) .... 100 g
팽이버섯(Winter Mushroom) .... 50 g
레몬(Fresh Lemon) .... 1 ea
마늘 다진 것(Garlic Clove Chopped) .... 1 쪽
후레쉬 커리앤더(Fresh Coriander) .... 1 stem
생선 스톡(Fish Stock) .... 1, 000 ml
푸른고추(Green Chilly) .... 1 ea
모시조개(Crab Small Size) .... 15 ea
생강(Fresh Ginger) .... 10 g

만드는 방법

① 새우는 껍질을 벗기고 내장을 제거하여 길이로 절반 자른다. 조개는 살짝 삶아 흐르는 물에 불순물이 완전히 제거되도록 씻는다.

② 푸른고추는 절반을 잘라 씨와 씨방을 제거하고 가늘게 썰어둔다.

③ 깊이가 있는 소스팬에 스톡을 넣고 마늘, 버섯, 모시조개, 레몬주스와 껍질을 넣고 7분 정도 은근히 끓인다.

④ 맛이 완전히 우러나면 레몬껍질을 건져내고 새우를 넣은 다음 소금과 후추로 간을 한다.

⑤ 새우가 완전히 익었을 때 수프볼에 담고 신선한 커리앤더 잎 몇 장을 띄워 고객에게 제공한다.

토마토와 대파를 곁들인 닭콘소메
(Chicken Consomme with Tomato and Leeks)

준비재료(3 인분 기준)

닭뼈와 날개(Chicken Bone and Wing) .... 500 g
당근(Carrot) .... 100 g
셀러리(Celery) .... 80 g
대파 푸른부분(Leek Green Part) .... 80 g
토마토 중간크기(Tomato Medium Size) .... 2 ea
달걀흰자(Egg White) .... 2 ea
식빵(Toast Bread) .... 3 pc
치킨 스톡(Chicken Stock) .... 1 *l*
후레쉬 다임(Fresh Thyme) .... 1 sprig
검은통후추 으깬 것(Crushed Black Pepper) .... 1/2 tsp
소금과 후추(Salt and Pepper) .... 맛을 낼 정도

만드는 방법

① 닭뼈와 닭날개에 있는 기름기를 떼어내고 작은 도막을 낸다.

② 당근과 셀러리, 대파는 잘게 다지거나 가늘게 썰어둔다. 토마토는 가니쉬용만 남기고 굵게 썰어 다른 야채와 함께 섞는다.

③ 달걀흰자를 거품내어 야채믹스, 닭뼈와 함께 섞는다.

④ 달걀흰자와 함께 섞은 재료를 소스팬에 스톡과 함께 섞어 주고 은근하게 약 40 분 정도 끓인다.

⑤ 끓어서 맛이 완전히 우러나면 깨끗한 융으로 걸러 소금과 후추로 간을 한다.

⑥ 대파 푸른부분과 토마토 줄리앙으로 가니쉬하여 구운 토스트 빵과 함께 제공한다.

쇠고기와 무 맑은수프
(Beef and Turnip Soup with Sesame Oil)

준비재료(3 인분 기준)

쇠고기(Beef Round) .... 150 g
무(White Turnip) .... 150 g
마늘쪽(Garlic Clove) .... 2 ea
대파 푸른부분(Green Onion) .... 30 g
참기름(Sesame Oil) .... 15 m*l*
양파(Onion) .... 60 g
김(Sealaver) .... 1 pad
물(Cold Water) .... 1 *l*
검은 통깨(Roasted Black Sesame) .... 1 tsp
월계수잎(Bay Leaf) .... 1 pc
소금과 후추(Salt and Pepper) .... 맛을 낼 정도

만드는 방법

① 쇠고기를 양파와 함께 깊이가 있는 소스팬에 물, 월계수잎을 넣고 쇠고기가 완전히 익을 때까지 삶는다.
② 쇠고기를 건져내고 물은 흡수지로 걸러 따로 담아둔다.

③ 무껍질을 벗기고 한 면의 길이가 2 cm, 두께 3 mm 정도의 정사각형으로 썬다.

④ 소스팬에 참기름을 두르고 무를 얇은 네모썰기한 것을 투명해질 때까지 볶아준 다음 육수를 붓고 은근히 끓인다(색이 나서는 안된다).

⑤ 삶은 쇠고기를 무 크기와 같이 썰어 넣고 약 2분 정도 더 끓인다. 이때 발생하는 불순물은 거품기로 제거한다.

⑥ 소금과 후추로 간을 한다.

⑦ 파의 푸른 부분을 가늘게 썰어 참기름과 깨를 넣고 살짝 버무려 둔다.

⑧ 수프볼에 무와 쇠고기가 골고루 섞이도록 담고 버무린 파를 얹어 제공한다.

⑨ 참기름을 5~6방울 정도 떨어뜨린다.

커리앤더향을 곁들인 당근과 오렌지수프

(Carrot and Orange Soup with Coriander)

준비재료(3 인분 기준)

꼬마당근(Baby Carrot) .... 500 g
양파(Onion) .... 100 g
오렌지 중간크기(Fresh Orange Medium Size) .... 2 ea
버터(Butter) .... 30 g
커리앤더 가루(Coriander Ground) .... 10 m*l*
치킨 스톡(Chicken Stock) .... 800 m*l*
생크림(Fresh Cream) .... 150 m*l*
소금과 흰후추(Salt and White Pepper) ..... 맛을 낼 정도

만드는 방법

① 당근은 껍질을 벗기고 깨끗하게 씻어서 격식없이 썰어둔다. 양파 역시 가늘게 격식없이 썬다.

② 오렌지는 껍질을 벗겨 절반은 다지고 절반은 가는줄리앙으로 썬다.

③ 깊이가 있는 소스팬에 버터를 두르고 양파가 투

명해질 때까지 볶아준다. 양파에서 구수한 냄새가 나면 당근, 오렌지껍질 다진 것, 커리앤더를 넣고 3~5분 정도 더 볶아준다.

④ 스톡을 붓고 뚜껑을 덮은 상태로 30~40분 정도 당근이 완전히 부드러워질 때까지 은근하게 끓인다.

⑤ 모든 재료가 완전히 부드러워지면 믹서기에 넣고 곱게 갈아 다시 소스팬에 담고 소금과 후추로 간을 한다. 생크림으로 마무리한다.

⑥ 줄리앙해두었던 오렌지껍질을 끓는 물에서 3분 정도 익혀 식힌다.

⑦ 수프를 볼에 담고 생크림을 휘핑하여 10g 정도 스푼으로 떠놓고 그 위에 오렌지껍질로 가니쉬한다.

- 쿠루통을 사용해도 무방하고 커리앤더나 이탈리안 파슬리 다진 것을 올려도 좋다.

농가식 그린수프
(Garden Green Soup)

준비재료(3 인분 기준)

시금치잎(Spinach Leves) .... 200 g
물냉이(Water Cress) .... 100 g
머스타드잎(Mustard leaf) .... 100 g
베이질잎(Basil Leaves) .... 30 g
아몬드 썰은 것(Sliced Almond) .... 50 g
샬롯다진 것(Shallot Chopped) .... 50 g
버터(Butter) .... 30 g
밀가루(Soft Flour) .... 30 g
야채국물(Vegetable Broth) .... 800 ml
생크림(Fresh Cream) .... 110 ml
후레쉬 레몬주스(Fresh Lemon) .... 1 ea
소금과 흰후추(Salt and White Pepper) ..... 맛을 낼 정도

만드는 방법

① 아몬드는 팬에 깔아서 180℃ 오븐에서 황금색이 나도록 구워둔다.
② 다진 샬롯을 소스팬에 버터와 함께 구수한 향이 날 때까지 볶아준다(색이 나지 않아야 한다).
③ 야채국물을 넣고 잘 저어준다음 은근하게 끓인다.

④ 그린잎을 모두 브란치하여 찬물에 씻은 다음 물기를 꼭 짠 후 믹서기에 넣고 곱게 갈아준다(잘 갈아지지 않을 경우 야채 국물을 조금 넣어주고 갈면 된다).

⑤ 곱게 갈은 그린잎을 넣고 약 1~2분 정도 끓인후 생크림을 첨가한 다음 소금과 후추로 간을 한다.

⑥ 수프볼에 수프를 담고 휘핑한 생크림을 조금씩 얹는다.

⑦ 대나무꼬치로 생크림을 저어 모양을 낸다.

⑧ 구운 아몬드를 수프 중앙에 20 g 정도 올린다.

가을호박과 푸른사과 수프
(Pumpkin and Green Apple Soup)

준비재료(3 인분 기준)

양파 다진 것(Onion Chopped) .... 150 g
마늘쪽 다진 것(Garlic Clove Chopped) .... 2 ea
생강 다진 것(Ginger Chopped) .... 20 g
늙은호박(Yellow Pumpkin) .... 800 g
푸른사과(Green Apple) .... 200 g
후레쉬 레몬 주스(Fresh Lemon juice) .... 1 ea
파슬리 다진 것(Parsley chop) .... 5 g
버터(Butter) .... 30 g
비프스톡(Beef Stock) .... 1. 5 *l*
식빵(Toast Bread) .... 3 Slices
소금과 후추(Salt and White Pepper) .... 맛을 낼 정도

만드는 방법

① 호박껍질과 씨를 제거하고 살부분만 격식없이 잘게 썬다.
② 사과 역시 껍질과 씨방을 제거하고 썰어서 레몬주스로 절여둔다.
③ 식빵을 정사각형으로 썰어 소금과 후추를 뿌린

다음 후라이팬에 기름을 살짝 두르고 황금색이 나도록 구운 후 파슬리 다진 것을 뿌려둔다.

④ 깊이가 있는 소스팬에 버터를 두르고 양파, 마늘, 생강 다진 것을 넣고 구수한 냄새가 날 때까지 볶아준 다음 사과, 호박, 스톡과 함께 약 40분 정도 은근히 끓인다.

⑤ 믹서기에 ④를 넣고 곱게 갈아 체에 내린 다음 다시 소스팬에 담고 소금과 후추로 간을 한다.

⑥ 볼에 담고 만들어 둔 쿠루통을 뿌려준다.

카넬리니빈스에 올리브오일을 곁들인 가을수프
(Cannellini Beans Soup with Extra-Virgin Olive Oil)

준비재료(3 인분 기준)

카넬리니 빈스(Cannellini Beans Dry) .... 150 g
마늘쪽(Garlic Cloves) .... 2 ea
엑스트라버진 올리브 오일(Extra-Virgin Olive Oil) ..... 45 ml
이탈리안 파슬리(Italian Parsley) .... 3 sprig
검은통후추 갈은 것(Ground Black Whole Pepper) .... 5 ml
소금(Salt) .... 맛을 낼 정도
처빌 잎(Fresh chervil) .... 3 줄기

만드는 방법

① 말린 카넬리니 빈스를 씻은 다음 찬물에 담가 하루정도 냉장고에 둔다.

② 물을 충분히 붓고 빈스가 부드러워질 때까지 약 40 분 정도 삶아준 다음 물을 따로 보관한다.

③ 깊이가 있는 소스팬에 올리브오일을 두르고 마늘색이 투명하도록 볶는다(절대 타지않도록 한다).

④ 빈스와 파슬리를 넣고 섞은 다음 빈스에 마늘향이 스며들도록 은근하게 끓여준다.

⑤ ④ 의 3/4 정도를 믹서기에 넣고 곱게 갈아준다. 이때 빈스 삶은 물을 300 ml 정도 넣어 갈아준다. 원하는 입자굵기에 따라서 믹서기 시간을 조절하고 필요하면 물을 더 넣어도 된다.

⑥ 믹서기에서 갈은 빈스를 소스팬에 담고 낮은불에서 끓인다.

⑦ 소금과 후추로 간을 하고 농도가 걸쭉해질 때까지 계속하여 졸인다.

⑧ 남겨둔 빈스를 볼에 담고 파슬리 다진 것과 올리브오일로 버무린다.

⑨ 수프를 볼에 담고 중앙에 버무린 빈스를 30 g 정도 올린다.

⑩ 빈스를 버무릴 때 발생한 주스에 올리브오일을 20 ml 정도 더넣고 고르게 섞어 수프주위로 뿌린다.

⑪ 신선한 처빌잎 하나를 올려 마무리한다.

카넬리니 빈스 수프는 올리브와 햇카넬리니가 생산되는 11월쯤의 계절메뉴로 적당하다.

연어수프와 야채피클
(Salmon Soup and Vegetable Pickle)

준비재료(4 인분 기준)

- 샬롯다진 것(Shallots Chopped) ..... 50 g
- 버터(Butter) ..... 30 g
- 생선스톡(Fish Stock) ..... 1 *l*
- 페퍼콘(Pepper Corn) ..... 1/2 tsp
- 후레쉬딜 다진 것(Fresh Dill Chopped) ..... 1 tsp
- 드라이 화이트와인(Dry White Wine) ..... 250 m*l*
- 생크림(Fresh Cream) ..... 1 *l*
- 밀가루(Flour) ..... 30 m*l*
- 사워크림(Sour Cream) ..... 120 m*l*
- 딜잎(Fresh Dill) ..... 4 줄기
- 호오스래디쉬 갈은 것(Horseradish Grated) ..... 10 m*l*
- 차이브 다진 것(Chives Chopped) ..... 15 m*l*
- 소금과 후추(Salt and Pepper) ..... 맛을 낼 정도
- 훈제연어 작은네모썰기한것(Smoked Salmon Small dice) ..... 60 g

야채피클을 위한 준비재료

- 셀러리 작은네모썰기한 것(Celery) ..... 50 g
- 당근 작은네모썰기한 것(Carrot) ..... 50 g
- 무 작은네모썰기한 것(Turnip) ..... 50 g
- 오이 작은네모썰기한 것(Cucumber) ..... 50 g
- 설탕(Sugar) ..... 100 g
- 식초(Vinegar) ..... 100 m*l*
- 물(Water) ..... 100 m*l*

만드는 방법

① 소스폿에 버터를 두르고 샬롯다진 것을 약 4 분 동안 소테한 다음 스톡을 붓고 페퍼콘과 월계수잎, 딜다진 것을 넣어 약 400 m*l* 가 될 때까지 졸인다.

② 드라이 화이트 와인을 넣고 다시 400 m*l* 가 되도록 졸인 후 생크림을 첨가하고 다시 약 1 *l* 정도가 되도록 졸인다.

③ 농도가 엷은 경우 밀가루를 뿌리듯이 넣어 농도를 내고 소금과 후추로 간을 하여 걸러서 새 소스폿에 담은 다음 은근하게 끓여준다.

④ 사워크림에 호오스래디쉬 갈은 것과 차이브, 소금, 후추로 간을 하여 잘 섞어놓는다.

⑤ 소스팬에 야채피클을 만들기 위하여 설탕과 식초 물을 넣어 끓인다.

⑥ 셀러리, 당근, 무, 오이 작은 네모썰기한 것을 끓고 있는 설탕, 식초물에 넣고 3분 가량 익힌 다음 식힌다.

⑦ 식힌 야채피클을 건져내어 작은네모썰기한 훈제 연어와 섞는다.

⑧ 수프볼에 수프 약 200 ml를 담고 중앙에 연어와 섞은 야채피클 50 g을 얹는다.

⑨ 준비해둔 사워크림을 차스푼으로 럭비공모양을 만들어 피클위에 얹는다.

⑩ 딜잎으로 장식한다.

그린빈스와 보리수프
(Green Beans and Barley Soup)

준비재료(6 인분 기준)

올리브 오일(Olive Oil) .... 45 m*l*
양파 다진 것(Onion Chopped) .... 120 g
셀러리 다진 것(Celery Chopped) .... 100 g
붉은피망 다진 것(Red Bell Pepper Minced) .... 30 g
토마토 굵게다진 것(Tomato Minced) .... 150 g
치킨스톡(Chicken Stock) .... 1 *l*
보리(Barley) .... 200 g
그린빈스(Green Beans) .... 400 g
노란빈스(Yellow Beans) .... 300 g
후레쉬딜 다진 것(Fresh Dill Chopped) .... 15 m*l*
후레쉬 파마산치즈 갈은 것(Fresh Parmesan Cheese) ... 90 g

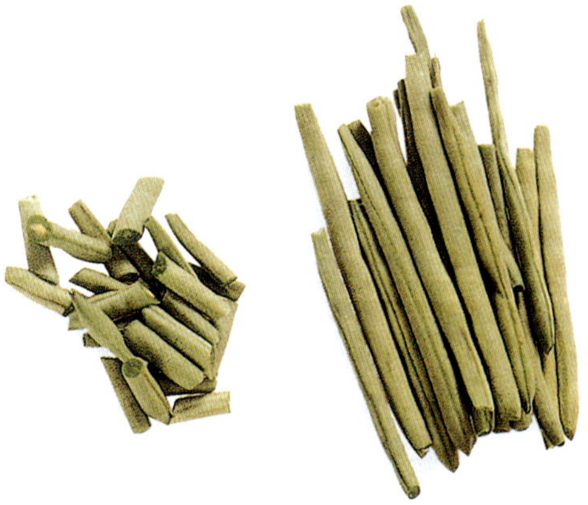

만드는 방법

① 보리를 물에 불려 깨끗하게 씻는다.

② 두 가지 빈스는 5cm 크기로 썰어둔다.

③ 수프폿에 기름을 두르고 피망, 양파, 셀러리, 토마토를 넣고 약 5분 정도 볶는다.

④ 스톡과 같은 양의 물을 함께 붓고 센불에 끓인다.

⑤ 물에 불려둔 보리를 넣고 불을 낮춘다음 뚜껑을 닫고 30분 정도 끓인다.

⑥ 빈스와 다진딜을 넣고 약 10분 정도 더 끓인다음 소금과 후추로 간을 한다.

⑦ 수프를 볼에 담고 갈은 파마산치즈를 얹어 제공한다.

새우와 한국식 국수를 곁들인 맑은수프
(Prawn and Korean Style Noodle Soup)

준비재료(3 인분 기준)

가는 국수(Fine Noodle of Korean)	60 g
시금치(Spinach)	75 g
콩나물(Beans Sprouts)	60 g
중간크기 새우(Prawn Medium Size)	12 마리
실파(Scallions)	15 g
샐러드 오일(Salad Oil)	30 m*l*
샬롯다진 것(Shallot Chopped)	50 g
마늘다진 것(Garlic Chopped)	15 g
새우껍질(Prawn Shell)	500 g
물(Water)	1 *l*
간장(Soy Sauce)	10 m*l*
소금과 후추(Salt and Pepper)	맛을 낼 정도

만드는 방법

① 새우의 껍질과 내장을 제거하고, 껍질은 모아 따로 둔다.

② 국수와 콩나물은 소금을 넣은 물에 삶아서 건져 놓는다.

③ 소스팬에 기름을 두르고 샬롯과 마늘다진 것을

반투명하게 볶다가 새우껍질을 넣고, 새우껍질이 완전히 붉은색으로 변할 때 간장을 첨가한다.

④ 물을 붓고 소금과 후추로 간을 하여 2시간 정도 은근하게 끓인 후 고운체로 걸러낸다.

⑤ 소스폿에 국물을 담고 새우와 시금치, 실파를 넣고 새우가 익을 때까지 살짝 끓인다.

⑥ 수프볼에 국수와 콩나물을 살짝 버무려 담은 다음 새우와 국물을 붓는다.

⑦ 튀김이나 양파를 곱게 썰어 튀긴 다음 가니쉬로 이용한다.

가자미살을 곁들인 맑은수프
(Fish Soup with Sole Quenelles)

준비재료(3 인분 기준)

가자미살(Fillet of Sole) .... 200 g
달걀흰자(Egg White) .... 1 ea
옥수수전분(Cornstarch) .... 15 m*l*
생선 스톡(Fish Stock) .... 1.5 *l*
쉐리 와인(Sherry Wine) .... 30 m*l*
차이브 다진 것(Chive Chopped) .... 20 g
파슬리 다진 것(Parsley Chopped) .... 10 g
토마토 작은네모썰기한 것(Diced Tomato) .... 60 g
애호박(Zucchini) .... 1/2 ea
셀러리(Celery) .... 1 줄기
양파(Onion) .... 1/2 ea
월계수잎(Bay Leaves) .... 2 pc
검은통후추(Black Pepper Whole) .... 5 ea

만드는 방법

① 셀러리는 가니쉬용만 남기고 양파와 함께 가늘게 썰어둔다.

② 깊이가 있는 손잡이 남비에 스톡을 채우고 셀러리와 양파, 월계수잎, 통후추를 넣고 향이 우러날 정도만 끓인 다음 걸러내어 다시 은근하게 끓인다.

③ 믹서기에 생선살을 넣고 부드러워질 때까지 돌려 준다. 달걀흰자와 옥수수전분을 넣고 다시 한번 잘 섞은 다음 볼에 옮겨 담아 파슬리 다진 것과 차이브 다진 것을 넣고 골고루 섞는다.

④ 자루냄비에 소금을 첨가한 물을 끓인다.

⑤ 두개의 차스푼으로 준비된 생선무스를 럭비공 모양으로 만들어 끓고 있는 물에 떨어뜨려 떠오를 때까지 약 3~4분 가량 익힌다.

⑥ 준비해둔 생선스톡에 생선 덤부링을 옮겨담고 소금과 후추, 쉐리와인으로 간을 한 다음 썰어둔 야채를 넣고 살짝만 끓여준다.

⑦ 뜨겁게 데워진 수프볼에 조심스럽게 담아 고객에게 제공한다.

해안스타일 해물수프
(Sea-food Soup Beach Style)

준비재료(3 인분 기준)

올리브 오일(Olive Oil) .... 50 ml
양파 중간크기(Onion Medium Size) .... 1 ea
셀러리(Celery) .... 2 줄기
당근(Carrot) .... 50 g
휀넬(Fennel) .... 100 g
깐마늘(Garlic) .... 2 쪽
토마토(Tomato) .... 150 g
토마토페이스트(Tomato Paste) .... 15 ml
샤프란(Saffron) .... 2 g
타라곤 다진 것(Tarragon Chopped) 1tsp
베이질 다진 것(Basil Chopped) .... 1 tsp
생선 스톡(Fish Stock) .... 2 l
꽃게(Crab) .... 3 마리
소금과 후추(Salt and Pepper) .... 맛을 낼 정도
게살(Crab Meat) .... 15 g
홍합(Green Mussle) .... 3 EA
처빌잎(Chervil Leaves) .... 3 EA
차이브(Chive) .... 6 EA

만드는 방법

① 오븐을 165℃로 예열해둔다.
② 로스팅팬에 올리브오일을 살짝 두르고 꽃게를 1/4 등분으로 잘라 가지런히 깔고 예열시켜 둔 오븐에 넣어 엷은 갈색이 나도록 약 30분 정도 구워낸다.
③ 당근과 셀러리, 휀넬을 가니쉬용으로 가늘게 썰어

두고 나머니는 격식없이 썰어 함께 섞는다.

④ 바닥이 두꺼운 자루냄비에 올리브오일을 두르고 양파, 셀러리, 당근, 휀넬과 마늘을 넣고 갈색이 날 때까지 볶아준다.

⑤ 토마토, 샤프란, 타라곤, 베이질, 토마토페이스트와 스톡을 함께 넣고 은근하게 끓인다.

⑥ 구워진 꽃게를 잘게 으깬 다음 끓고 있는 야채와 스톡에 넣고 약 한 시간 정도 더 은근하게 끓인다.

⑦ 굵기가 가는 체에 걸러내고 다시 소스팬에 담아 소금, 후추로 간을 하여 끓인다.

⑧ 가늘게 썰어둔 당근, 셀러리, 휀넬을 게살, 홍합과 함께 넣어 3분 정도 더 끓인다.

⑨ 수프볼에 국물을 담고 게살과 홍합, 야채를 보기 좋게 담는다. ⑩ 처빌잎과 차이브로 장식한다.

아보카도와 물냉이 찬수프
(Chilled Avocado and Watercress with Potato Soup)

준비재료(3인분 기준)

- 버터(Butter) .... 45 g
- 양파 중간크기(Onion Medium size) .... 1 ea
- 마늘다진 것(Garlic Chopped) .... 3 쪽
- 감자 네모썰기한 것(Potato Diced) .... 450 g
- 샬롯다진 것(Shallot Chopped) .... 10 g
- 월계수잎(Bay Leaf) .... 2 ea
- 치킨 스톡(Chicken Stock) .... 1 *l*
- 물냉이 다듬은 것(Watercress) .... 200 g
- 아보카도 중간크기(Avocado Medium Size) ..... 1～1/2 ea
- 사워크림(Sour Cream) .... 30 m*l*
- 콘 토틸리아(Corn Tortillas) .... 3 쪽
- 식용유(Vegetable Oil) .... 200 m*l*

만드는 방법

① 깊이가 있는 소스팬에 버터를 녹이고 양파와 마늘을 엷은갈색이 나도록 볶는다.

② 감자와 샬롯다진 것, 월계수잎을 넣고 5분 정도 더 소테한다.

③ 치킨스톡을 붓고 감자가 부드러워질 때까지 약

20분 정도 은근하게 끓인다.

④ 준비해둔 물냉이를 넣고 살짝만 끓이고 단시간 내에 식힌다.

⑤ 믹서기 또는 프로세서를 이용하여 내용물과 아보카도 1개를 완전히 부드러워질 때까지 갈은 다음 소금과 후추로 간을 한다.

⑥ 후라이팬에 식용유를 담고 180℃ 정도 가열한다.

⑦ 콘토틸리아를 바삭바삭하게 튀겨낸다.

⑧ 수프볼에 담고 사워크림을 한 스푼 정도 올린다.

⑨ 튀긴 토틸리아를 사워크림에 올려 장식한다.

일본식 도미 맑은수프
(Japanese Style Clear Snapper Soup)

준비재료(4 인분 기준)

멸치국물(Dry Anchovy Stock) .... 600 m*l*
정종(Rice Wine) 10m*l*
소금(Salt) .... 2/3 tsp
우스구찌간장(Wosugucchi Sauce) .... 1 tsp
도미살(Snapper Fillet) .... 200 g
미쯔바잎(Mitzuba Leaves) .... 100 g
사쿠라후(Sakurahu) .... 8 쪽
진공 단무지(Yellow Turnip) .... 60 g
도로로다시마(Dororo) .... 40 g
토마토 케첩(Tomato Ketchup) .... 1 tsp

만드는 방법

① 도미필렛에 붙어 있는 비늘을 제거하고 껍질이 붙어있는 상태로 1 인당 두 쪽씩 썰어 소금에 절여 둔다.

② 소스냄비에 멸치국물을 담고 정종, 소금 1 티스푼, 우스구찌간장을 넣어 은근하게 끓인다.

③ 사쿠라후를 두께 0.4 cm 정도로 썰어 둔다.

④ 미쯔바잎은 흐르는 물에 깨끗하게 씻어 둔다.

⑤ 소금에 절여 두었던 도미살을 샐러만다에 완전히 익을 때까지 굽는다.

⑥ 도미 구운 것과 미쯔바잎, 단무지, 사쿠라후, 도로로다시마를 따뜻한 수프볼에 질서있게 담고 토마토케첩을 도미살 위에 조금씩 올린다.

⑦ 끓고 있는 국물을 150 m*l* 정도 담아 제공한다.

북경식 상어지느러미와 게살 수프
(Sharksfin and Crabmeat Soup)

준비재료(4 인분 기준)

상어지느러미(Sharksfin) .... 100 g
냉동게살(Crabmeat) .... 60 g
붉은고추(Red Hot Chilli) .... 1 개
통조림옥수수(Corn) .... 50 g
치킨 스톡(Chicken Stock) .... 800 ml
감자전분(Potato Starch) .... 30 g
파기름(Scallion Oil) .... 10 ml
참기름(Sesame Oil) .... 10 ml
오이스터 소스(Oyster sauce) .... 15 ml
식용유(Vegetable oil) .... 30 ml
소금과 후추(Salt and Pepper) .... 맛을 낼 정도
미원(Miwon) .... 1/2 tsp
처빌(Chervil) .... 4 잎

만드는 방법

① 마른 상어지느러미를 부드러워질 때까지 찜통에서 스팀으로 찐 다음 냉수에 담가 두었다가 결을 따라 가늘게 뜯어 둔다.
② 냉동게살을 해동하여 일정한 크기로 자른 다음 가늘게 뜯어 둔다.

③ 붉은 고추는 씨와 씨방을 제거하고 가늘게 썬다.

④ 소스냄비에 식용유를 두르고 다진마늘을 넣어 투명해질 때까지 볶은 다음 게살과 옥수수, 붉은고추 썰은 것, 치킨 스톡을 넣고 중불에서 끓인다.

⑤ 준비해 둔 상어지느러미를 끓는 물에 브란치한 다음 첨가한다.

⑥ 소금과 후추, 미원으로 간을 하고 오이스터소스로 색을 낸다.

⑦ 전분을 물 100 ml 에 풀어서 수프의 농도를 낸 다음 파기름과 참기름을 첨가하여 골고루 섞는다.

⑧ 수프볼을 뜨겁게 준비하여 150 ml 정도를 담고 처빌 한 잎을 올려 장식한다.

생선퀸넬을 곁들인 콘소메
(Sole Consomme and Fish Qunelless)

준비재료(5 인분 기준)

흰 생선살 갈은 것(Fish Meat Ground)	1.5 kg
달걀흰자(Egg White)	10 ea
대파(Leek)	100 g
셀러리(Celery)	100 g
파슬리줄기(Parsley Stem)	7 ea
백포도주(White Wine)	5 l
레몬주스(Lemon Juice)	2 ea
생선 스톡(Fish Stock)	5 l
애호박(Squash Jullienne)	10 g
당근(Carrot Jullienne)	10 g
베이질(Basil)	2 줄기
기본 향신료주머니(Basic Spice Sachet)	1 ea
소금과 흰후추(Salt and Pepper)	맛을 낼 정도

만드는 방법

① 대파와 파슬리줄기, 셀러리는 굵은 줄리앙(Julli-enne)으로 썰고, 계란흰자 8 개를 볼에 담아 거품을 낸다.

② 스톡폿에 향신료와 생선살 500 g 을 남기고 모든 재료를 담고 골고루 섞어준다.

③ 섞은 재료에 생선스톡을 담아서 스토브 위에 올린 다음 중불로 가열한다.

④ 한 두번 저어주고 은근하게 끓인다. 재료 덩어리가 깨어지지 않도록 한다.

⑤ 향신료 주머니를 넣고 약 50 분 정도 맛이 우러나도록 계속 은근하게 끓여준다.

⑥ 융에 걸러서 소금과 후추로 간을 한다.

⑦ 생선살 500 g 을 믹서기에 넣고 부드러워질 때까지 돌린다.

⑧ 계란 흰자 2개를 넣고, 생크림 60 ml를 첨가하여 생선무스가 되면 소금과 후추간을 한다.

⑨ 애호박과 당근을 가는 줄리앙으로 썰어서 브란치 하여 둔다.

⑩ 소스냄비에 콘소메 수프를 담고 은근하게 끓이면서 차스푼을 사용하여 퀸넬을 럭비공모양으로 만들어 넣는다.

⑪ 따뜻한 수프접시에 200 ml 정도 담고 퀸넬을 3쪽 중앙으로 놓은 다음 야채브란치한 것과 베이질을 올린다.

제 5 부

주요리

PART 5

Main Course

주요리하면 일반적으로 육류요리를 떠올리게 되는데 결코 주요리가 육류만을 의미하지는 않는다. 다만 서양요리에 있어 육류요리가 많은 부분을 차지하는 것만은 사실이다. 이 장에서는 서양요리를 코스(Course)로 구분할 때 주요리부분인 메인코스에 대하여 전문적으로 다루었다.

메인코스는 그 메뉴의 중심을 차지하고 있으므로 대표성을 띠고 있다. 따라서 메인코스를 선정할 때에는 에피타이저(Appetizer)나 다른 코스와 중복이 되는 재료를 가급적 피하고 영양학적으로나 양에 있어서도 충분한 고려가 있어야 하겠다.

주요리의 발달은 나라와 나라간에도 여러가지 유형이 있지만 지방간에도 서로 다른 조리법과 특색을 지니고 있어 유심히 살펴보면 그 요리 자체가 한 지역이나 나라를 대표하는 경우도 있다.

오늘날 주요리하면 앙트레(Entree)를 연상하고 있으나 사실은 프랑스식 정찬요리에서는 세번째 제공되는 요리로서 에피타이저(Appetizer)와 수프(Soup) 다음으로 육류가 제공되기 전에 소스와 함께 팀발(Timbal)이나 작은 파테(Small Pate)를 서브하던 것이 역사의 변천과 함께 요리에도 변화가 일어나 코스가 단순화되고 그 종류도 줄어들면서 주요리화 되었다.

중세기에 앙트레는 굴타트(Oyster Tarts), 육류를 갈아서 만든 파테(Pate) 또는 테린(Terrine)이나 치즈그라탕(Cheese ramekins)과 같은 요리들이 앙트레로 제공되다가, 조금씩 변화되면서 갑각류와 생선, 캐비아(Caviar), 마카로니(Macaroni), 스파게티(Spaghetti) 등 여러가지 요리로 발전되었다.

얼마 전까지만 해도 메인코스에 사용되는 재료는 주재료와 곁들임 재료간 구분이 뚜렷하였는데 오늘날에는 어느 것이 완전하게 주재료인지 알 수 없을 정도로 2~4 가지 정도의 재료를 적당하게 섞어 쓰는 조리법이 눈에 띄게 늘어났다.

예를들어 하나의 주요리에 송아지안심(Veal Tenderloin)과 사슴고기(Venison)를 같은 크기로 사용한다던가 아니면 소안심(Beef Tenderloin)과 바닷가재(Lobster), 새우(Prawn)와 같은 갑각류, 생선 할것 없이 곁들여 사용하는 것이 마치 유행처럼 접시에 오르내리고 있다.

어떤 면으로 볼 때는 고정관념을 깨는 조리방법이고 한편으로는 하나의 요리에 여러가지 맛을 경험하고 싶어하는 고객의 욕구를 충족시키기 위한 방법으로 풀이된다.

소고기 요리

기금류 요리

생선 요리

주철후라이팬

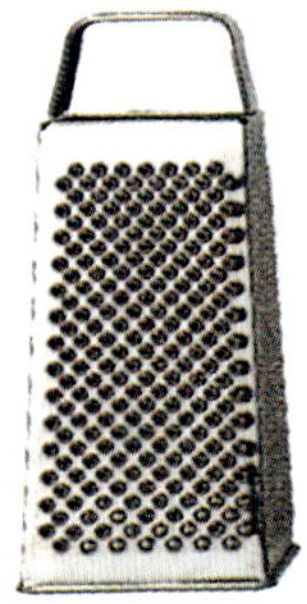

그레이터

후라이팬

작은도마

카빙칼

스패치

다목적칼

조리용아미스푼

쇠꼬챙이

굵은실

1. 주요리를 만들기 위한 기구(Equipment For Main dish)

요리를 만들기 위한 재료의 선택은 매우 광범위하나 그 재료를 다루는 기기는 꼭 복잡하거나 가격이 비싼 기계일 필요는 없다. 우리가 주방에서 흔히 사용하고 있는 칼만으로도 고기를 자르거나 다듬고, 잘게 썰고, 여러 가지 모양으로 만들 수 있다. 최근 들어서는 육류나 생선할 것 없이 대부분 1차적인 손질을 하여 공급되므로 불필요한 잔업무를 없애주어 보다 효율적으로 원가를 절감할 수 있게 되었다.

그러나 조금만 더 깊이 들어가면 전문식당에서 한꺼번에 많은 양의 요리를 준비하고 업무진행을 효과적으로 하기 위해서는 좀더 전문적인 기구들이 필요하게 된다. 가령 뼈를 제거하기 위한 뼈제거칼(Boning Knife)은 뼈에 붙어 있는 살점을 보다 더 완벽하게 제거하는데 도움을 주고, 스테이크(Steak)를 보기좋게 만들기 위해서는 요리용 망치가 필요하게 된다.

닭이나 오리와 같이 뼈를 그대로 사용하는 가금류의 경우 일반칼을 사용해도 되지만 망치칼(Cleaver)을 사용하면 더욱 쉽게 작업을 할 수 있다. 또한 카아빙나이프(Carving Knife)는 요리가 된 육류덩어리나 생선을 얇게 써는데 매우 유용하기 때문에 하나 정도 비치하면 연회행사나 출장파티에서도 다양하게 쓸 수 있다.

커다란 크기의 육류를 굽기 위해서는 로스팅팬(Roastingpan)과 오븐(Oven)이 필요한데 오븐은 기본적으로 스토브와 함께 있는 경우가 많고 로스팅팬은 약간의 깊이와 열전달이 비교적 골고루 전달될 수 있는 두꺼운 알루미늄이 적격이다. 재료가 알맞게 조리되었는지를 알아보기 위해서는 쇠로 된 온도계가 있어야 하는데 온도를 잴 때는 재료의 중앙에 바로 꽂아 온도를 측정해야 한다. 육류를 개별적으로 굽는데는 무엇보다도 소테팬(Saute pan)과 프라이팬(Frying Pan)이 필수적인데 사용시 재료가 표면에 들러붙지 않도록 평소에 좋은 상태를 유지하는 것이 바람직하다.

최근에는 멕시칸요리가 유행하고 있는데 멕시칸요리 중에 케밥(Kebabs)은 커다란 꼬챙이에 육류나 야채 등을 꽂아 양념을 한 다음 조리하는 것으로 쇠꼬챙이(Skewer)가 있어야 하고, 육류를 갈아서 테린이나 파테를 만들기 위해서는 육류를 갈아주는 분쇄기(Mincer) 또는 프로세서(Processor)가 있으면 보다 넓은 범위의 요리를 메뉴에 올릴 수 있다.

그밖에도 그릴(Grill)이나 스모커(Smoker)같은 기구들을 겸비하고 있으면 더 말할 나위 없이 좋겠지만 무엇보다도 중요한 것은 기계의 용량이나 비용이 그 요리를 생산하는데 경제적인가를 먼저 고려한 후에 구입하는 것이 바람직하다.

현대에 와서는 조리기계들이 여러가지 다양한 기능들을 갖추고 있는데 이러한 기능들을 충분히 이용하지 못하면 그만큼 보이지 않는 비용이 소요되고 있음을 조리장들은 인식해야 한다. 하지만 굳이 가격이 비싸지 않고 작은 기구라 할지라도 매우 유용하게 쓸 수 있는 것이 많으므로 매사에 조금씩 준비하는 것이 조리장의 역할이다.

2. 주요리를 위한 재료선택(Choose For Main Dishes)

주요리를 만들기 위한 재료는 선택기준이 따로 있는 것이 아니다. 다만 주요리가 가지고 있는 기능을 깊이 생각하여 특색있는 재료를 선택하면 되는데, 보통 육류나 생선을 주재료로 사용하고 있다.

육류는 흔히 로스팅(Roasting)이나 그릴(Grill), 스테이크(Steak)와 같은 방식으로 고객에게 제공되는 것이 일반화되었다. 그렇지만 조금만 더 자세하게 살펴보면 육류만 조리된 것이 아니라 향이나 맛을 첨가하기 위한 여러가지 재료들이 조화를 이루고 있는데 그 중에서 가장 중요한 요소가 향신료인 허브(Herb)의 사용이라 할 수 있다.

육류에 사용하는 허브는 여러분들도 잘 알고 있는 파슬리(Parsley), 다임(Thyme), 커리앤더(Coriander), 오레가노(Oregano), 세이지(Sages)가 대표적이며, 특히 양고기와 어울리는 로즈마리(Rosemary)와 민트(Mint)를 빼놓을 수 없다.

이와같은 신선한 허브 외에도 말려서 사용되는 카라웨이(Caraway), 넛멕(Nutmeg), 메이스(Mace), 큐민(Cumin), 파프리카(Paprika), 클로브(Cloves)와 같은 향신료(Spices) 또한 다양한 쓰임새로 육류에 이용하고 있다.

이렇게 향신료와 허브를 사용하는 목적은 저장기술이 발달하기 이전에 육류를 저장하기 위하여 해충이나 부패방지로 재료를 오랜시간 동안 보관하기 위하여 사용하였으나 차츰 그 맛에 익숙해지면서 조리방법이 일부로 개선되어 왔다. 특히 독특한 냄새를 포함하고 있는 사슴(Venison), 양고기(Lamb)와 같은 육류에는 냄새를 제거하려는 목적으로 많이 사용하고 있다.

향신료를 사용할 때에는 기름과 함께 육류를 절여두거나 소금 또는 물을 사용하여 육류 전체에 골고루 향이 스며들도록 하는 것이 중요한데 가능한한 충분한 시간을 두고 준비작업을 하는 것이 바람직하다. 특히 마른 향신료를 사용하는 경우에는 그 향신료에서 맛이 충분히 우러날 수 있도록 조리의 처음 과정에 사용하는 것이 바람직하고 허브와 같이 바로 향이 살아나는 재료는 조리의 마지막 단계에서 첨가해주면 효과를 극대화할 수 있다.

최근에 와서는 우리나라에서도 비교적 허브의 연중 생산이 가능해지면서 허브의 사용이 급증하는데, 굳이 이러한 허브만을 고집할 필요없이 우리 주위에서 쉽게 구할 수 있는 고유의 향신료인 생강이나 산초, 또는 감

거리앤더

로즈마리

타라곤

송아지오소보코

뼈있는 돼지등심

서양가지

감자

고구마

양다리

오이

애호박

로마토마토

초 등을 돼지고기나 닭고기 조리시에 사용하면 더욱 좋을 것이다.

육류요리는 육류만 제공되는 것이 아니라 여러가지 야채와 함께 제공되는 것이 필수적이다. 우리는, 서양요리에 사용되는 야채하면 삼색야채(붉은색, 푸른색, 흰색)만을 생각하는데 고정관념에서 벗어나 여러가지 다른 야채를 사용해 보는 것도 요리에 변화를 주는 한 기법이다.

주요리에 야채를 곁들이는 것은 주요리가 영양적인 면이나 맛에서도 완벽한 조화를 이루게 하기 위함이다. 흔히들 곁들임 야채는 비타민과 탄수화물, 당질을 포함하는 것을 원칙으로 한다고 하나 현대에 와서는 주로 성인병이나 비만인 체질이 많아 주요리에 야채의 비율이 높아져 이러한 영양적 균형보다는 체질개선을 위해 야채를 보다 많이 섭취하려는 고객의 욕구변화에 따른 것이라 볼 수 있다.

곁들임 야채는 전통적으로 사용해오던 감자(Potatoes), 당근(Carrots), 애호박(Summer Sqash), 아스파라거스(Asparagus), 브로콜리(Broccoli), 콜리플라워(Cauliflower)와 같은 재료들도 있지만 동양요리에 사용하고 있는 연근(Lotus Root)이나 대파(Green Onion), 오이(Cucumber)도 자주 접시에 나타나고 있어 이제는 요리가 어느 한 지역에만 국한된 것이 아니라는 것을 실감하게 되었다.

주요리에 곁들임을 좀더 확대하여 볼 때 과일을 조리하여 사용하면 더욱 좋은데 우리나라와 같이 사계절이 뚜렷한 지역에서는 과일의 특성을 이용해 요리의 분위기를 살릴 수 있다. 한 예로 요즘에 생산이 급증하고 있는 금귤(Quamquet), 귤(Mandarine Orange)을 여러가지 향신료와 함께 절여 가금류나 게임류(Games)에 곁들이면 더없이 훌륭한 조화를 이룬다.

주요리 조리시 빠뜨릴 수 없는 것 중에 하나가 바로 알콜음료의 사용인데, 요리를 하는 사람들은 대부분이 자신만이 사용하는 독특한 재료를 하나둘씩 비밀처럼 가지고 있는 것이 특징이다. 청주나 정종 또는 소주를 비롯하여 최근에는 딸기주나 과일주도 조리시에 첨가하는 것을 많이 볼 수 있다. 이렇게 술을 조리시 사용하는 것은 육류나 생선을 조리할 때 발생하는 좋지않은 냄새를 제거하고 풍미를 돋구기 위한 목적이다.

가령 생선 비린내를 제거하거나 육류의 냄새제거가 그 대표적인 예인데 알코올이 열에 의하여 빠른 속도로 분해되면서 다른 냄새들도 함께 제거되는 효과를 이용한 조리법이다. 하지만 이것 외에도 요리의 풍미를 돋구려는 의도에서 포도주나 리큐르 종류를 사용하는데 재료에 따라서 조리시작과 중간 또는 마무리 단계에서 사용한다. 흔히들 육류는 붉은 포도주(Red Wine), 생선은 백포도주(White Wine)를 가미한다고 하는데 기본적인 이유는 붉은 포도주는 졸이게 되면 풍미와 향이 진하게 되고 육류의 맛을 돋구어준다.

반면 백포도주는 졸이게 되면 신맛과 쓴맛이 열에 의해서 없어지고 생선의 향과 어울리게 되기 때문이다 그렇지만 이제는 그러한 원칙보다는 조리장의 개성과 고객의 취향에 의존한다고 볼 수 있다. 최근에는 우유가공품들이 주요리 소스나 향을 돋구기 위해서 사용되는 것을 자주 볼 수 있는데 사워크림(Sour Cream)과 요거트(Yogurt)가 대표적으로, 영양학적인 가치면에서도 높이 평가할 수 있다.

3. 주요리를 만들기 위한 기초기술
(Basic Techniques of Main dish)

삼겹살

여러가지 재료들을 다루다 보면 저마다의 특성들을 조금씩 지니고 있다. 재료를 손질하는 시작부터 조리과정, 마무리과정 등 어느 하나 소홀할 수 없는 부분들이다. 실력이 있는 조리장은 하루아침에 이루어지는 것이 결코 아니다. 여러 과정 하나하나를 차근차근 익히고 때에 따라서는 실수가 새로운 기술을 익히는 기회가 되고 그러면서 시간이 지나다 보면 어느새 경륜이 쌓여 훌륭한 조리장이 되는 것이다.

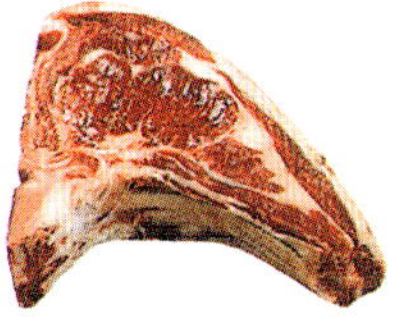

소갈비스테이크

(1) 1 차손질

먼저 주요리를 만들기 위해서는 육류나 생선을 1 차적으로 다듬는 작업을 해야 하는데 가금류의 경우 부위별로 구분이 분명하기 때문에 정확한 칼질로 한 두 번에 분리를 해야 한다. 가령 닭가슴살을 떼어내기 위해 여러 번 칼질을 하게되면 조리시 모양이 흐트러져 처음 생각했던 대로 요리를 완성시킬 수 없게 된다.

뼈를 제거한 소등심

요리의 모양을 좋게 하려면 뼈의 상태를 상하지 않도록 하여 좀더 분위기를 연출할 수 있는데, 닭가슴살(Chicken Breast)과 양갈비(Lamb Chop)는 살점과 뼈사이를 구분하여 보기도 좋고 먹기에도 편리하도록 뼈의 기능을 살린 좋은 예라 할 수 있다.

주요리를 할 때 커다란 고기덩어리를 요리별로 구분하여 쓸 때가 있는데, 크기의 순서별로 작업을 하는 것이 육류의 낭비를 줄일 수 있다. 예를 들어 로스팅(Roasting)을 하는 것과 스테이크(Steak), 스튜(Stew), 햄버거(Hamburger)용으로 육류의 크기별로 순서를 정하게 되면 실수를 하였다 할지라도 다른 용도로 사용이 가능하기 때문이다.

자연마블링이 된 쇠고기

이에 덧붙여서 로스팅을 위한 육류는 주위에 지방질을 모두 제거하지 말고 어느 정도 남겨 조리시 기름에 의한 바딩(Boding : 로스팅할 때 기름이 흐르며 고기주위를 감싸서 마르는 것을 방지하고 육질에 수분증발을 억제하는 조리법)이 이루어질 수 있도록 고려해야 한다.

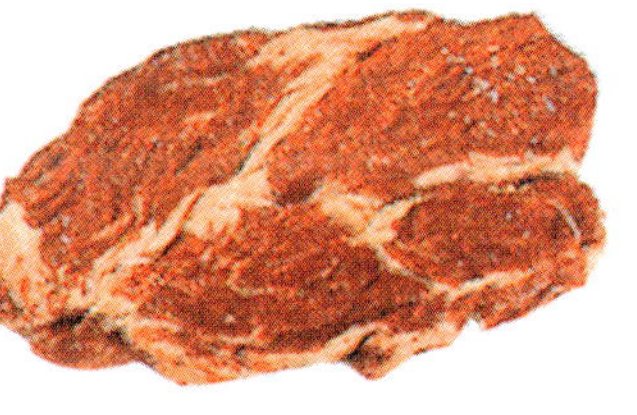

그레이징 스테이크

고전적인 요리방법에서는 마블링(Marbling : 육질에 지방분이 분포되어 있는 정도와 모양)이 부족한 육류(특히 쇠등심, 안심, 사태 등)에 지방을 인위적으로 삽입시켜 육질에 지방성분을 높였으나 최근에는 성인병 또는 고혈압 등에 작용하는 콜레스테롤에 대한 관심이 높아지면서 이러한 조리방법을 기피하는 경향이 있다.

육류를 개별화 할 때에도 몇 가지 고려해야 할 사항이 있는데, 안심이나 등심의 경우 윗(Head)부분과 끝부분(Tip)은 스테이크의 모양이 제대로 나오지 않으므로 최대한 사용한 다음 나머지는 스튜나 찹 스테이크(Chop Steak)로 활용하는 것이 효율적이다.

쇠고기 방심

생선의 경우 필렛(Fillet)뜨기가 가장 중요한 작업 중의 하나로, 생선살은 육류와 달라 쉽게 부서지고 흐트러지기 때문에 조심해서 다루는 것은 물론이고 뼈와 살 사이를 날카로운 칼로 완전히 분리하고 가능한한 살점이 다치지 않도록 해야 한다. 생선은 종류에 따라서 필렛 뜨는 방법이 다르나 일반적으로 3 장뜨기에서 5 장뜨기 형식을 쓰는데 흰살생선의 뼈는 스톡

소안심

육류석쇠굽기

야채굽기

(Stock) 생산의 원료이므로 발생한 뼈는 지느러미와 내장부분을 제거하고 모아서 냉동시키거나 바로 스톡생산을 하는 것이 경제적이다. 새우나 가재의 경우도 껍질이나 머리부분은 따로 모아 수프나 소스 생산에 이용하면 된다.

큰새우를 손질할 때에는 작고 날카로운 꼬챙이를 이용하여 내장을 제거하고 요리할 때 구부러지는 것을 막기 위해서 배쪽에 3~4 번 정도 칼집을 넣어준다. 가르기를 할 때는 배쪽보다는 등쪽을 선택하여 가르는 것이 요리가 완성되었을 때 모양이 보기 좋다.

(2) 조리방법의 선택 (Cooking Methods)

조리방법에는 건식열조리방법(Dry-Heat Cooking Method)과 습식조리방법(Moist-Heat Cooking Method), 이 두 가지를 혼합하는 복합열조리방법(Combination Cooking Method)으로 구분할 수 있다. 어떠한 조리방법을 선택할 것인가는 어디까지나 요리의 특성, 제공방식, 재료의 상태, 조리기구 보유현황 등을 고려해서 결정하게 된다.

조리방법의 선택은 조리를 끝냈을 때의 결과에 대해서 예측하고 그 조리방법을 사용하는 이유를 명확하게 이해해야 한다. 특히 조리방법은 조리가 이루어지는 기구사용방법에도 영향을 받게 된다. 예를들어 소테를 한다고 가정할 경우 팬에 기름을 두르고 열이 충분히 가해진 다음 조리를 시작해야 한다.

이때 열이 충분히 가해진다고 하는 것은 기름에서 연기가 발생할 때를 말하는데, 이때에도 기름이 너무 많아서는 안된다. 또한 소테에 사용되는 팬의 밑바닥 두께가 너무 얇아 온도가 순식간에 변하는 것을 막아줄 수 있어야 한다. 따라서 어느 정도 두꺼운 바닥을 가진 프라이팬을 이용하는 것이 바람직하다.

1) 건식열을 이용하는 경우

우리가 흔히 말하는 굽기는 건식열 조리방법의 대표적인 것으로 그릴(Grill), 브로일링(Broilling), 바비큐(Barbecuing) 등이 모두 포함된다. 건식열 조리법은 조리시에 재료의 부드러움에는 영향을 주지 못하므로 건식열을 사용하는 재료는 그 자체가 충분히 부드럽고 먹기에 편리해야 한다.

따라서 건식열을 이용하기 전에 재료를 기름에 바딩(Barding)하거나 다른 양념에 마리네이드(Marinating) 할 수 있다. 특히 굽고 있는 중에도 재료가 필요 이상으로 마르는 것을 막아주기 위해서 브러쉬(Brush)를 이용하여 기름을 발라주는 것도 중요하다.

건식열조리법을 사용하기 전에 재료에 대한 종류, 자르는 방법, 특성, 맛의 변화, 육류의 경우 지방함유정도, 크기, 모양 등등 조리시 발생하는 상황을 충분히 고려한 다음 실시해야 한다. 일반적으로 생선이나 흰살육류의 경우 완전히 익히는 것이 기본이나 붉은육류(Red Meats)에 대하여는 그 굽기의 정도를 조절하여 약간익힘과 중간익힘, 완전히익힘 등으로 구분한다. 이러한 조리법은 주로 스테이크(Steak)에 적용된다.

스테이크란 일반적으로 쇠고기를 덩어리로 잘라 구워서 먹는 것으로 프랑스에서는 말고기(Horsemeat)도 같은 뜻으로 해석한다. 스테이크가 프랑스에 전해진 것은 그 유명한 워털루전투(Battle of Wateroo)에서 영국군에 의해서 프랑스에 소개되었다고 한다.

블루(blue)

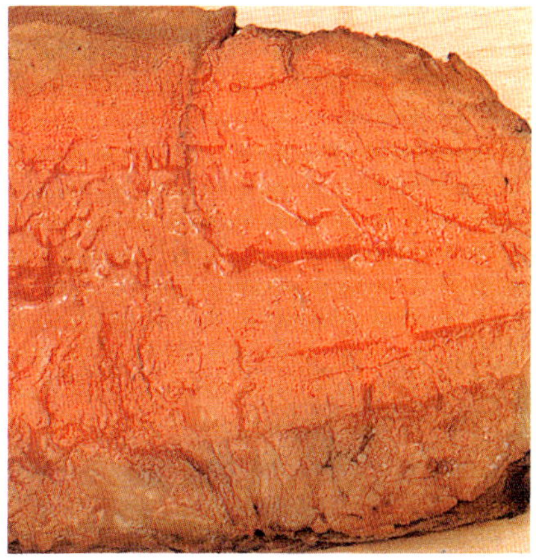

레어(rare)

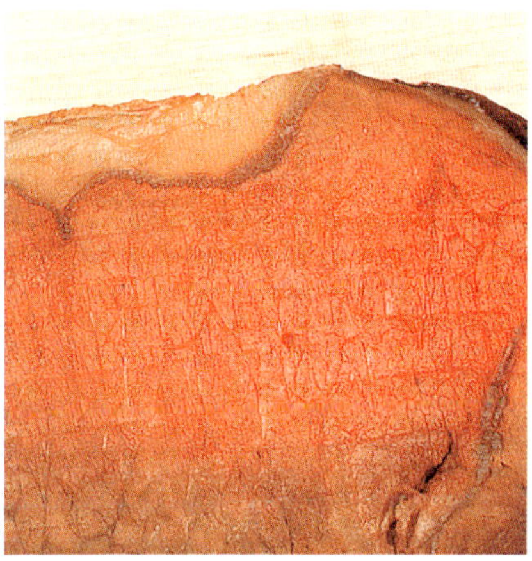

미디엄(medium)

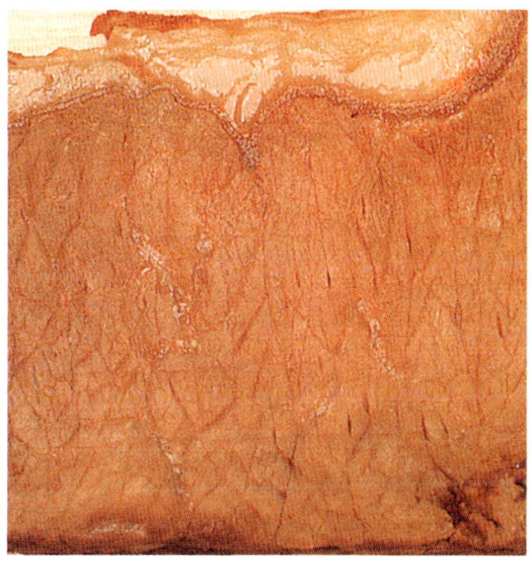

웰던(well-done)

스테이크에서 중요시하는 굽기의 정도는 크게 네 가지로 구분하는데, 고기의 표면만을 익히고 내부에 약간의 온기만을 주는 블루(Blue), 스테이크의 두께를 5 등분으로 나누었을 때 위와 아래 2/5 정도만을 익혀 내부에 선홍색을 띠는 상태를 레어(Rare), 스테이크의 두께를 3 등분하였을 때 약 2/3 정도를 익혀 육질 내에 주스가 그대로 배여 있으며, 핑크색을 띠는 상태를 미디엄(Medium), 스테이크가 내부까지 익었지만 육즙이 그대로 유지되고, 연한 갈색으로 변해가는 상태를 웰던(Welldone)으로 구분한다.

2) 습식열을 이용하는 방법

습식열조리방법은 증기찌기(Steaming), 삶기(Poaching), 은근히 끓이기(Simme-ring)와 끓이기(Boiling) 등 건식열조리법과는 조리결과가 향, 맛, 요리의 모양에 있어서 확연하게 구분된다. 습식조리법은 주로 향이나 맛이 단순하고 섬세한 육질을 가지고 있거나 자연적으로 부드러운 재료를 조리할 때 많이 사용된다.

습식조리법에서 중요한 것은 조리매개체인 물, 즉 액체를 어떠한 것을 사용하는가가 중요한 요소이다. 재료에 중점을 둘 것인가 그렇지 않으면 그 재료를 익히는 국물에 중점을 둘 것인가를 결정해야 하는데, 일반적으로 오랜시간 익히는 것은 재료에서 국물로 맛을 빼내기 위한 목적이 많고, 단시간 조리하는 것은 대체로 국물에 의해서 재료에 맛이 들도록 하기 위

브로콜리 증기찌기

가자미 포칭하기

한 목적이다.

그밖에도 증기를 사용할 경우에 재료가 직접 국물에 닿지 않으므로 재료의 모양이 흐트러지는 것을 막을 수 있고 재료 속에 포함되어 있는 영양분이 수분에 의해서 손실되지 않는다는 장점이 있다.

습식열조리법 중에서 대표적인 것으로 끓이기(Boiling), 삶기(Poaching), 은근히 끓이기(Simmering)가 있다. 우리는 흔히 이 세 가지 조리법을 이해하는데 있어서 다소 구분이 안되어 혼동되는 수가 많다. 하지만 다음과 같이 이해하면 쉽게 구분될 수 있다.

먼저 끓이기와 은근히 끓이기는 끓는 속도에 중점을 두는데 확연하게 구분이 된다. 예를들어 액체에 열을 가하면 눈에 보이지 않을 정도로 대류현상이 일어나다가 끓기 시작하면 대류현상이 격해지면서 용솟음이 빨라지고 회전이 일어나게 된다. 이때에 불의 세기를 줄이면 액체는 다시 움직임이 둔해지며, 눈에 보일 정도로 액체의 움직임이 천천히 일어나게 되는데 이 상태를 유지시켜 주는 것이 바로 은근히 끓이기(Simmering)이다. 따라서 끓이기(Boiling)는 액체의 움직임이 은근히 끓이기보다 격하고 회전이 빠른 상태를 일컫는다.

또한 삶기(Poaching)는 액체의 움직임이 거의 눈에 보이지 않는 상태에서 재료를 익혀내는 조리법으로 주로 생선이나 달걀과 같이 액체의 움직임이 격해지면 요리재료가 흐트러질 수 있다. 재료입자가 미세한 것을 익히기 위해서는 센불일 경우 재료 속에 포함되어 있는 공기방울이 활성화되기 때문에 요리품질에 영향을 미치게 된다.

따라서 이때에도 액체의 온도를 60～85℃ 사이에 두고 조리함으로써 재료 속에 포함되어 있는 공기팽창을 최소화하여 재료외형이 변화되는 것을 방지할 수 있다.

주요리에 사용되는 일반적인 육류 (Meat Entree)

1. 쇠고기 (Beef)

쇠고기야말로 서양요리에서 주요리 부분을 차지하는 비중이 가장 크다고 볼 수 있다. 쇠고기는 도체의 크기가 다른 육류에 비하여 큰 것은 물론이거니와 부위별로 육질의 차이가 현저하여 각기 다른 특성을 가지고 요리를 만들어 낼 수 있다.

현재 우리나라의 쇠고기 소비량도 몇 년 전부터 급속하게 증가하는 추세에 있다. 이에 비해 미국에서는 쇠고기의 소비량이 줄어들고 있는 추세라고는 하지만 육류의 전체소비량에서 차지하는 비율은 역시 단연코 쇠고기가 높은 비율을 차지하고 있다.

미국인들이 즐겨먹는 쇠고기는 육류생산을 목적으로 사육된 암소와 송아지가 주류를 이루고 있다. 그것은 이들이 함유하고 있는 살코기가 기름기를 제거한 상태이고 나이가 든 다른 소들보다 비교적 지방 함량이 낮기 때문이다.

쇠고기 생산을 위한 도체는 처리하기에 보다 용이하도록 1차로 4등분하는데 등뼈를 따라서 대칭을 이루고 있으므로 4등분을 한다하여도 결과적으로는 2등분이 된다. 2등분이 된 것을 앞부분과 중간부분, 뒷부분으로 나눈다. 이것을 다시 기본적인 사용용도에 따라 어깨살(Chuck), 앞다리살(Brisket and Shank), 갈비살(Rib), 앞양짓살(Short Plate), 뒷양짓살(Flank), 앞등심(Short Loin), 뒷등심(Sirloin)과 엉덩이살(Round)로 구분한다.

도체는 등뼈와 다른 뼈의 위치에 따라서 기본적인 덩어리로 분리한다. 쇠고기를 구분할 때 이와같이 뼈의 위치를 대단히 중요시하는데, 작업구분과 육질을 선정하는 기준이 되기 때문이다. 일반적으로 쇠고기 생산을 위한 도체는 500～800 파운드(225～360 kg) 내에 있는 2～3세 된 소의 도체를 선별한다.

(1) 어깨살 (Chuck)

어깨살은 도체의 약 26％를 차지하고 있으며, 앞다리 위쪽을 포함하여 다섯개 정도의 갈비뼈와 등뼈, 어깨쪽의 칼날과 같은 뼈가 속해 있다. 소는 앞다리를 많이 사용하기 때문에 이 부분에 섬유질이 강한 근육과 힘줄을 상당량 함유하고 있다. 이와같이 발달된 근육은 쇠고기향이 가장 풍부

어깨살

한 부분이기도 하다. 어깨살을 커다란 덩어리로 조리하기는 매우 곤란하다.

그것은 어깨살의 근육이 작은 덩어리로 서로 뭉쳐 있어 쉽게 썰어지지 않기 때문이다. 뿐만 아니라 부분적으로 뼈를 포함하고 있어 원하고자 하는 요리의 모양을 내기 힘들다. 그러므로 어깨살은 가슴부위와 앞쪽부분을 서로 떼어내어 가슴쪽은 구이, 앞쪽은 물리적인 가공으로 부드럽게 만든 다음 스테이크(Steak)로, 더 질긴 부분은 갈아서 사용한다. 다만 스튜(Stew)와 같이 오랜시간 조리를 하면 어느 정도 단단한 육질도 맛있는 요리를 생산할 수 있다.

(2) **앞다리살** (Brisket and Shank)

앞다리살은 무릎관절위로부터 어깨 바로 밑부분까지를 말하며, 도체의 약 8 % 를 차지하고 있다. 앞다리살은 위쪽으로 도체의 가슴앞부분, 즉 갈비뼈와 가슴뼈, 앞다리뼈를 포함하고 있다. 앞다리살을 조리용으로 다듬을 때는 항상 가슴부분과 갈비부분을 따로 떼어서 사용한다.

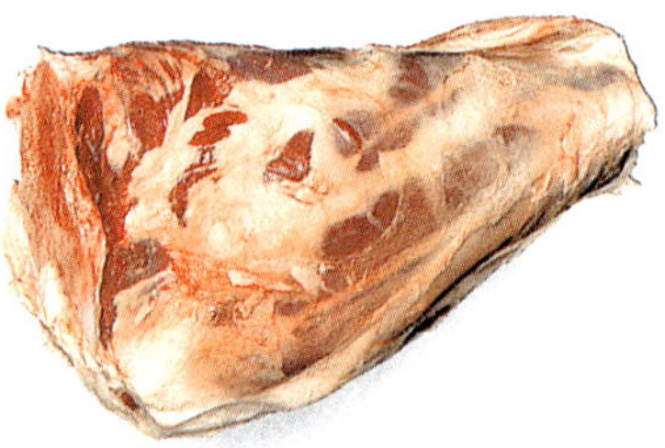

앞다리살

뼈를 제거한 앞다리살은 대단히 질기고 단단한 지방을 상당량 함유하고 있다. 따라서 앞다리살을 조리할 때에는 습식열과 건식열을 복합하여 오랜시간 동안 조리하는 것이 육질을 부드럽게 할 수 있는 방법이다. 앞다리살의 가슴쪽은 수염법(물속에 양념을 하여 절이는 방법)을 이용하여 콘비프(Corned Beef)로 만들거나 페퍼와 파프리카를 뿌려 저장하기 위한 목적으로 패스트라미(Pastrami)를 만든다.

앞다리살은 아교질(Collagen)을 다량 함유하고 있다. 이 성분은 물과 함께 오랜시간 조리하면 젤라틴(Gelatin)으로 변화되는데, 쇠고기향이 풍부하여 수프(Soup)와 스톡(Stock)생산에 매우 적합한 부분이다. 뿐만 아니라 고기를 갈아서 콘소메(Consomme) 생산에 사용하면 향과 아교질이 풍부한 질 좋은 맑은 수프를 얻을 수 있다.

(3) **갈비살** (Rib)

갈비살은 등뼈를 따라서 6～12 번 갈비뼈를 중심으로 형성된 육질을 갈비살이라 하며, 도체의 약 12 % 를 차지하고 있다. 이 부분은 덩어리로 조리하여 상품화할 수 있는 육질과 모양을 갖추고 있어 구이용 등심(Rib Roast)으로 더 알려져 있다.

일반적으로 소의 가슴 부분은 운동의 영향을 비교적 적게 받기 때문에 육질이 다른 부위에 비하여 부드럽다. 뿐만 아니라 육질 사이사이로 지방의 함량이 고르게 분포하여 육류의 등급을 나타내는 마블링(Marbling) 현상이 두드러진다. 따라서 전체적으로 살집이 깊고 향이 좋아 스테이크(Steak)와 구이(Roast)를 목적으로 생산한다. 물론 등쪽으로는 살집이 깊어 덩어리로 조리하는 것이 효율적이고, 아랫쪽으로는 뼈를 포함하여 바비큐(Babecu)와 같은 요리의 재료로 사용하면 더욱 효과적이다.

뼈를 제거한 양짓살

(4) **양짓살** (Short Plate)

양짓살은 앞등심을 축으로 하여 바로 아랫부분을 말한다. 도체의 약 7 % 를 차지하고 있어 그리 많은 양이 생산되지는 않는다. 앞갈비살 밑부분을 바쳐주고 있는 상태로 육질이 마치 줄을 긋는 듯 늘어져 있으며, 사이사이에 가는 힘줄이 근육을 따라서 이루어져 있다. 우리나라에서는 육질이 늘어져 있는 형상을 하고 있어 치맛살이라고도 하며, 육계장이나 우거지탕에 잘게 찢어 넣기도 한다.

서양요리에서는 양념을 하여 브레이징(Braising)이나 적당하게 썰어 석쇠구이(Grill) 조리법을 이용한다. 다만 모양이나 크기가 일정하게 나오지 않는 때문에 어느 정도의 지방을 제거하고 갈아서 요리에 이용한다.

(5) 뒷등심 (Short Loin)

일반적으로 도체의 허리부분을 절반으로 분리했을 때 앞쪽과 뒷쪽을 나누어 사용목적별로 개별화하는데, 서양요리에서는 뒷부분이 요리에 가장 많이 쓰이고 있다. 도체의 뒷부분에는 육질이 좋은 등심을 비롯하여 스테이크(Steak)로 가장 선호되는 안심을 포함하고 있기 때문이다. 이 부분이 차지하는 도체에서의 비율은 8 % 에 지나지 않지만 쓰임새는 매우 다양하다. 따라서 도체 중 다른 부위에 비해 가격이 비싼 것도 이러한 이유 때문이다.

뒷등심

뒷쪽등심은 근육의 형태가 마치 눈과 같은 모양을 하고 있어 립아이(Ribeye)라고도 불리우는데 이것이 등뼈를 따라 이어져 있다. 그 아랫쪽으로 안심(Tenderloin)을 포함하고 있으며, 등뼈를 따라 있는 모습이 단면을 내었을 때 T 자를 연상케 하므로 T-Bone 이라고도 한다. 그렇지만 실제로 티본 스테이크(T-Bone Steak)에는 안심비율이 얼마되지 않으며 그 뒤로 갈수록 포터하우스 스테이크(Porterhouse Steak)가 비교적 많은 부분에 안심을 포함하고 있다.

뒷등심쪽에서 가장 실용적으로 사용되는 것이 바로 안심인데, 앞에서 언급한 티본이나 포터하우스에서 안심만을 따로 떼어내 스테이크로 이용하는 것이다.

안심의 가장 큰 장점은 안심이 위치한 곳이 운동영향을 받지 않아 육질이 매우 부드럽고 그 모양이 요리개별화를 하기에 적합한 형태를 갖추고 있다는 것이다. 다만 도체 한 마리 당 생산량이 5 kg 를 전후 밖에 되지 않으므로 가격이 비싼 것이 흠이다.

안심의 이용은 서양요리에서 유명한 샤또브리앙(Chateaubriand), 필렛미뇽(Filet mignon)과 토네도스(Tournedos)와 같은 스테이크가 주류를 이루고 있다.

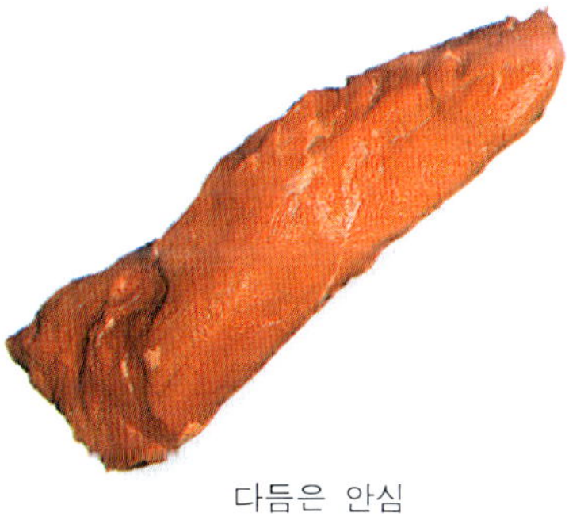
다듬은 안심

(6) 아랫등심 (Sirloin)

아랫등심은 등심 중에서도 엉덩이살 쪽으로 뻗어있는 부분을 말한다. 즉 뒷등심(Short Loin)과 엉덩이살(Round) 사이에 위치하며, 도체의 약 6 % 를 차지하고 있다. 뒷쪽으로 뻗어 내려온 등뼈와 엉덩이뼈와 붙어 있는데 뼈를 제거했을 때는 뒷등심과 비슷한 모양을 하고 있으나 전체적인 크기나 두께에서 뒷등심보다는 비교적 적다.

아랫등심을 이용한 요리는 뼈를 붙이거나 제거해서 덩어리째 로스트(Roast)하면 쇠고기 본래의 맛을 충분히 느낄 수 있다. 아랫등심 역시 운동량의 영향을 비교적 적게 받는 편이어서 육질이 부드럽다. 물론 안심보다는 육질이나 부드러움면에서 다소 뒤지지만 육류를 즐기는 사람들은 안심의 부드러움보다는 지방과 섬유질이 복합된 아랫등심(Sirloin)맛을 더좋아하기도 한다. 아랫등심을 조리하는 방법으로 철판구이(Broiling), 석쇠

엉덩이살

구이(Grilling), 로스팅(Roasting)과 같은 건식열을 주로 이용한다. 개별요리를 하기 위해서는 1인분씩 잘라서 조리하는 것보다는 덩어리째 구워서 제공하면 육즙의 손실이나 향을 제대로 살릴 수 있다.

(7) **옆구리살** (Flank Steak)

옆구리살은 양짓살과 비슷한 근육구조를 가지고 있다. 등심과 연결된 아랫배쪽 부분으로 도체의 4.5~6%를 차지하고 있다. 근육은 줄무늬형태로 늘어져 있으며, 지방을 제거하면 납작한 형태로 뼈를 포함하지는 않는다. 육질이 결로 뚜렷하게 이루어져 있으므로 비교적 질긴 편이지만 쇠고기의 독특한 향을 지니고 있다.

옆구리살을 조리하기 위해서는 기계적으로 잘게 썰어 사용하거나 갈아서 콘소메(Consomme)와 같은 향을 목적으로 하는 요리에 이용하면 좋다. 옆구리살 중에는 작은 안심이라 불릴 정도로 부드러운 부분도 있는데 마치 커텐처럼 주름이 있어 커텐안심(Hanging Tenderloin)이라 불리기도 한다. 이 부위는 어떤 조리법을 가해도 좋은 맛을 낼 수 있다.

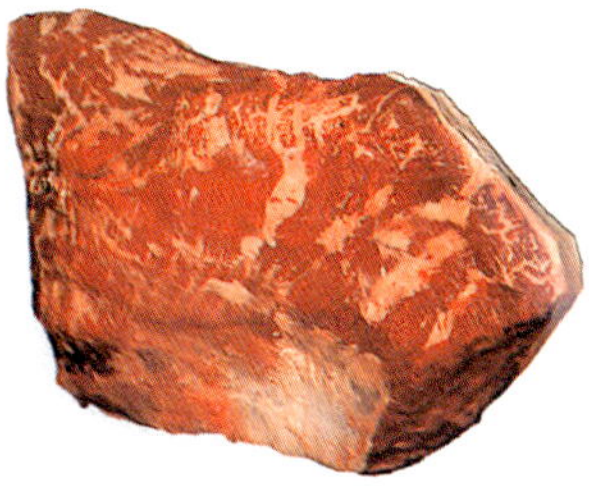

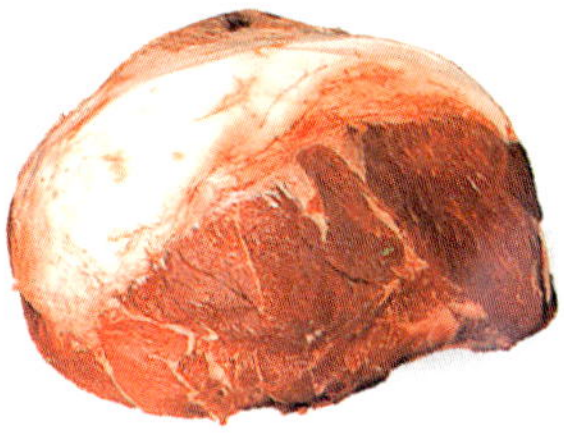

엉덩이살

(8) **엉덩이살** (Round)

도체 중에서 생산량이 가장 많다. 360 kg 짜리 도체를 작업하면 약 25%인 90~100 kg에 달하는 엉덩이살이 생산된다. 엉덩이살은 뒷다리살과 정강이살을 포함하고 있는데 엉덩이살을 자세히 보면 근육막에 의해서 여러 갈래로 나뉘어져 탑라운드(Top Round), 아웃사이드 라운드(Outside Round), 아이라운드(Eye Round), 무릎고기(Knuckle and Shank)와 같이 몇 가지로 구분하고 있다. 육질의 분포는 비슷하게 나타나는데 다만 아랫쪽으로 갈수록 근육과 뼈를 연결하는 힘줄의 분포도가 높아 아교질 함유가 높게 나타난다.

엉덩이살은 운동량의 영향으로 근육덩어리가 크게 분포하여 스테이크용으로는 육질이 질긴 편에 속한다. 또한 살코기와 지방의 구분이 뚜렷하여 로스트를 목적으로 사용할 때에는 라딩, 즉 지방을 인위적으로 삽입시키는 것도 보완방법의 하나이다. 엉덩이살은 브레이징(Braising) 또는 스튜(Stew)와 같은 조리법을 이용하면 보다 더 좋은 요리를 생산할 수 있다.

(9) **안심 손질하는 방법** (Procedure for Trimming a Full Beef tender loin)

안심은 독립된 하나의 덩어리로, 지방질이 붙어있는 면과 뼈에서 분리된 면으로 구분할 수 있는데, 지방질이 붙어있는 면은 얇은 힘줄로 경계가 분명하게 나타난다. 반면 뼈에서 분리된 면은 지방이 육질과 함께 분포되어 있다. 안심을 손질할 때에는 다음과 같은 방법으로 작업하면 보다 더 효율적으로 진행할 수 있다.

① 먼저 안심에 붙어 있는 커다란 지방덩어리를 분리선을 따라 제거한다.
② 옆선을 따라 붙어있는 체인근육(Chain Muscle)을 떼어낸다.
③ 뼈가 붙어있던 면에 불규칙한 부분을 고르게 다듬어준다.
④ 얇은 힘줄에 칼집을 넣고 위로 치켜들듯이 칼날을 비스듬히 세우고 밀어가며 힘줄을 제거한다.
⑤ 안심의 머리부분과 몸통부분을 나눈다.
⑥ 사용목적에 따라 크기별로 자른다.

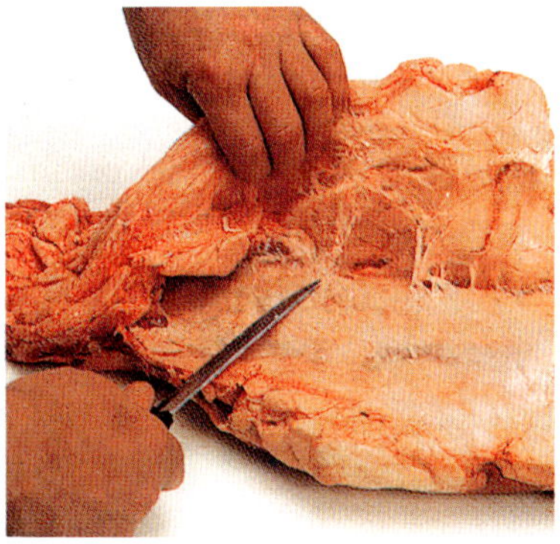

① 안심기름 제거하기

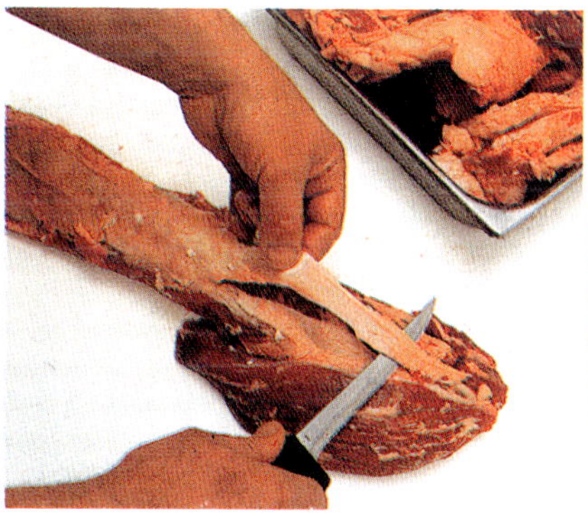

② 체인근육 떼어내기

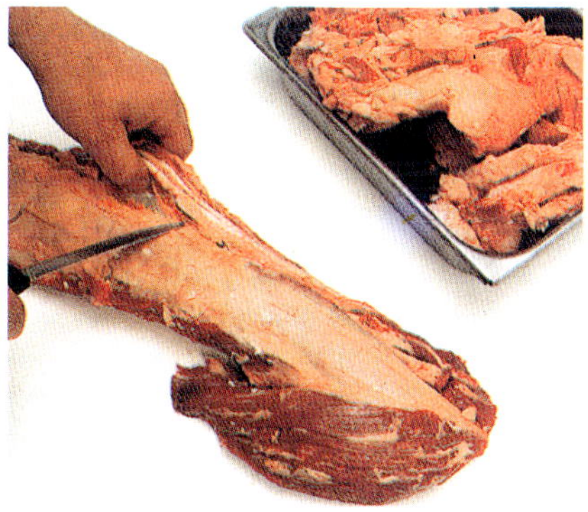

③ 얇은 힘줄 제거하기

④ 부위별 스테이크 자르기

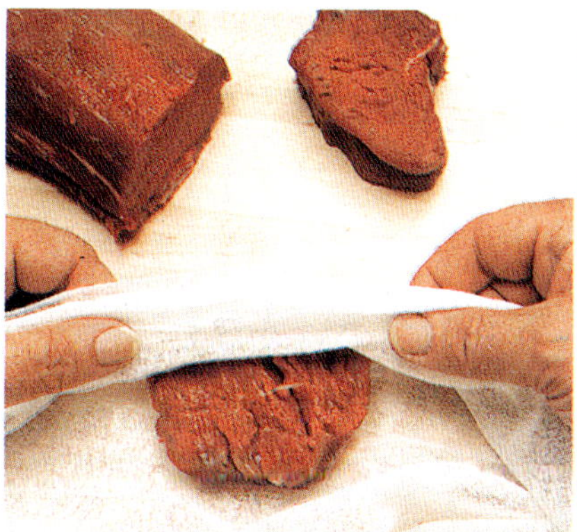

⑤ 소량으로 자른 스테이크를 감싼다.

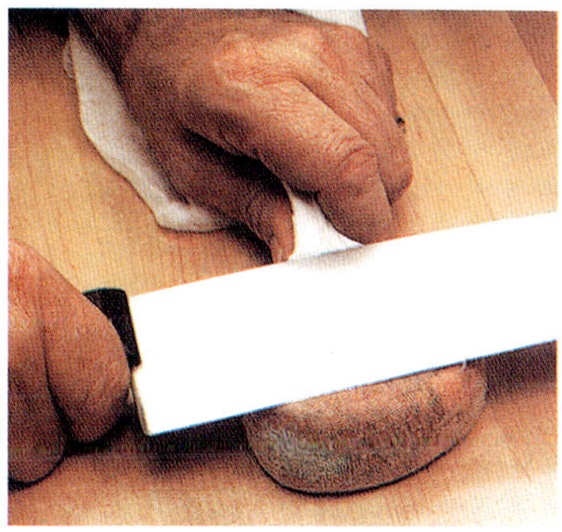

⑥ 칼이나 망치로 두드린다.

⑦ 완성된 쇠안심스테이크

2. 송아지고기 (Veal)

송아지고기는 육류생산 목적으로 갓 태어난 송아지에 우유를 먹여 키운 칼프(Calf)에서 생산된 것을 말한다. 칼프는 일반적으로 8～16 주 안팎의 송아지를 말하는데 4 개월 미만의 송아지를 도축하여 고기를 생산한다. 송아지고기의 특징으로는 쇠고기보다 색이 연한 밝은 핑크빛을 띠고 육질이 매우 부드러우며 맛과 향도 섬세하다. 지방분포도 형성이 미숙한 단계로 적은 양의 지방을 포함하고 있다.

송아지가 우유를 떼고 단단한 사료를 먹기 시작하면 육질이 붉은색으로 변하고, 육질에 지방이 퍼져가는 마블링(Marbling)이 시작된다. 이러한 현상은 5 개월 정도부터 나타난다. 따라서 송아지고기를 생산하기 위해서는 5 개월 전에 도축하는 것이 보다 더 좋은 육질을 얻을 수 있다.

현대에 와서 송아지고기의 소비가 폭발적으로 증가하는 것은 송아지고기에는 지방함유가 쇠고기에 비하여 월등히 낮고, 섬세한 맛때문으로 분석된다. 송아지고기의 맛을 한층 더 높이기 위해서는 현대적 감각을 살린 소스를 곁들이면 더욱 훌륭한 요리를 생산할 수 있다.

송아지고기는 100 kg 안팎의 칼프를 도살한 후 등뼈를 따라서 대칭으로 분리작업을 하게 되는데 소와 동일한 골격구조를 가지고 있다. 하지만 소에 비하여 전체적인 도체가 작기 때문에 산출되는 육류구분은 크게 2 등분(어깨를 포함한 앞쪽과 엉덩이와 등심을 포함하는 뒤쪽)으로 나뉘고 다시

어깨살

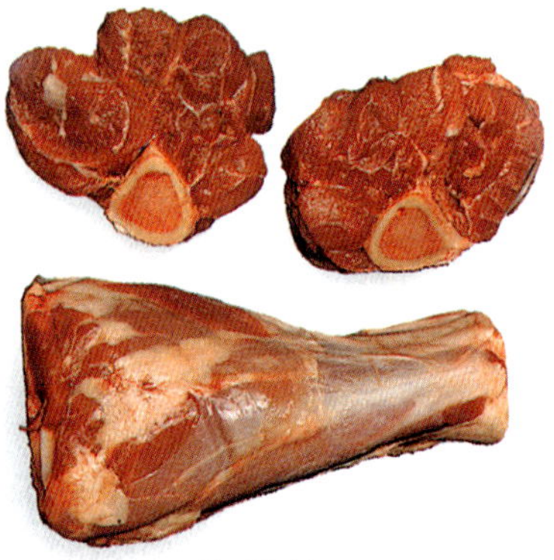
앞다리살

갈비살

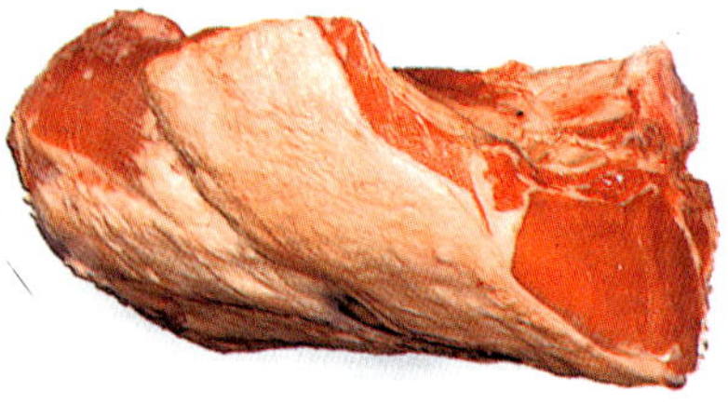
등심

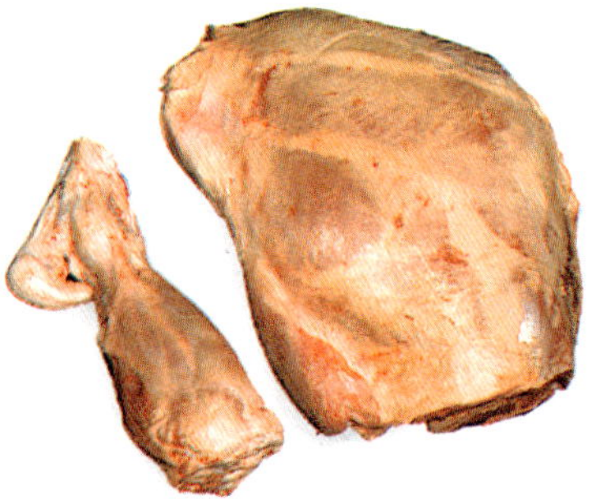
뒷다리살

이것을 세분화하여 5등분으로 나눈다.

이것을 부위별로 나타내면, 어깨살(Shoulder), 갈비살(Rib), 가슴과 앞다리살(Foreshank and Breast), 등심살(Loin), 엉덩이살(Round or Leg)로 분리된다. 이렇게 나누는 이유는 부위별로 용도가 조금씩 다르게 나타나고 골격을 따라 작업을 진행하기 쉬운 점 때문이다. 하지만 무엇보다도 중요한 것은 송아지고기를 상품화하기 위한 육류공급자들의 오랜 경험에 의해서 만들어진 하나의 작업공정도와 같은 것이다.

(1) 어깨살 (Shoulder)

쇠고기의 어깨살이 5개의 갈비뼈를 포함하고 있는데 반하여 송아지고기는 같은 부위라 할지라도 4개의 갈비뼈와 등뼈, 칼날과 같은 모양의 어깨뼈, 다리뼈를 포함하고 있는데 전체 도체무게의 21%를 차지한다. 뼈를 제거한 어깨살은 구이용으로 사용하거나 속을 채운 다음 로스팅하여 덩어리상태로 비교적 규모가 큰 행사에 사용한다. 물론 잘게 썰어 스튜나 찹스테이크(Chop Steak)로 만들어 고객에게 제공한다.

이런 경우 어깨살 중에서도 가슴과 가까운 부위를 선택하는데, 가슴부위가 상대적으로 부드럽기 때문이다. 그밖에 뼈와 가까운 곳은 힘줄이 많아 브레이징(Braising)하거나 갈아서 사용한다.

(2) 앞다리와 가슴살 (Foreshank and Breast)

칼프도체의 앞쪽 밑부분을 말하며, 갈비뼈를 세로로 나누었을 때 끝쪽이 여기에 포함된다. 도체무게의 15%로 갈비뼈와 다리뼈가 골격을 이룬다. 칼프가 어린 상태에서 도살되기 때문에 대부분의 갈비뼈는 뼈라기보다는 연골상태에 가깝다.

칼프앞다리살은 근육질이 뼈와 연결되어 있어 매우 질기기는 하지만 송아지본래의 향이 풍부하므로 뼈를 포함하여 둥글게 잘라 야채와 함께 오랜 시간 브레이징하여 오소보코(Osso Buco)라고 하는 이탈리아 전통요리를 생산하기에 적합한 부분이다.

(3) 갈비살 (Rib)

칼프의 갈비살은 기본적인 도체가 작기 때문에 상대적으로 생산량이 많지 않다. 물론 어린송아지를 도살한 것이므로 육질의 부드러움은 말할 것도 없다. 일반적으로 도체 9%가 갈비살인데, 육질과 향, 맛 때문에 가격은 매우 비싸다.

송아지의 등뼈를 따라 7개의 뼈를 포함하고 있으며, 통째로 로스트나 뼈를 제거하여 등심과 같은 용도로 이용할 수 있다. 단일요리로 만들 때는 뼈를 보기좋게 다듬어서 손잡이 역할을 할 수 있도록 하면 더욱 좋은데 이렇게 만든 것을 빌찹(Veal Chop)이라 한다. 뼈를 포함하던 포함하지 않던 송아지요리는 구이와 볶음, 조림 어떠한 조리법을 가해도 맛있는 요리를 생산할 수 있는 잠재력을 지니고 있다.

(4) 등 심 (Loin)

송아지 도체 중 가장 살점이 깊고 쓰임새가 풍부한 부분이 바로 등심일 것이다. 등심은 갈비뼈와 엉덩이살 사이의 위쪽을 말한다. 송아지 등심 역시 소와 마찬가지로 안심을 포함하고 있는데 안심크기는 다듬었을 때 한쪽

당 약 500 g에 지나지 않는다. 안심은 바닷가재나 새우 등 갑각류와 어울려 사용하는데, 석쇠구이, 철판구이, 로스트와 같은 조리방식을 택하면 한층 맛을 살릴 수 있다. 등심이 송아지 도체에서 차지하는 비율은 갈비보다는 조금 많은 10 % 정도이다.

뒷등심

(5) 뒷다릿살 (Leg)

송아지 고기가 소와 뚜렷하게 구별되는 부분은 엉덩이살을 작업할 때 성장한 소에서 따로 구분하는 뒷등심을 포함하여 작업한다는 것이다. 그 이유는 도체가 성장한 소만큼 크지 않기 때문에 굳이 구분할 필요가 없다. 따라서 송아지 뒷다리살은 도체 절반에 육박하는 45 %를 차지하고 있다. 여기에는 등뼈와 뒷다리뼈, 꼬리뼈까지 모두 포함되어 있으며, 뒷다리의 무릎 위까지를 한덩어리로 간주한다.

송아지콩팥

송아지 뒷다리살이 다른 동물의 뒷다리살처럼 질기지는 않아 그 어떤 조리방법을 선택해도 무방하나 근육질로 이루어져 있으므로 뼈를 연결하는 주힘줄만을 제외하고는 작은 크기로 분리하여 조리하면 일품요리로 사용이 가능하다.

뼈를 제거할 때에는 뒷다리살과 연결이 제법 단단하게 이루어져 있으므로 등뼈, 엉덩이뼈, 다리뼈 등으로 구분해서 분리하면 효과적으로 작업할 수 있다. 송아지의 도체는 전반적으로 크기가 작지만 각 부위별로 쓰임새를 다양하게 할 수 있어 메뉴개발에 좀더 효과적으로 이용이 가능하다.

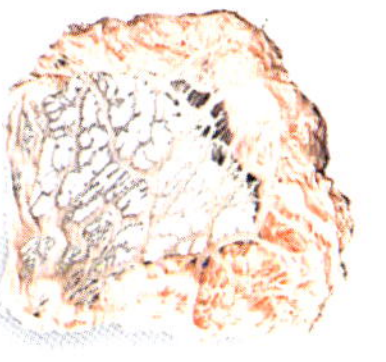
그물기름

(6) 송아지고기 부산물 (Organ Meats)

송아지고기 중 간을 비롯하여 목젖(Sweetbreads)은 특별요리로 또는 육류와 곁들여 사용했을 때 독특한 맛을 살릴 수 있다.

(7) 송아지목젖(Sweetbreads)

송아지양

스윗브레드(Sweetbreads)는 송아지의 목젖을 따라 윗 부분까지 늘어져 있는 발달이 덜된 육질과 지방의 중간 정도의 고기이다. 송아지나 양, 돼지의 어린 동물에 존재하는데 일정한 모양보다는 불규칙하게 늘어져 있는 상태이다. 하지만 열을 가하면 수축이 심하고 매우 섬세한 맛을 지니고 있다. 마치 그물처럼 연결이 되어 있으며 작은 조각으로 떼어낼 수 있는데, 조리방법으로는 살짝 데쳐서 굽기도 하고 브레이징, 로스트 등 어떤 방식을 가해도 무방하다.

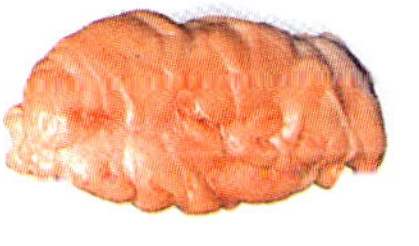
송아지목젖

일반적으로 송아지목젖이 어린양이나 돼지보다 좋은 품질로 알려져 있고 성장한 소에서는 찾아볼 수 없기 때문에 가격면에서도 매우 비싼 편이다.

3. 돼지고기 (Pork)

돼지고기는 유럽이나 미국인들이 쇠고기만큼이나 좋아하는 육류 중의 하나이다. 돼지고기가 이렇게 사랑을 받는 것은 돼지고기는 요리방법에 따라서 매우 다양한 맛을 지니고 있기 때문이다.

미국인들이 즐겨먹는 돼지고기는 '허그(Hogs)'라고 하는데 1년 정도 연령의 거세된 숫돼지를 도축하여 생산하므로 맛이나 육질면에서 매우 뛰어나다. 허그의 도체는 일반적으로 55 ~ 110 kg 나가는 것이 가장 좋다.

서구의 가정주부들은 가족의 건강을 위하여 쇠고기보다는 지방비율이 적은 돼지고기를 요리의 재료로 선택하는 경우가 일반화되어 있는데 그것은 돼지고기가 다른 육류에 비하여 냄새나 요리하기가 편리한 여러가지 장점 때문이다. 그 중에서도 허그는 어린나이에 도축되기 때문에 육질이 매우 부드럽고, 향과 맛이 깊어 정육점이나 육류 취급소에서는 빼놓지 않는다. 다만 2~3살 정도 제법 나이가 든 돼지고기는 훈제한 햄이나 통조림, 베이컨 등으로 생산한다.

돼지고기는 등뼈를 중심으로 대칭을 이루고 있는데, 내장과 부산물을 제거한 몸체를 '도체(Carcass)'라 하고, 이 도체에서 부위별로 구분이 되는데 어깨(Shoulder), 목심(Chuck or Butt), 삼겹살(Belly), 등심(Loin), 엉덩이살(Ham)로 구분한다.

허그에서 가장 대표적인 부위는 등심인데, 등심은 요리를 개별화하는데와 육질면에서 뛰어나기 때문에 비교적 가격이 비싼 편이며, 수요가 가장 많은 부분이다. 돼지는 갈비와 등심부분이 서로 2분화되어 있는 소나 양과는 달리 하나의 덩어리로 이루어져 있다. 따라서 서로 분리하기보다는 하나의 로인(Loin)으로 간주된다.

어깨살

(1) 어깨살 (Shoulder)

어깨살은 피크닉햄(Picnic Ham)으로도 널리 알려져 있는데 앞다리쪽 부분으로 도체의 20%를 차지하고 있다. 어깨살은 앞다리뼈와 정강이 뼈를 포함하고 있어 뼈의 비율이 비교적 높은 편이다. 허그의 어깨살은 육질이 부드러워 어떠한 조리법을 사용해도 쉽게 만들 수 있다. 그것은 1년생 돼지의 전체적인 육질이 좋은 까닭도 있겠지만 어깨부분의 근육과 살코기의 비율이 적당하기 때문이다. 다만 요리의 목적을 정확히 결정하고 주문해야 분리된 상태, 혹은 덩어리상태 등으로 구분되어 납품된다.

목살

(2) 목 살 (Chuck or Blade Shoulder)

목살은 도체의 약 7% 가량을 차지하고 있으며 지방과 살코기의 비율이 적정하게 분포되어 있어 육질이 매우 뛰어나다. 일반적으로 사각형으로 잘라 보스톤버트(Boston Butt)라고도 하는데, 어깨위를 지탱하는 칼날같은 하나의 뼈를 포함하고 있어 육비율이 높다. 우리나라에서는 육질의 부드러움 때문에 보쌈으로 사랑을 받고 있다.

삼겹살

(3) 삼겹살 (Belly)

등심의 아랫쪽에 위치하고 흔히들 뱃살이라 하나 삼겹살은 살코기와 기름부분이 삼겹으로 이루어져 있어 삼겹살이라 한다. 서양요리에서는 삼겹살로 만든 베이컨이 아침식사에서는 빼놓을 수 없는 요리 중의 하나이다. 삼겹살은 도체의 16%를 차지하고 있으며 훈연(Smoked)을 하거나 바비큐소스(Barbecue Sauce)를 곁들어 기름기가 빠질 때까지 구워서 먹기도 한다.

등심

(4) 등 심 (Loin)

등심은 돼지도체에서 목살과 엉덩이살을 제외하고 배의 등쪽 부분을 말하는데 도체의 약 20%를 점유하고 있다. 등심은 살집이나 그 모양이 요리의 재료로서 적당한 모양을 갖추고 있어 서양요리의 주요리로 많이 이용된다. 살코기와 뼈를 적절하게 이용하면 요리의 디자인을 살릴 수 있다.

등심 안에는 돼지안심을 포함하고 있는데 안심은 섬유질이 발달되어 있지 않기 때문에 허그육질 중에서도 가장 뛰어난 부분이다.

안심(Tenderloin)은 그 육질이 부드러워 작은 스테이크(Medallion)로 다른 육류와 함께 곁들여 사용도 하고, 브레이징(Brasing), 로스트(Roast), 소테(Sauté)와 같은 조리법을 사용해도 좋은 요리를 생산할 수 있다.

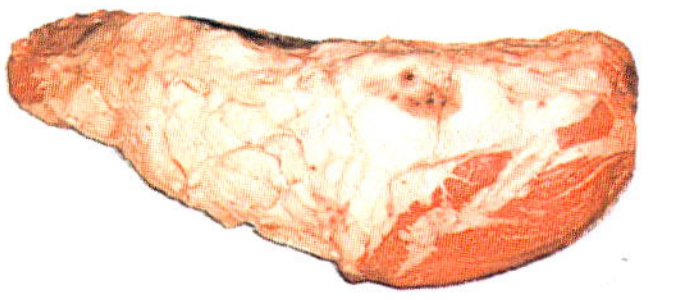

안심

(5) 엉덩이살 (Ham)

허그 도체 중의 25 % 를 차지하는, 살집이 풍부한 엉덩이는 그 크기만큼이나 쓰임새도 다양하다. 뒷다리 윗부분이 모두 여기에 포함되는데, 훈제하여 햄(Ham)을 만들기도 하고 로스트, 스튜(Stew) 등 쓰임새가 다양하지만 육질은 등심이나 목살에 비하여 비교적 떨어진다. 서양요리에서 햄(Ham)의 기원은 매우 오래되어 기원전 1, 000 년경부터 훈제하거나 소금에 절여 고대 그리스에서 즐겼다고 한다. 돼지의 엉덩이살 부분을 햄이라고 하는데 현대에 와서는 이 '햄'이라는 단어에 대한 의미가 광범위하게 쓰여 육가공한 여러 제품을 그저 햄이라고 하는 것을 흔히 볼 수 있다.

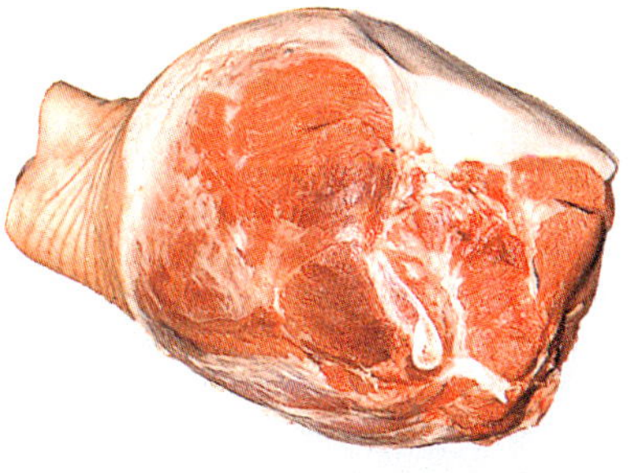

엉덩이살

4. 가금류 (Poultry)

가금류는 우리들의 생활과 밀접한 관계를 가지고 있다. 가금류는 닭(Chicken), 오리(Ducks), 거위(Goose), 비둘기(Pigeons), 칠면조(Turkey) 등 매우 다양한 종류들이 있다.

암 탉

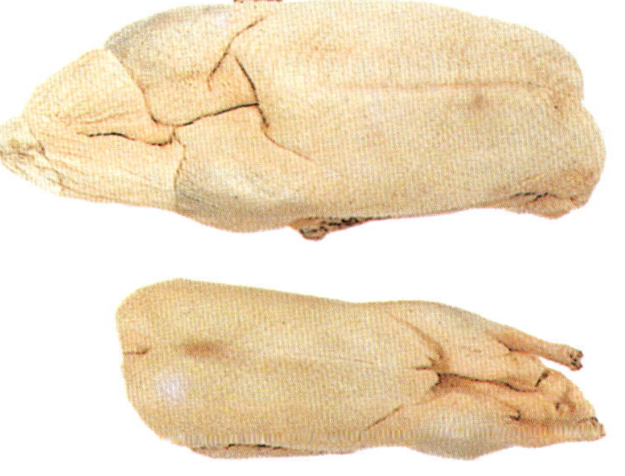

오 리

칠면조

거위간

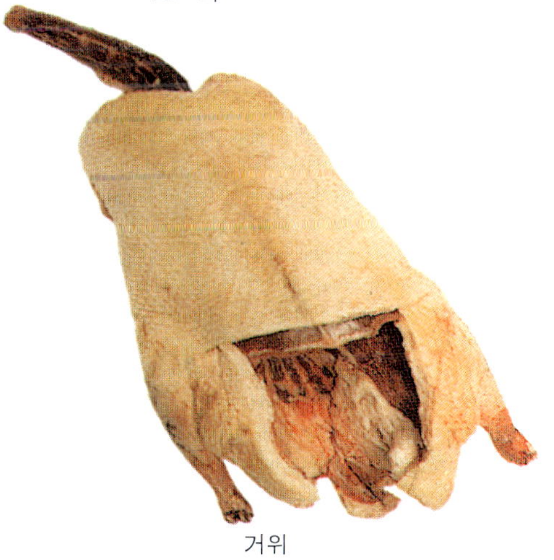

거위

따라서 가금류로 할 수 있는 주요리는 가금류의 종류만큼이나 다양하고 모양도 가지가지다. 가금류를 조리할 때에는 강한 향신료보다는 비교적 순한맛을 지닌 양념을 하는 것이 가금류의 특성을 살려줄 수 있는 조리방법이다. 가금류에 곁들이는 소스도 조금씩만 변화를 주면 가금류의 맛을 한층 높일 수 있는데 계절에 따라서 과일이나 야채를 곁들이면 더욱 훌륭한 요리를 만들어 낼 수 있다.

가금류는 다리와 몸통, 가슴으로 구분하는데, 주요리에 사용하는 부분은 가슴살을 주로 이용한다. 그것은 가슴살이 살집이 깊고, 육질이 부드러우며 개별화가 용이하기 때문으로 분석된다. 그렇지만 가슴살의 경우 살코기의 비율이 높아 깊은 맛은 찾아보기 힘들다. 따라서 가금류 가슴살을 재료로 선택할 때에는 부재료인 곁들임 야채에 신경을 써야 한다. 물론 소스의 선택에 있어서도 살코기의 소화와 흡수를 도와줄 수 있는 종류를 선택하는 것이 바람직하다.

일반적으로 가금류의 성분은 물 70 %, 단백질 20 %, 지질 7 %, 미네랄 2 % 로 구성되어 있다. 가금류의 가장 두드러진 특징은 육질내에 마블링(Marbling), 즉 육질내 지질함유가 다른 육류에 비하여 월등히 떨어진다. 지질은 대부분 껍질에 포함되어 있다. 이 지질은 다른 동물의 지질보다 융점이 낮아 조리 중 쉽게 소실된다.

가금류의 근육을 살펴보면 흰살부분과 붉은살 부분으로 나눌 수 있다. 흰살과 붉은살의 차이점은 혈구소인 미오글로빈(Myoglobin)의 함유 정도에 따라서 구분된다. 미오글로빈은 운동에 필요한 산소를 공급해주는데, 가금류 중 닭이나 칠면조는 날개를 많이 사용하지 않기 때문에 다른 가금류 또는 다리살에 비하여 가슴살이 흰색을 많이 띤다. 반면 비둘기나 메추리의 경우 날개를 많이 사용하는 관계로 같은 가금류라 하더라도 가슴살의 색이 붉은색을 띤다.

쇠안심구이와 버섯소스
(Beef Tenderloin with Mushroom Sauce)

준비재료 (3 인분 기준)

쇠안심(Beef Tenderloin) 200 g .... 3 개
오븐드라이 토마토(Oven Dried Tomato) .... 3 개
샬롯(Shallot) .... 4 개
브로컬리(Broccoli) .... 60 g
붉은무(Red Radish) .... 3 개
양송이(Mushroom) .... 150 g
데미글라스(Demi-Glace) .... 200 ml
버터(Butter) .... 100 g
올리브 오일(Olive Oil) .... 60 ml
부르고뉴와인(Burgundy) .... 60 ml
후레쉬다임(Fresh Thyme) .... 1 줄기
로즈마리(Rosemary) .... 3 줄기
소금과 후추(Salt and Pepper) .... 맛을 낼 정도

만드는 방법

① 쇠안심 스테이크에 올리브 오일을 바르고 소금과 후추로 간을 하여 둔다.

② 붉은무는 잎부분을 다듬어내고 절반을 잘라 브로컬리와 함께 데쳐서 육수에서 완전히 익을 때까지 조리한 다음 소금과 후추로 간을 하여 따뜻한 곳에 보관한다.

③ 샬롯은 껍질을 까서 절반으로 자른 다음 소스용으로 20 g 정도만 다지고 나머지는 소금과 후추, 올리브오일을 발라 구워 따뜻한 곳에 보관한다.

④ 소스팬에 버터를 두르고 다진샬롯을 색이 투명해질 때까지 볶다가 양송이를 약간 두껍게 썰어 넣고 5～7 분 정도 계속하여 센불에서 볶는다.

⑤ 양송이에서 발생한 수분이 완전히 졸여지면 부르고뉴와인과 다임을 넣고 다시 절반 정도로 졸인다.

⑥ 데미글라스를 첨가하고 농도가 걸쭉해 질 때까지 중불에서 졸인다.

⑦ 소스가 졸여질 동안 준비해둔 쇠안심을 석쇠에서 격자무늬를 낸다음 165℃오븐에서 미디엄으로 익힌다.

⑧ 접시를 따뜻하게 데우고 준비해두었던 브로컬리와 붉은무, 샬롯, 오븐드라이토마토를 보기좋게 담는다.

⑨ 더운 야채를 담은 접시에 쇠안심을 담고 버섯소스를 충분하게 뿌린다.

⑩ 신선한 로즈마리잎을 올린다.

마늘향을 곁들인 비프텐더로인 스테이크
(Beef Tenderloin with Garlic Flavor)

준비재료 (3 인분 기준)

마늘 구워서 갈은 것(Roasted Garlic Puree) .... 50 g
글라스비안(Glace de Viande) .... 40 m*l*
쇠고기 안심스테이크(Beef Tendeloin 200g) .... 3 ea
데미그라스(Demi-Glace) .... 160 m*l*
부르고뉴 적포도주(Burgundy) .... 40 m*l*
소금과 후추(Salt and Pepper) .... 맛을 낼 정도
샬롯 적포도주에 졸인 것(Red Wine Glazed Shallot) ...... 6 개
당근(Carrot) .... 60 g
감자(Potato) .... 60 g
애호박(Squash) .... 60 g
노란피망(Yellow Pimento) .... 30 g
다임(Thyme) .... 6 줄기

만드는 방법

① 마늘 퓨레와 글라스비안을 함께 섞는다.
② 쇠고기 안심을 양쪽이 색이 잘 나도록 석쇠에 구운 다음 떨어지지 않도록 절반을 가른다.
③ 소금과 후추로 간을 하고 마늘퓨레와 글라스비안 섞은 것을 각 15 g 정도씩 안심 속을 채운다.

④ 소스냄비에 데미글라스와 적포도주를 넣어 천천히 졸인다.

⑤ 당근, 감자, 애호박, 노란피망을 예쁜 모양으로 깎아서 소금물에 삶은 다음 버터에 졸여 소금과 후추로 간을 하여 따뜻한 곳에 보관한다.

⑥ 속채운 안심을 160℃ 정도의 오븐 속에 넣어 미디엄(Medium)으로 익힌다.

⑦ 따뜻한 접시에 준비된 야채와 샬롯을 담고 그 위에 구운 안심을 올린다.

⑧ 적포도주 소스를 충분히 뿌리고 다임 한 줄기로 장식한다.

로즈마리향을 곁들인 송아지등심

(Veal Chops with fresh Rosemary)

준비재료(3 인분 기준)

송아지등심(Veal Chop with Bone) 300 g 3pc
후레쉬 로즈마리(Fresh Rosemary) .... 3 sprigs
밀가루(Flour) .... 10 g
파프리카(Paprika) .... 1 tsp
정제버터(Clarified Butter) .... 100 g
백포도주(White Wine) .... 100 ml
갈색 송아지육수(Brown Veal Stock) .... 300 ml
노란피망(Yellow Pimentoes) .... 60 g
표고버섯(Black Mushroom) .... 120 g
애호박(Squash) .... 60 g
샬롯(Shallot) .... 60 g
다임(Thyme) .... 3 줄기
오레가노(Oregano) .... 3 줄기
차이브(Chive) .... 6 줄기
소금과 후추(Salt and Pepper) .... 1 tsp
올리브 오일(Olive Oil) .... 30 ml

만드는 방법

① 로즈마리는 끝부분만 남기고 줄기잎은 따서 다져둔다.

② 송아지등심은 뼈를 잘 다듬어서 보기좋게 한다음 소금과 후추로 간을 한다.

③ 로즈마리 다진 것을 한쪽면에 뿌리고, 밀가루에 파프리카를 섞어 다시 양쪽면에 뿌려준다.

④ 피망은 불에 그을려 껍질을 벗겨 길이로 썰고, 표고버섯은 먹기좋은 크기로 썰어 피망과 함께 소금, 후추로 간을 하여 올리브오일에 절여둔다.

⑤ 소테팬에 정제된 버터를 두르고 약 200℃가 되면 로즈마리가 뿌려진 면부터 갈색이 나도록 구운다음 오븐에서 5 분 정도 더 구워준다. 구워진 송아지등심을 따뜻하게 보관한다.

⑥ 송아지등심을 구워낸 프라이팬에 와인을 넣고 데

글레이징(Deglazing)하고 갈색송아지 육수를 넣어 200 ml 정도까지 졸여준다.

⑦ 소스를 체에 내린 다음 소금과 후추로 간을 하고 버터로 몬테(Monte)한다.

⑧ 샬롯과 표고버섯, 애호박, 피망은 소금과 후추로 간을 하여 소테팬 또는 철판을 이용하여 구운 다음 오븐에 3분 정도 익혀 꺼낸다.

⑨ 뜨거운 접시에 피망을 깔고 주위로 표고버섯, 애호박, 샬롯 구운 것을 돌려 놓고 송아지등심을 조심스럽게 놓는다. 소스는 송아지등심을 살짝만 덮을 수 있도록 뿌려준다.

⑩ 차이브와 오레가노, 다임을 묶어서 올린다.

송아지 오소보코
(Veal Osso Buco)

준비재료 (3 인분 기준)

뼈를 곁들인 송아지 다리살(Veal shank) 3 cm 두께 .... 9 pc
밀가루(Flour) .... 100 g
올리브 오일(Olive Oil) .... 50 ml
마늘 다진 것(Garlic Minced) .... 5 g
당근 다진 것(Carrots Small dice) .... 100 g
레몬제스트(Lemon Zest) .... 10 g
셀러리 다진 것(Celery Small dice) .... 100 g
백포도주(White Wine) .... 200 ml
갈색송아지 육수(Brown Veal Stock) .... 1 l
토마토퓨레(Tomato Puree) .... 50 g
소금과 후추(Salt and Pepper) .... 5 g
이탈리안 파슬리 다진 것(Italian Parsley Chop) ...... 15 g
향신료다발(Herb Bouquet) .... 6 개
엔다이브 글레이징(Endive Glazing) .... 6 개
아스파라거스 브란치한 것(Blanched Asparagus) ... 15 개
꼬마당근 글레이징한 것(Baby Carrot Glazing) ..... 12 개

만드는 방법

① 송아지 다릿살에 소금과 후추를 뿌리고 밀가루를 묻힌다음 프라이팬에 짙은 갈색이 나도록 구워낸다.
② 깊이가 있는 브레이징팬에 올리브오일을 두른다음 마늘 다진 것을 넣고 색깔이 투명해질 때까지 볶아준다.

③ 스톡과 와인, 레몬제스트, 토마토퓨레를 넣고 한 번 끓여 준 다음 구워 둔 송아지고기를 넣어 뚜껑을 덮고 160℃ 오븐이나 조리용 난로위에서 브레이징한다. 뼈와 살이 분리될 정도까지 약 40~60분 동안 조리한다.

④ 육질이 부드러워지면 불위에서 소스가 농도를 나타낼 때까지 졸여준다.

⑤ 송아지고기는 따로 분리하고 소스는 체에 걸러 소금과 후추로 간을 한다.

⑥ 타원형 접시를 따뜻하게 데우고 송아지 오소보코를 담은 다음 소스를 충분히 뿌린다.

⑦ 향신료 다발을 올려 장식한다.

⑧ 블랜치한 아스파라거스와 당근, 엔다이브를 개별적으로 담아 제공한다.

바닷가재와 시금치를 곁들인 송아지 구이

(Roasted Veal with Lobster and Sauted Spinach)

준비재료(3 인분기준)

송아지 안심(Veal Tenderloin) .... 450 g
바닷가재꼬리(Lobster Tail) 150 g 짜리 .... 3 pc
시금치(Spinach) .... 300 g
정제버터(Clarified Butter) .... 60 g
처어빌(Chervil) .... 10 g
소금과 후추(Salt and Pepper) .... 1 tsp
붉은 양파(Red Onion Chop) .... 2 Tbs
꼬마당근(Baby Carrots) .... 9 pc
대파(Green Onion) .... 3 줄기
흰색송아지육수(White Veal Stock) .... 100 ml

커리과일소스(Curry and Fruit Sauce)를 위한 준비재료

양송이(Buttom Mushroom) .... 200 g
사과(Apple) .... 150 g
샬롯(Shallot) .... 30 g
바나나(Banana) .... 100 g
커리가루(Curry Powder) .... 30 g
생강(Fresh Ginger) .... 10 g
생크림(Fresh Cream) .... 300 ml
버터(Butter) .... 30 g

만드는 방법

① 송아지안심은 메달리온으로 만들어 소금과 후추로 간을 한다.

② 바닷가재 꼬리는 길이로 절반을 잘라 소금과 후추, 처어빌 다진 것을 뿌려 간을 해둔다.

③ 꼬마당근은 껍질을 벗기고 약간의 줄기는 살려 모양 좋게 한 다음 소금을 넣은 송아지육수에 대파 줄기와 함께 넣어 부드러워질 때까지 익힌 후 소금과 후추로 간을 하고 버터로 몬테(Monte)하여 따뜻한 곳에 둔다.

④ 프라이팬에 정제버터를 두르고 송아지안심을 양쪽으로 갈색이 나도록 굽는다. 바닷가재 역시 프라이팬에 버터를 두르고 색이 날 정도로 구운 다음 송아지안심과 함께 165℃ 오븐에서 3분 정도 익혀 낸다.

⑤ 소테팬에 버터를 10 g 정도 넣고 붉은양파 다진 것을 넣어 타지 않고 색이 날 정도로 볶다가 시금치를 넣어 살짝 소테한다.

⑥ 뜨거운 접시에 시금치를 중앙에 오도록 담고 준

비해둔 송아지 안심과 바닷가재를 담은 다음 소스를 뿌리고 처어빌 한줄기를 올려낸다.

커리과일소스 만드는 방법

① 사과와 바나나는 껍질과 씨를 제거하여 작은 네모썰기 또는 작은 크기로 썰어둔다.
② 소스팬에 버터를 녹이고 생강과 샬롯 다진 것을 넣고 부드러워질 때까지 볶아준다.
③ 양송이를 가늘게 썰어 준비한 과일과 같이 넣고, 커리가루와 함께 2~3분 정도 더 볶아준다.
④ 크림을 넣어 골고루 섞어준 다음 3분 정도 더 끓인다.
⑤ 믹서기에 곱게 갈은 다음 다시 소스팬에 담아 버터로 마무리하고 소금과 후추로 간을 한다.

세이지향을 낸 송아지 안심구이와 폴렌타
(Sage-Roased Veal Tenderloin with Polenta)

준비재료(3 인분 기준)

송아지 안심(Veal Fillet) .... 600 g
버터(Butter) .... 30 g
글레이징한 꼬마당근(Baby Carrot Glazing) .... 10 개
구운 버섯(Sauté Oyster Mushroom) .... 10 개
후레쉬 세이지(Fresh Sage) .... 6 stems
올리브오일(Olive Oil) .... 30 ml
자두(Red Prunes) .... 12 ea
화이트와인(White Wine) .... 100 ml
통계피(Cinnamon Whole) .... 30 g
통후추(Peppercorn) .... 1 tsp
꿀(Hoeny) .... 20 ml
소금과 후추(Salt and Pepper) .... 약간

폴렌타를 위한 준비재료

양파 다진 것(Onion Chop) .... 10 g
마늘 다진 것(Garlic Chop) .... 3 g
우유(Milk) .... 600 ml
생크림(Fresh Cream) .... 300 ml
3 가지 허브(Thyme, Chive, Rosemary) 다진 것 .... 3 g
이탈리안 파슬리(Italian Parley) .... 1 Tsp
폴렌타(Polenta) .... 750 g
소금과 검은후추(Salt and Black Pepper) .... 1/2 tsp

만드는 방법

① 송아지안심을 깨끗하게 다듬은 다음 다진 세이지와 올리브오일, 소금, 후추로 마리네이드하여 한쪽에 둔다.

② 자두는 절반을 갈라 씨를 제거한 다음 적당한 소스팬에 담고 계피, 통후추, 화이트와인, 꿀을 넣은 다음 은근한 불에 졸인다.

③ 자두가 완전히 부드러워지고 주스가 붉은색으로 변하면서 끈기가 날 때 따뜻한 곳에 보관한다.

④ 소테팬에 올리브오일을 두르고 비등점까지 열을 가한 다음 절여둔 송아지안심을 약한 갈색이 나도록 표면을 구워낸다.

⑤ 색을 낸 송아지안심을 오븐에 넣어 약 5 분 정도 미드웰던(Midwelldone)으로 구워낸다.

⑥ 따뜻한 접시에 준비해 둔 폴렌타를 스푼으로 150 g 정도를 보기좋게 담고 구운 송아지안심을 얇은 두께로 폴렌타 주위로 돌려가면 담는다.

⑦ 주위에 더운야채와 자두조림을 주스와 함께 낸다.

⑧ 송아지 글레이징을 같이 곁들여 준다.

폴렌타 만드는 방법

① 소스팬에 우유와 크림을 담고, 양파 다진 것과 마늘 다진 것을 넣어 마늘과 양파가 부드러워질 때까지 은근하게 끓인다.

② 폴렌타 가루를 끓고 있는 우유와 크림에 덩어리가 지지 않도록 뿌리듯이 첨가한 후 불을 줄이고 약 5분 정도 완전히 섞여 부드러워질 때까지 세차게 젓는다.

③ 폴렌타가 너무 된 것 같으면 우유를 조금 더 첨가하여 메쉬포테이토와 같은 농도를 낸다.

④ 맛을 내기 위해서 허브, 소금, 후추로 간을 하고 약간의 생크림을 첨가한다음 따뜻한 곳에 보관한다.

바비큐 폭 핫칠리소스

(Barbeaued Pork With Hot Chilly Sauce)

준비재료 (3 인분 기준)

- 돼지고기등심(Pork Loin) .... 900 g
- 마늘(Garlic Cloves) .... 30 g
- 푸른고추(Green Chilly) .... 50 g
- 노란피망(Yellow Pimentoes) .... 50 g
- 올리브오일(Olive Oil) .... 60 ml
- 양파(Onions) .... 100 g
- 붉은식초(Red Wine vinegar) .... 50 ml
- 레몬(Lemon) .... 1 ea
- 벌꿀(Honey) .... 70 ml
- 그린치커리 또는 비타민(Green Chicory) .... 120 g
- 커리앤더 씨드(Coriander Seed) .... 10 g
- 커리앤더(Coriander) .... 2 sprigs
- 타바스코 소스(Tabasco Sauce) .... 2 tsps
- 아보카도(Avocado) .... 1 ~ 1/2 ea
- 콘 토틸리아(Corn Tortillas) .... 3 장
- 워처스터 소스(Worcestershire Sauce) .... 3 tsps
- 토마토(Tomato) .... 600 g

만드는 방법

① 양파와 마늘, 후레쉬 커리앤더는 다져둔다. 다만 커리앤더는 너무 다지지 않도록 주의한다.

② 푸른고추과 노란피망은 씨를 제거하고 같은 네모 썰기를 한다. 토마토 역시 끓는물에 브란치하여 껍질을 벗기고 씨를 없앤다음 잘게 썰어 다른 재료와 함께 둔다.

③ 깊이가 있는 소스팬에 올리브오일을 두르고 양파가 투명한 색이 날 때까지 볶아준 다음 준비된 토마토, 고추, 노란피망을 넣고 레몬주스를 첨가한 다음 완전히 익을 때까지 10 분 정도 볶아준다.

④ 야채들이 퓨레가 될 정도로 익으면 붉은 식초와 워처스터소스, 타바스코, 벌꿀을 넣고 3 분 정도 더 끓인다.

⑤ 믹서기에 재료를 넣고 곱게 간 다음 다시 소스팬에 담아 소금과 후추로 간을 한다.

⑥ 돼지고기는 1 인당 150 g 짜리 두 쪽씩을 계산하여

6쪽을 낸다. 팬에 소금과 후추를 뿌리고 돼지고기를 가지런히 놓은 다음 다시 소금과 후추로 간을 한다.

⑦ 후라이팬에 기름을 두르고 200~220℃ 정도로 열을 올린 다음 양쪽이 색이 날 정도로 구운 후 소스를 충분히 넣고 약한 불에 5분 정도 졸여준다.

⑧ 토틸라는 8등분하여 기름에 튀겨낸다.

⑨ 아보카도는 돌려가면서 칼집을 넣어 절반을 가른 다음 씨를 빼고 껍질을 벗겨 길이로 썬다.

⑩ 접시에 아보카도 1/2를 보기좋게 놓고 돼지고기 두쪽을 놓은 다음 치커리와 그린잎을 위에 놓는다. 팬에 남은 소스에 토틸라를 넣고 살짝만 섞어 그린잎위에 담아 낸다.

생강향을 곁들인 돼지안심과 볶음밥
(Fried Rice and Gingered Pork Tenderloin)

준비재료(3 인분 기준)

밥(Steam Rice) .... 300 g
돼지고기안심(Pork tenderloin) .... 450 g
생강(Fresh Ginger) .... 30 g
파프리카(Paprika Powder) .... 10 g
파(Green Onion) .... 120 g
표고버섯(Shittaki Mushroom) .... 60 g
올리브 오일(Olive oil) .... 60 m*l*
쉐리와인(Sherry Wine) .... 10 m*l*
옥수수(Canned Corn) .... 60 g
붉은 피망(Red Pimento) .... 15 g
소금과 후추(Salt and Pepper) .... 2 tsps

만드는 방법

① 돼지고기는 글라쉬형식으로 썰어 볼에 담고, 잘게 다진 생강을 넣어 소금과 후추로 간을 하여 맛이 스며들 수 있도록 주물러 준다.
② 대파줄기를 5 cm 길이로 어슷어슷하게 썰어 둔다. 표고버섯 역시 같은 크기로 썰어둔다.

③ 붉은 피망은 작은 네모썰기하고 옥수수는 물기를 제거하여 피망과 함께 둔다.

④ 후라이팬에 기름을 두르고 200℃에서 돼지고기 버무린 것을 살짝 볶은다음 파와 표고버섯을 넣고 다시 3분 정도 볶은 후 소금과 후추로 살짝만 간을 한다.

⑤ 다른 후라이팬에 기름을 두르고 옥수수와 피망을 넣어 볶음밥을 만든다.

⑥ 약간 깊이가 있는 접시에 볶음밥을 몰드(Mould)로 모양을 내고 중앙에 준비된 돼지고기를 보기좋게 담아 낸다.

⑦ 파잎을 아주 가는 채로 썰어 조금만 얹어 고객에게 제공한다.

휀넬과 치즈를 곁들인 돼지등심
(Stuffed Pork with Fennel and Cheese)

준비재료(3 인분 기준)

돼지고기등심(Pork Loin) .... 600 g
휀넬(Fennel) .... 150 g
엠멘탈러 치즈(Emmental Cheese) .... 60 g
토마토(Tomato) .... 150 g
마늘(Garlic) .... 15 g
비프 스톡(Beef Stock) .... 300 ml
밀가루(Flour) .... 30 g
버터(Butter) .... 30 g
생크림(Fresh Cream) .... 60 ml
당근(Carrots) .... 50 g
감자(Potato) .... 100 g
소금과 후추(Salt and Pepper) .... 1 tsp

만드는 방법

① 돼지등심은 1 인당 200 g 을 기준을 하여 얇게 두드려 소금과 후추로 간을 한다.
② 휀넬은 더운 야채 부분만을 남기고 모두 줄리안(Jullienne)으로 썰어둔다.
③ 토마토는 살짝 브란치하여 껍질을 벗기고 다져둔다.
④ 감자와 당근, 휀넬은 같은 크기로 다듬어 살짝만 삶아둔다.
⑤ 프라이팬에 버터를 두르고 줄리안해 둔 휀넬을 넣고 부드러운 퓨레가 될 때까지 볶은 다음 다져둔 토마토를 절반만 넣고, 치즈를 넣어 속을 만든다.
⑥ 준비해둔 돼지 안심에 볶은 휀넬을 넣고 사각형 모양이 되도록 감싸 대나무 꼬챙이로 터지지 않도

똑 고정시켜준 후 밀가루를 입힌다.

⑦ 약간 깊이가 있는 프라이팬에 버터를 두르고 속을 채운 돼지고기를 브라운색이 날 정도로 굽고 감자와 당근, 휀넬, 다진 토마토를 넣고 1분 정도 더 볶은 후 스톡을 붓고 낮은 불에서 졸여준다.

⑧ 육수가 농도를 보이면 고기를 건져 꼬챙이를 뽑아 약간 깊이가 있는 접시에 담고 소스 농도를 조절한 다음 야채와 함께 보기좋게 담아 고객에게 제공한다.

꿀과 향신료에 구운 돼지안심
(Roast Tenderloin of Pork with Honey-Spice)

준비재료(5 인분 기준)

돼지고기 안심(Pork Tenderloin) .... 900 g
샐러드 오일(Vegetable Oil) .... 40 ml
샬롯 다진 것(Shallot Chopped) .... 15 g
마늘 다진 것(Garlic Chopped) .... 5 g
토마토 페이스트(Tomato Paste) .... 20 g
머스타드(Mustard) .... 10 g
식초(Wine Vinegar) .... 30 ml
꿀(Honey) .... 30 g
다임 다진 것(Thyme Chopped) .... 1 tsp
검은 통후추 으깬 것(Crushed Black Pepper Corn) 1 tsp
갈색 돼지육수(Brown Pork Stock) .... 350 ml
전분(Corn Starch) .... 10 g
소금과 후추(Salt and Pepper) .... 맛을 낼 정도
당근 굵게 썬것(Carrot Lagedice) .... 50 g
양송이 굵게 썬것(Mushroom Lagedice) .... 50 g
피망 굵게 썬것(Pimento Lagedice) .... 50 g
양파 굵게 썬것(Onion Lagedice) .... 100 g
후레쉬 다임(Fresh Thyme) .... 1/2 tsp
후레쉬 오레가노(Fresh Oregano) .... 1/2 tsp
후레쉬 세이지(Fresh Sage) .... 1/2 tsp

만드는 방법

① 프라이팬에 기름을 두르고 돼지안심 주위가 색이 나도록만 구워 한쪽에 둔다.
② 프라이팬에 남은 기름을 버리고 샬롯 다진 것과 마늘, 토마토페이스트, 머스타드를 넣고 볶는다.
③ 당근, 양송이, 피망, 양파 굵게 썬 것을 넣고 5 분

성노 너 볶는다.

④ 식초를 넣고 데글레이징한 다음 꿀과 다임 다진 것, 검은통후추 으깬 것을 넣고 한번 더 끓여준다.

⑤ 돼지안심을 로스팅팬에 담고 위의 재료가 안심에 골고루 묻을 수 있도록 함께 담은 다음 오븐에서 굽는다. 중간중간 부러쉬로 안심위를 발라준다.

⑥ 안심이 내부온도 약 65℃로 익으면 꺼내고 로스팅팬에 남아있는 재료에 돼지육수를 넣고 은근히 끓인 다음 전분으로 농도를 내고 소금과 후추로 간을 한다.

⑦ 돼지안심을 먹기좋은 크기로 썰어 담고 소스를 충분히 얹어준다.

⑧ 신선한 다임과 오레가노 세이지를 얹어 장식한다.

말린자두를 곁들인 돼지안심
(Pork Loin with Dry Prunes)

준비재료(5 인분 기준)

뼈를 제거한 돼지안심(Boneless Pork Loin) .... 1, 500 g
씨를 제거한 말린자두(Pitted Prunes) .... 600 g
양파(Onions) .... 150 g
샐러드오일(Vegetable Oil) .... 100 m*l*
정제버터(Clarified Butter) .... 20 m*l*
후레쉬 로즈마리(Fresh Rosemary) .... 5 g
후레쉬 다임(Fresh Thyme) .... 5 g
월계수잎(Bayleaves) .... 1 g
사과주스(Apple Juice) .... 200 m*l*
쇠고기육수(Beef Stock) .... 200 m*l*
설탕(Sugar) .... 60 g
식초(Vinegar) .... 50 m*l*
토마토(Tomato) .... 2 EA
애호박(Squash) .... 100 g
훼넬(Fennel) .... 100 g
작은 양파(Small onion) .... 5 EA
아스파라거스(Asparagus) .... 10 EA

만드는 방법

① 양파와 당근은 격식없이 잘게 썰어둔다.
② 돼지안심은 기름기와 힘줄을 다듬어 절반 정도 칼집을 넣어 양쪽으로 벌린 다음 두들겨 납작하게 펴서 소금과 후추로 간을 한다(다듬을 때 생긴 것을 따로 모아둔다).
③ 자두의 절반 정도를 길이로 돼지안심에 가지런히 놓고 말은 다음 굵은실로 묶는다.
④ 후라이팬에 식용유와 버터를 혼합하여 두르고 준비된 돼지안심과 자투리돼지고기를 짙은 밤색이 날 정도로 구워준 다음 야채를 자투리돼지고기와 섞어 깔고 그 위에 돼지안심을 올려 170℃ 오븐에 넣는다.
⑤ 사과주스와 설탕, 쇠고기육수, 식초를 섞어 돼지안심위에 뿌려가며 굽는다.

⑥ 나머지 자두는 사과주스에 삶아 옆에 둔다.

⑦ 오븐에서 로스트한 돼지안심을 꺼내 따뜻하게 보관한다.

⑧ 토마토와 호박, 휀넬을 두껍게 썬다.

⑨ 다임을 굵게 다져 식용유와 섞은 다음 토마토, 호박, 휀넬에 바른 다음 소금과 후추로 간을 한다.

⑩ 아스파라거스는 껍질을 벗기고 소금을 넣은 물에 브란치하여 따뜻한 곳에 둔다.

⑪ 식용유와 다임에 버무린 토마토와 호박, 휀넬을 살라만더에 구워낸다.

⑫ 뜨거운접시에 돼지안심을 썰어 담고 주위로 준비된 야채를 곁들인 다음 사과주스에 삶은 자두를 곁들인다.

야채로 속을 채운 닭가슴살
(Stuffed Chicken Breast with Vegetable)

준비재료(3 인분 기준)

닭가슴살(Chicken Breast with Bone) 200 g 짜리 ..... 5 쪽
표고버섯(Shittake Mushroom) .... 50 g
셀러리(Celery) .... 50 g
당근(Carrots) .... 50 g
양파(Onion) .... 30 g
다임(Thyme Chopped) .... 1 tsp
로즈마리(Rosemary Chopped) .... 1 tsp
마늘 다진 것(Garlic Minced) .... 2 tsp
토마토 콩카세(Concassé) .... 120 g
밀가루(Flour) .... 30 g
백포도주(Dry White Wine) .... 60 ml
닭육수(Chicken Stock) .... 100 ml
정제버터(Clarified Butter) .... 50 g
베이질(Basil) .... 5 줄기
소금과 후추(Salt and Pepper) .... 10 g

만드는 방법

① 닭가슴살은 껍질을 제거하고 뼈는 깨끗하게 다듬어 보기 좋게 한 다음 살이 흐트러지지 않도록 조심스럽게 길이로 칼집을 넣어 나비모양으로 만든다.
② 양파는 다져서 따로 모아두고 표고버섯과 당근, 셀러리는 작은 네모썰기한다. 셀러리 속줄기를 가늘게 썰어 냉수에 담아 싱싱하게 만든다.
③ 후라이팬에 버터를 두르고 마늘 다진 것을 색이 변하지 않도록 볶은 다음 당근, 셀러리, 표고버섯순으로 넣어 완전히 익을 때까지 볶아 소금과 후추로 간을 한다.
④ 볶은 야채를 준비해 둔 닭가슴살 중앙에 놓고 한 쪽면으로 덮어준다.
⑤ 후라이팬에 버터를 두르고 열이 가해지면 속을

채운 닭가슴살에 밀가루를 묻히고 황금색이 날 정도로 구워 따로 둔다.

⑥ 닭을 구워낸 프라이팬에 양파를 넣고 색이 날 정도로 볶다가 백포도주를 넣어 절반 정도 졸여준다.

⑦ 토마토콩카세와 닭육수, 로즈마리, 다임을 넣고, 속을 채운 닭가슴살을 약간 잠길 정도에서 함께 졸여준다.

⑧ 뜨거운 접시를 준비하여 소스를 충분히 담고 닭가슴살을 5쪽으로 썰어 돌려 담는다.

⑨ 썰어서 냉수에 담아 둔 셀러리를 건져 물기를 제거하고 소금·후추로 간을 한 다음 닭가슴살 중앙에 올린다.

⑩ 베이질 줄기를 올려 장식한다.

와인에 졸인 닭가슴살과 허브소스
(Poached Breast of Chicken with Herb Sauce)

준비재료(3 인분 기준)

뼈를 제거한 닭가슴살(Chicken Breast) 200 g 짜리 ..5 개
버터(Butter) 50g
백포도주(White Wine) .... 70 ml
닭육수(Chicken Stock) .... 200 ml
월계수잎(Bayleaf) .... 1 pc
말린다임(Dry Thyme) .... 1 g
타라곤(Dry Tarragon) .... 2 g
밀가루(Flour) .... 20 g
꼬마감자(Baby Potatoes) .... 250 g
파슬리 다진 것(Parsley Chop) .... 2 tsp
생크림(Fresh Cream) .... 100 ml
후레쉬 로즈마리(Fresh Rosemary) .... 3 sprigs
검은 통후추 으갠 것(Blackpepper Grated) .... 1/2 tsp
소금(Salt) .... 1/2 tsp

만드는 방법

① 닭가슴살은 기름기와 껍질을 제거하여 다듬어둔다.
② 약간 깊이가 있는 프라이팬을 선정하여 바닥부분에 버터를 발라둔다.
③ 닭가슴살에 소금과 후추로 간을 하고 버터를 바른 프라이팬에 가지런히 놓는다.
④ 와인과 스톡, 마른 향신료를 넣고 기름종이를 프

라이팬 크기만큼 오려서 덮는다.

⑤ 닭가슴살에 향이 스며들면서 익을 수 있도록 낮은불에서 은근히 끓여준다.

⑥ 그 사이 다른 프라이팬에 버터와 밀가루를 같은 비율로 루(White Roux)를 만들어둔다.

⑦ 꼬마감자는 소금을 넣은 물에 삶아 기름에 짙은 갈색이 나도록 튀긴 다음 버터와 파슬리 다진 것을 뿌려 따뜻한 곳에 둔다.

⑧ 닭가슴살이 완전히 익으면 건져 따뜻하게 보관하고, 남은 육수에 준비해둔 루와 생크림으로 농도를 조절하여 고운 체에 걸러낸다

⑨ 따뜻한 접시에 감자를 깔고 그 위에 조리된 닭가슴살을 얹고, 소스를 충분히 뿌린 다음 신선한 로즈마리 한줄기로 모양을 낸다.

게살로 속을 채운 닭요리에 레몬소스
(Chicken Stuffed with Spinach and Crab, Lemon Sauce)

준비재료 (3 인분 기준)

닭다리(Chicken Leg) 200 g 짜리 .... 5 개
시금치(Spinach) .... 40 g
게살(Crab Meat) .... 200 g
베샤멜소스(Heavy Bechamel) .... 70 ml
파마산치즈(Parmesan Cheese) .... 30 g
후레쉬 타라곤 다진 것(Fresh Tarragon Chopped) ..... 5 g
실파 다진 것(Chives Chopped) .... 5 g
달걀노른자(Egg York) .... 1 ea
붉은통후추 으깬것(Red Peppercorn Grated) .... 1 tsp
버터레몬소스(Lemon Sauce) .... 150 ml
아스파라거스(Asparagus) .... 15 개

레몬소스 (Lemon Sauce)

버터(Butter) 30 g／밀가루(Flour) 20 g／치킨 스톡(Chiken Stock) 400 ml／생크림(Fresh Cream) 200 ml
레몬(Lemon) 2 ea／소금과 후추(Salt and Pepper) 1/2 tsp

만드는 방법

① 시금치는 큰잎만을 골라 소금을 넣어 끓는물에 살짝 브란치하여 얼음물에 식힌 후 마른 타올에 잘 펴둔다.

② 닭다리는 뼈를 제거하고 힘줄이 있는 부분에는 칼집을 넣어 두드린 다음 소금, 후추로 간을 한다.

③ 적당한 볼에 게살, 베사멜소스, 치즈, 타라곤, 실파 다진 것, 달걀노른자를 넣고 역시 소금과 후추로 간을 한 다음 잘 섞어둔다.

④ 준비해둔 닭다리에 시금치잎을 골고루 깔아준다.

⑤ 잘 섞어둔 게살재료를 3 등분하여 닭다리 중앙에 오도록 놓는다.

⑥ 마치 김밥을 말듯이 말은 다음 닭다리의 껍질로 단단하게 한번 더 말아준다.

⑦ 네모난 팬에 버터를 바르고 껍질이 연결된 부분이 아래로 향하도록 놓는다.

⑧ 부러쉬로 버터를 발라주고 소금과 후추로 간을 한 다음, 180℃ 오븐에서 10 분 정도 구워낸다.

⑨ 더운 야채(Hot Vegetable)는 감자, 브로컬리, 당근, 아스파라거스, 호박 등을 곁들이고 바닥에 레몬소스를 충분히 깔고 닭다리를 2 등분하여 올린 다음 레몬웨지와 제스트로 장식한다.

레몬소스 만드는 방법

① 레몬하나는 껍질을 까서 웨이지형식으로 살집부분만 떠놓고, 다른 하나는 제스트(Zest)를 만들고 주스를 짜둔다.

② 소스팬에 버터 20 g과 밀가루를 같은 비율로 넣어 루(Roux)를 만든 다음 스톡을 붓고 완전히 풀리도록 위퍼로 잘 저어준다.

③ 덩어리가 완전히 풀어지면 크림과 레몬주스를 넣어 1~2분 정도 더 저어주면서 끓인다(농도가 맞지 않을 경우 스톡으로 조절한다).

④ 마지막으로 레몬제스트를 넣고 1분 정도 더 끓인 다음 고객에게 제공될 때 레몬웨이지를 넣어 소스를 뿌려준다.

향초를 곁들인 오리가슴살과 샐러드
(Herbed Duck Breast and Garden Salad)

준비재료(3 인분 기준)

오리 가슴살(Duck Breast) 200 g 짜리 .... 5 pc
마늘 다진 것(Garlic Minced) .... 5 g
대파 잘게 썬 것(Green Onion Chopped) .... 20 g
간장(Soy Sauce) .... 5 ml
정종(Rice Wine) .... 10 ml
다임(Thyme) .... 2 g
로즈마리(Rosemary) .... 2 g
넛멕(Nutmeg) .... 1/2 tsp
통마늘(Garlic Cloves) .... 30 g
차이브(Chive) .... 15 줄기
로마인 레터스(Romain Lettuce) .... 40 g
머스타드 샐러드(Mustard Salad) .... 30 g
라디치오(Radicchio) .... 20 g
물냉이(Water Cress) .... 20 g
올리브 오일 (Olive Oil) .... 30 ml
소금과 후추(Salt and Pepper) .... 2 g

샐러드소스 준비재료

마늘 다진 것(Garlic Minced) .... 10 g
하젤넛 오일(Hazelnut Oil) .... 100 ml
엑스트라 버진 올리브오일(Extra Virgin Olive Oil) ..... 100 ml
발사믹 비네가(Balsamic Vinegar) .... 30 ml
설탕(Sugar) .... 5 g
차이브 잘게 썬 것(Minced Chives) .... 10 g
하젤넛 다진 것(Hazelnut Chopped) .... 60 g
소금과 후추(Salt and Pepper) .... 2 g

만드는 방법

① 오리가슴살은 기름기를 적당하게 남은상태로 다듬어둔다.

② 다임, 로즈마리는 약간 굵게 다지고, 넛멕은 그레이터(Grater)에 갈아 넣는다.

③ 네모난 컨테이너에 오리가슴살과 향초, 넛멕, 올리브오일, 소금, 후추로 버무려 향이 잘 스며들도록 일정하게 절여둔다(약 4 시간 정도 절여준다).

④ 그린샐러드는 한입에 먹기좋은 크기로 잘라 냉수에 씻어서 젖은 타올을 덮어 신선하게 유지한다.

⑤ 마늘은 프라이팬 또는 오븐에서 황금색이 날 정도로 구워서 따뜻한 곳에 보관한다.

⑥ 샐러드소스를 만든다(만드는 방법 참조).

⑦ 프라이팬에 기름을 두르고 190℃ 정도에서 오리

가슴살을 기름이 붙어있는 면부터 2~3분 정도씩 구워준다(너무 굽지 않도록 한다).

⑧ 구워진 오리가슴살을 6~7쪽 정도로 썰고 기름부분이 위로 향하도록 접시에 담은 다음 샐러드를 보기좋게 놓고 구운 마늘을 뿌려준다.

⑨ 오일 비네가소스를 샐러드와 오리 주위로 뿌려 고객에게 제공한다.

샐러드소스 만드는 방법

모든 재료들을 볼에 담고 잘 저은 다음 약 30분 정도 냉장고에 보관한 후 다시 꺼내어 잘 저어준다.

허브필로에 싸서 구운 양 안심

(Roasted Lamb Loin in Herb Phillo)

준비재료(5 인분 기준)

필로패스트리(Phillopastry) .... 5 장
양 안심(Lamb Loin) .... 450 g
통마늘(Garlic Clove) .... 50 g
느타리버섯(Oyster mushroom) .... 60 g
적포도주에 졸인 샬롯(Red Wine Glazzed Shallot) ..... 60 g
셀러드다발(Salad Bouquet) .... 3 개
오레가노(Oregano) .... 3 줄기
로즈마리(Rosemary) .... 3 줄기
차이브(Chives) .... 9 줄기
고수(Coriander) .... 50 g
버터(Butter) .... 50 g
계란(Egg) .... 1 개
비트 에센스(Beetroot Essense) .... 30 ml
오렌지 에센스(Orange Essense) .... 30 ml
소금과 후추(Salt and Pepper) .... 맛을 낼 정도

만드는 방법

① 오레가노와 로즈마리를 한 줄기씩만 남기고 굵게 다져 둔다.
② 양 안심에 기름기와 힘줄을 제거하고 다져둔 로즈마리와 오레가노 절반을 양 안심에 뿌린다음 소금과 후추로 조금만 간을 한다.
③ 필로패스트리를 한 장씩 떼어내어 사이사이에 로

즈마리와 오레가노 다진 것을 뿌려 겹겹이 쌓는다.
④ 계란을 작은 볼에 깨서 부드럽게 저어둔다.
⑤ 허브로 겹겹이 쌓은 필로패스트리를 반듯하게 펴고 양 안심을 놓아 둥글게 말아준 다음 끝부분에 계란 섞은 것을 발라 접착시킨다.
⑥ 필로패스트리로 싼 양안심을 팬에 담고 170℃ 정도의 오븐에서 10분 정도 굽는다.
⑦ 후라이팬에 버터를 두르고 통마늘과 느타리버섯을 노릇노릇하게 굽고 소금과 후추로 간을 한다.
⑧ 따뜻한 접시에 구운 통마늘과 느타리버섯, 샬롯을 담고 구워 낸 양 안심을 3쪽으로 썰어 담는다.
⑨ 셀러드다발을 중앙에 놓고 차이브와 로즈마리, 오레가노, 고수잎을 사용하여 장식한다.
⑩ 오렌지에센스와 비트에센스를 10 ml 씩 뿌린다.

야채국수에 얹은 양갈비와 데리야끼소스
(Lamb Chop bed Vegetable Noodle and Teriyaki Sauce)

준비재료(3 인분 기준)

양갈비(Lamb Chop)	900 g
애호박(Summer Squash)	100 g
당근(Carrot)	100 g
느타리버섯(Oyster Mushroom)	100 g
팽이버섯(Winter Mushroom)	60 g
차이브(Chives)	9 줄기
그린비타민(Green Vitamin)	50 g
검은 통후추(Black Whole Pepper)	2 tsp
데리야끼소스(Teriyaki Sauce)	150 m*l*
썰은 가지(Sliced Eggplant)	6 쪽
소금과 후추(Salt and Pepper)	맛을 낼 정도
식용유(Vegetable Oil)	60 m*l*

만드는 방법

① 양갈비에 붙어 있는 기름기를 다듬어내고 뼈부분은 3 cm 정도만 남긴다.

② 검은 통후추를 도마 위에 올리고 조리용 칼을 사용하여 굵게 으깬다.

③ 굵게 으깬 검은 통후추와 소금을 양갈비 표면에 식용유와 함께 버무린다.

④ 팽이버섯과 그린비타민, 차이브를 보기 좋게 묶은 다음 물을 뿌려 싱싱하게 살려둔다.

⑤ 애호박과 당근을 국수모양으로 가늘게 썰어둔다.

⑥ 준비된 양 갈비를 165℃ 정도의 오븐에서 약 15 분 정도 구워 따뜻한 곳에 보관한다.

⑦ 후라이팬에 식용유를 두르고 가늘게 썰어둔 야채를 색이 변하지 않도록 높은 열에서 볶은 다음 소

금과 후추로 간을 한다.

⑧ 느타리버섯을 후라이팬에 노릇노릇한 색이 나도록 구워낸다.

⑨ 따뜻한 접시 위에 볶은 야채를 깔고 그 위에 느타리버섯, 팽이버섯, 그린비타민, 차이브다발을 놓고 구운 양갈비를 3 쪽으로 썰어 담는다.

⑩ 데리야끼 소스를 충분하게 뿌리고 가지썰은 것을 기름에 튀겨 장식한다.

주요리에 사용되는 어패류 (Fish and Shell fish)

생선(Fish)이라고 하면 물속에 살면서 헤엄을 치는 지느러미와 물속에서 호흡을 하기 위한 아가미를 가지고 있는 척추동물을 말한다. 일반적으로 해수어보다는 담수어의 종류가 적은 것으로 알려져 있다. 갑각류는 역시 물속에 생존하는 무척추동물로서 단단한 몸체나 단백질과 석회질로 구성된 껍질로 몸을 보호하여 살아가고 있으며 역시 해수와 담수 양쪽에 모두 자생한다.

조리에 있어서 어패류가 중요한 위치를 점하고 있는 것은 최근들어 어패류의 수요가 급증하고 매우 대중화되어 있기 때문이다. 어패류에 대한 수요증가는 여러가지 요소가 있을 수 있겠지만 무엇보다도 식생활의 변화와 건강에 대한 사람들의 인식이 높아지면서 육류에 비해 지방의 종류와 분포가 건강에 더욱 도움이 되는 생선이나 패류를 요구하게 되었다고 볼 수 있다.

또한 육류에서 느낄 수 없는 담백한 맛을 지니고 있으므로 소비자들의 어패류요구는 앞으로 더욱 증가할 것으로 전망된다. 그러므로 고객의 욕구를 충족시키기 위해서 조리사들은 어패류에 대한 새로운 조리기술과 영양적인 면을 계속적으로 연구, 발전시켜야 할 것이다.

어패류의 종류는 값이 비싼 반면 요리시에 그 맛이나 육질이 다른 육류나 가금류와 비교하여 손실되기 쉽고 조금만 주의를 게을리 하여도 섬세한 맛을 놓칠 우려가 있다. 따라서 어패류를 조리할 때에는 무엇보다도 조리되는 시간과 온도에 주의해야 하고, 조리될 때까지 보관에도 세심한 주의를 기울여 보다 더 높은 질의 요리를 제공하여야 한다.

이 장에서는 어패류에 대한 정확한 지식과 조리사가 갖추어야 할 기본적인 구매방법, 저장방법, 조리방법 등을 소개함으로써 어패류 조리시 필요한 기초지식을 소개하고자 한다.

1. 생선의 구조 (Structure and Muscle Composition)

요리에 사용되는 재료로써 어패류는 크게 어류(Fish), 연체류(Mollusks)와 갑각류(Crustaceans)의 3 가지로 나뉜다.

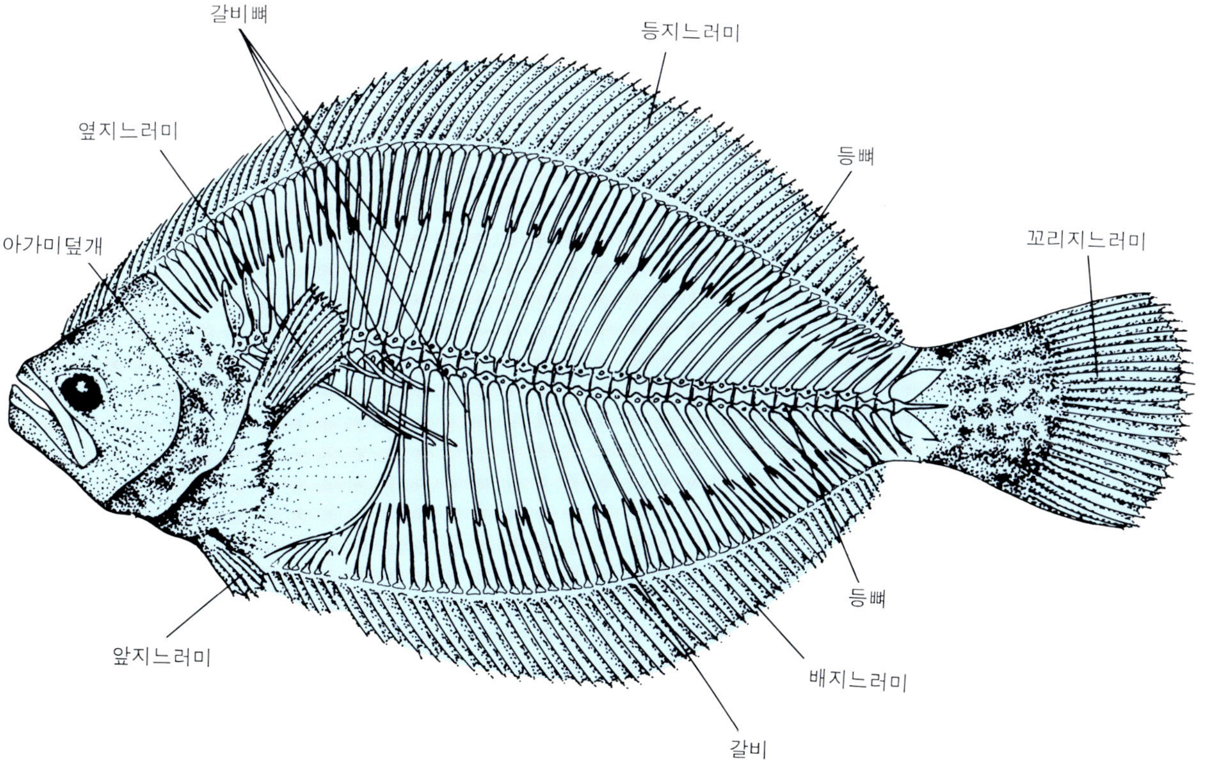

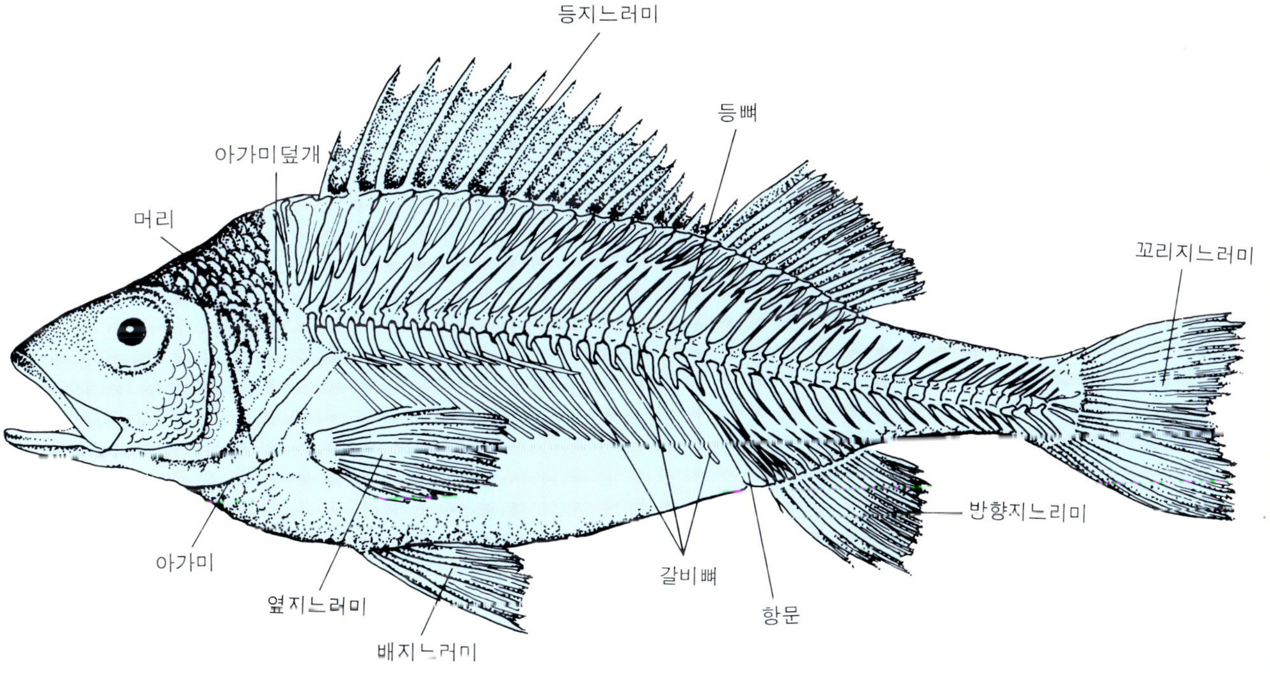

(1) 어 류 (Fishs)

담수어와 해수어가 있으며, 그 종류도 매우 다양하다. 어류는 헤엄을 치기 위한 지느러미를 가지고 있으며 안쪽으로 등뼈를 중심으로 하는 골격을 기반으로 몸통을 유지하고 있다. 어류는 기본적인 모양이, 몸통이 둥근모양과 납작한 모양을 하고 있는 두 종류로 구분한다. 몸통이 둥근 어류는 수직으로 된 등지느러미를 가지고 있으며, 눈이 머리 양쪽에 대칭으로 붙어 있다. 머리를 중심으로 꼬리쪽을 향하면서 둥근원형이나 오발(Oval)형으로 꼬리까지 이어진다.

반면에 납작한 모양을 하는 플래트휘시(Flatfish)는 비대칭형의 몸통으로 눈은 머리의 한쪽을 향하게 붙어 있고, 헤엄을 칠 때 평평한 모양으로 온몸을 흔들어 움직인다. 특히 플래트휘시는 바닷속 깊은곳의 바닥에 붙어 움직이며, 바닥쪽은 흰색을 띠는 반면 윗쪽은 검은색을 유지하고 있으나 환경에 따라서 자신들의 색을 변화시킨다.

(2) **연체동물** (Mollusks)

일정한 껍질을 유지하고 있는 갑각류와 뚜렷한 모양을 지니지 않는 무척추동물로 구분된다. 대부분의 연체동물이 껍질을 갖고 있으나 껍질 중에서도 한쪽면만을 지닌 전복(Abalone)과 같은 단각류가 있고, 양쪽껍질을 갖고 있는 조개(Clams), 굴(Oyster), 홍합(Mussels)과 같은 쌍각류가 있다. 오징어(Squid)나 낙지(Octopus)와 같은 두족류의 연체동물은 껍질을 가지고 있지는 않지만 안쪽에 얇은뼈와 같은 커틀본(Cuttlebone)이 하나 있어 몸통을 유지해주고 있다.

(3) **갑각류** (Crustaceans)

가재(Lobster)나 새우(Shrimp), 게(Crabs)와 같은 갑각류는 외부에 단단한 뼈구실을 하는 껍질과 꼬리 등을 갖고 있다.

어류나 갑각류의 살집은 수분을 기초로 하여 단백질과 지방, 미네랄을 포함하고 있으며, 짧은 근육과 섬세하면서도 엷게 퍼져 있는 힘줄을 함유하고 있다. 갑각류 뿐만 아니라 대부분의 어류는 자연적으로 부드러운 육질을 지니고 있는 것이 특징이며, 단백질의 구조와 영양가가 조리목적에 매우 적합하고도 독특한 개성을 지니고 있다.

육질을 자세히 살펴보면 산소를 운반해 주는 미오글로빈(Myoglobin)의 존재 여부에 따라서 육질의 색이 흰색과 유색으로 구분된다. 다른 육류와 구분이 된다면 어류육질에는 근육속에 지방함량이 매우 소량이라는 것이다.

따라서 육질속에 포함되어 있는 지방의 양이 조리시에 별로 영향을 미치지 않으며, 연어나 고등어같은 기름기가 많은 생선도 마찬가지다. 다만 흰살생선에 비하여 좀더 많은 양의 기름을 포함하고 있다는 것이다.

2. 어패류의 종류

(1) **어류**(Fish) —— **라운드 휘쉬** (Round Fish)

1) 농어류 (Bass)

농어는 보통 서로 상관관계를 찾는 것이 다소 어려운 감은 있으나 입의 크기가 작은것과 큰것, 또는 눈의 색이 붉은것과 검은것 등으로 구분한다. 농어의 육질은 매우 부드러우며, 기름기가 적고, 섬세한 맛을 지니고 있다. 바다농어로는 검은색농어(Black Sea Bass)와 줄무늬농어(Striped Sea Bass)가 어획량이 많기 때문에 요리에 흔히 사용되고 있다.

검은색농어

검은색농어(Black Sea Bass)는 암초가 많은 해안에서 많이 잡히기 때문에 돌농어라는 이름을 갖고 있기도 하다. 보통 700~1200 g 짜리가 상품인데 기름기가 적고 살집이 희어 순한맛을 내는 것이 특징이다. 이러한 특징때문에 어떠한 요리에 사용해도 잘 어울리며, 요리방법에서도 특별하게 하기보다는 일반적인 요리방법이 이울린다. 주로 이탈리아 요리와 전통적인 중국요리에서 많이 사용되고 있다.

줄무늬 농어(Striped Bass)는 최근들어 그 숫자가 급격하게 감소하고 있어 일반 시장에서는 찾아보기 힘들어졌다. 그것은 급증하는 수질오염때문인 것으로 추정된다. 해수 및 담수성을 갖고 있고, 깨끗한 물에서 서식하는 이 생선은 500~2,000 g 까지 다양한 크기로 요리목적에 따라서 크기를 선택할 수 있다. 줄무늬 농어의 육질은 희고 단맛이 배어 있으며, 감촉이 매우 좋다.

줄무늬농어

포칭 또는 석쇠구이, 증기찌기, 베이킹 등 다양한 조리방법을 사용하면 더욱 특별한 맛을 낼 수 있다.

2) 메기류 (Catfish)

강이나 호수에 서식하는 담수어이다. 비늘이 없는 생선으로는 철갑상어 다음으로 무게가 많이 나가는 어종으로 2 개의 긴수염과 4 개의 짧은수염을 갖고 있다. 강이나 호수의 밑바닥에 살며 물고기, 개구리, 게 등을 먹고 산다. 최근들어 양어장에서 양식을 하면서부터 진흙맛이 감소하고, 일년내내 공급이 일정하게 되어 안정적으로 사용할 수 있다. 보기와는 달리 살집이 섬세하고 매우 부드럽다. 큰것은 2 kg 을 넘는 것이 있고 작은것은 200~300 g 짜리도 있다. 작은것은 통채로 튀겨서 요리에 이용하고 큰것은 머리를 제거한 몸통을 팬프라이하여 사용하면 된다.

메기

3) 대구류 (Codfish)

대구의 종류는 그 어느 어류 못지않게 다양하다. 우리가 흔히 알고 있는 폴락(Pollock), 하독(Haddock), 헤이크(Hake) 등 많은 종류의 대구가 있다. 대구육질은 기름기가 적고 맛이 순하며, 육질간에 쉽게 분리된다. 대부분의 조리방법을 사용할 수 있지만 석쇠구이같은 방법은 피하는 것이 좋다. 그 이유는 육질이 쉽게 분리되기 때문에 조리과정에서 모양이 흐트러지거나 부서지기 때문이다.

코드(Cod)는 아틀란틱코드와 태평양코드 등이 있으며, 육식성으로 몸체의 길이는 길고 날카로운 이빨을 가지고 있다. 5 년 정도 된 대구는 길이가 약 1 m 에 몸무게는 90 kg 까지 나가는 것도 있다. 살은 회백색으로 소금저장이나 냉동저장으로 유통되는 것이 흔하다. 우리가 알고 있는 명태(Whiting)는 대구과에 속하지만 육질에서 대구보다 지방질이 적고 크기가 약간 작다. 대부분 요리에 사용되는 대구는 크기가 1~4 kg 짜리가 적당하고 훈제하거나 소금구이를 하면 좋다.

대구류

보스톤 블루휘시(Boston Bluefish)라고도 알려진 폴락(Pollock)은 육질이 회색핑크빛을 띠고 있으나 조리하면 흰색으로 바뀐다. 대부분의 대구류가 그렇듯이 잡히는 즉시 급속냉동시키므로 사용시까지 육질의 변화가 적은 것이 특징이고 최근들어 연어나 다른 생선과 비교하여 훈제상품으로 급속한 증가를 보이고 있다.

4) 장　어 (Eel)

해수와 담수를 번갈아가며 살아가는 이주성 어종으로 몸길이가 길어 마치 바닷뱀같은 느낌을 준다. 우리나라에서 회감으로 많이 사용하는 꼼장어(Conger Eel)와 장어(Anguille)는 서로 다른 과에 속하며 조리에서 그 쓰임새도 다르다.

장어는 다른 생선에 비하여 지방함유량이 매우 높고, 육질이 순하고 부드럽다. 껍질이 매우 질기므로 조리전에 껍질을 벗겨내고 찜을 하거나 굽기, 튀김, 스튜로 사용한다. 장어 중에서도 새끼 장어는 이른봄에 맛이 좋으며, 스페인에서는 올리브오일과 매운 고추, 마늘을 버무려 프라이팬에 구워낸 요리가 유명하다. 최근들어 훈제한 장어도 많이 보급되고 있으나 아직 우리에게는 익숙하지 않다.

장어

5) 청 어 (Herring)

은빛나는 푸른색을 띠는 청어는 서양요리에서 흔히 사용되고 있는 전통적인 생선 중의 하나이다. 청어가 가지고 있는 독특한 맛 때문에 다른 생선과도 구별되는데 육질이 고등어와 비슷하나 향이 전혀 다르고 지방비율은 다른 생선보다 풍부하다. 필렛을 떠서 양념을 한 다음 팬프라이하기도 하고, 석쇠구이로도 좋으며, 식초절임으로도 많이 사용된다. 크기는 300 g 정도가 요리에 사용하기 좋다. 육질이 부드럽고 지방함유가 높아 부패되기 쉽다.

청어

최근에는 저장시설의 발달로 신선한 상태에서 요리에 사용하는 빈도가 늘어나고 훈제로도 자주 사용된다.

6) 정어리 (Sardines)

정어리 역시 청어와 마찬가지로 전통적인 서양요리에서 흔히 볼 수 있는 생선 중의 하나이다. 작은 크기에 통조림으로 유통되는 것이 일반적이다. 정어리는 기름에 절여 쓰기도 하고 소스와 함께 포장되어 즉석에서 먹을 수 있도록 개발된 것도 있다. 작은것은 튀김으로, 큰것은 훈제로 이용된다.

7) 존도리 (John Dory)

피터 휘쉬(Peter's Fish)로 알려진 존도리는 노란색의 광채를 발하며 눈과 아가미가 이국적으로 생겼다. 육질이 희고 단단하여 사용하기가 용이하고, 맛이 다른 생선과 구별된다. 존도리의 모양은 우리나라 쥐치와 비슷하나 크기나 살집에서 구별된다. 필렛전체를 석쇠구이하거나 포칭방법을 이용하면 좋다. 최근 노르웨이 부근에서 어획량이 늘고 있으며, 수요량도 늘어나고 있다. 존도리의 뼈는 국물을 내어 부야베스(Bouillabaisse)로 사용하면 더욱 좋다.

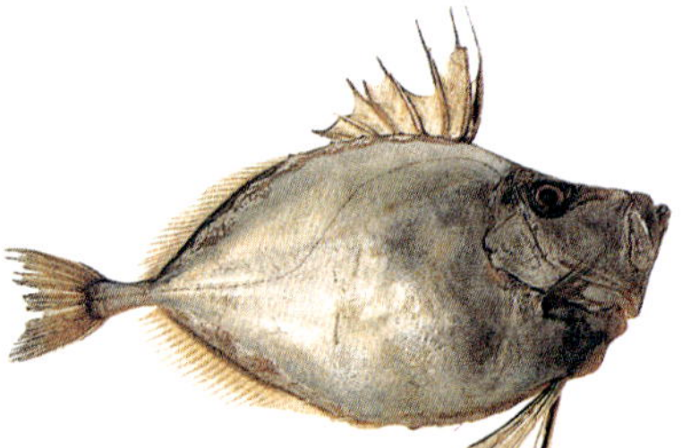

존도리

8) 고등어류(Mackerel)

삼치나 고등어와 같이 등이 푸르고 살점이 깊은 어류로, 맥커럴은 스페니쉬 맥커럴(Spanish Mackerel)이 참치만큼이나 세계적으로 유명하다. 고등어류의 살집은 흰살생선보다는 지방질이 많아 쉽게 부패할 우려가 있는 반면 맛은 비교가 안될 정도로 좋다. 껍질이 얇으나 껍질을 싸고 있는 회색 또는 핑크색의 육질에는 독특한 맛을 지니고 있다. 전체적인 살결은 부드럽고 굽게 되면 비교적 단단해진다.

맥커럴은 석쇠구이와 철판구이, 오븐구이 등 건식열을 이용한 조리에 적당하다. 우리나라에서는 복합열인 조림에도 많이 사용하고 있으나 서양요리에서는 훈제를 비롯하여 구이조리가 주류를 이룬다.

고등어류

9) 아구류(Monkfish)

앵글러휘쉬(Anglerfish ; 낚시꾼)로 알려진 이 생선은 여러 개의 이빨과 머리가 매우 큰것이 특징이다. 전반적으로 모양이나 꼬리가 험상궂게 생겨 보는이로 하여금 쉽세 접근하기 힘들게 보이나 육질면에 있어서는 매우 연하고 부드러운 것이 또한 이 생선의 특징이다. 이 생선의 육질은 매우 민감하여 시장에 도달하기 전에 부패되는 경우가 많아 가능한한 이른 아침에 구입하는 것이 좋다.

이 생선은 머리부분이 크고 몸통이 작아 이용가능한 부분이 별로 없다. 하지만 껍질을 벗겨낸 살점은 증기찌기, 또는 튀김, 구이용으로 사용할 수 있고, 스튜와 수프생산에도 좋은 재료가 될 수 있다.

이렇게 생김새가 험상궂고 머리통이 큰 생선은 그 생김새 만큼이나 별명도 여러가지로 바보(Poor man's Lobster)라고도 하지만 우리나라에서는 아구찜으로 사랑을 받고 있는, 없어서는 안될 생선 중의 하나이다.

아구류

10) 오렌지 러피 (Orange Rougpy)

남태평양 뉴질랜드와 오스트레일리아 부근해안에서 많이 잡히는 이 생선은 엷은 오렌지색 껍질과 같은 단단한 육질을 갖고 있다. 진주처럼 희고 지방함량이 적은 육질은 온화하고 부드러운 향을 갖고 있어 생선요리로는 각광을 받는나. 일반석으로 필렛을 만들어 냉동품으로 공급되기 때문에 연중 고르게 메뉴에 사용할 수 있을 뿐만 아니라 가격도 비교적 저렴하여 경제성이 있다

시장에서 통용되는 오렌지 러피의 상품은 뼈를 제거하고 100～200 g 정도의 크기로 유통된다. 따라서 별다른 손질을 가하지 않더라도 습식열을 이용한 보일드, 증기찌기, 또는 석쇠구이로 사용할 수 있다.

11) 도　미 (Snapper)

도미의 종류는 매우 다양하고 그 수도 많다. 모양이나 육질이 비슷한 것도 있겠지만 무엇보다도 색에 있어서 붉은색과 검은갈색으로 구분하여 레드 스내퍼(Red Snapper)와 태평양 스내퍼(Pacific Snapper) 등으로 구분한다. 붉은도미인 레드스내퍼는 엷은 핑크색에 지방이 적은 육질을 갖고 있으나 조리하면 흰색으로 변한다. 살결구조가 분리되기 쉽게 되어 있고, 순한 단맛을 내는 향을 지닌다.

필요에 따라서 조금씩은 다르지만 통째로 유통되기도 하고 필렛을 내서 냉동포장상태로 유통되기도 한다. 마리당 크기는 2 kg이 넘는 것도 있지만 요리에 사용하기에는 마리당 0.5～1 kg 짜리가 적당하다. 도미의 뼈는 스톡(Stock)을 생산하기 위한 재료로 제격이다.

도미

12) 송　어 (Trout)

송어는 연어류에 속하지만 대부분이 깨끗한 물에 서식하는 담수어종이다. 최근들어 송어양식업이 증가하면서 상업성이 좋은 생선 중의 하나로 알려져 무지개 송어가 대중화된 추세이다. 대부분의 송어가 민물에 살고 있지만 일부 종류의 송어들은 바다에서 살다가 알을 낳기위해서 민물로 돌아오는 회귀성 생활을 하고 있다.

송어의 육질은 비교적 기름기가 적당하게 포함된 부드러운 살결을 특징으로 한다. 맛과 감촉이 매우 섬세하여 소스를 강하게 할 경우 맛이 나타나지 않는 경우가 있다. 종류에 따라서 조금씩 다른 육질색으로 흰색과 연

송어

한핑크 등 때에 따라서는 오렌지색을 띠기도 한다. 호수에 서식하는 송어는 일반송어에 비하여 높은 지방질을 포함하는 육질을 지니고 있으나 경제성 때문에 양식에는 대중화가 되지 못하고 있다. 다만 송어는 팬프라이, 훈제, 증기 등 어떠한 조리방법을 이용해도 좋은 요리를 생산할 수 있는 재료임에 틀림없다.

13) 참　치 (Tuna)

블루핀(Bluefin), 옐로핀(Yellowfin), 빅아이(Bigeye), 블랙핀(Blackfin) 등등 매우 다양한 종류가 말해주듯이 참치가 조리에 미치는 영향도 대단하다.

특히 최근들어 참치수요가 늘어나고 서양요리에서 참치를 이용한 조리방법이 다양하게 개발되면서 대중화된 메뉴가 눈에 띄게 새롭게 생겨나고 있다. 고등어류에 속하고 무게가 300~500 kg 까지 나가는 이 거대한 생선은 세계 여러 곳에서 포획되고 지역적으로도 다양하게 사용된다. 주목할만한 것은 참치의 수요 중에서 날것으로 요리되는 사시미(Sashimi)가 세계적으로 선풍적인 인기를 누리면서 서양요리에도 접목이 되고 있다는 점이다.

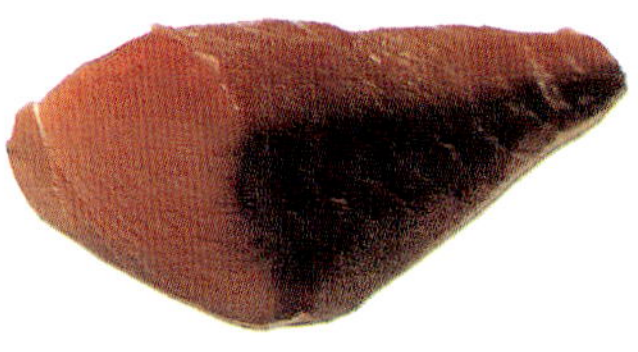

참치

참치는 전형적인 붉은색 육질을 가진 생선중의 하나로 사시미에는 블루핀참치가 주로 사용되고 통조림으로 가공되어 유통되는 것은 옐로핀참치가 주류를 이룬다. 참치는 태평양에서 포획되는 즉시 급속냉동되므로 육질이 신선하게 보존되는데 대부분의 참치가 냉동된 상태로 유통되고 있다.

참치는 뼈를 제거하고 4 등분으로 구분하는데 가슴쪽에 기름이 많은 부분은 사시미용으로 사용하고 그 밖에는 스테이크(Steak) 또는 구이용, 샐러드로 다양하게 사용한다.

참치의 측면으로 옆줄을 따라 붉으면서 검은색을 내는 근육질은 기름기가 많고 맛도 특이하다. 따라서 이 부분을 제거하고 사용하면 좋다. 참치육질은 단백질이 다량 함유되어 있어 바다쇠고기라는 별명을 지니고 있을 정도이며, 맛은 순하고 조리하였을 때 육질이 단단해지는 성질이 있으나 그 결이 뚜렷하게 나타난다. 참치고기를 석쇠구이나 철판구이할 때 오일이나 양념을 충분히 해주면 육질이 건조해지는 것을 막을 수 있다.

14) 연　어 (Salmon)

연어는 계곡이 발달되어 수량이 풍부하고 대륙붕이 비교적 깊은 노르웨이나 스칸디나비아같은 북부유럽을 중심으로 질좋은 품종이 생산되고 있다. 물론 알라스카나 일본 홋카이도 부근에서 잡히는 연어도 그 질이 매우 우수하지만 물량면에서는 북유럽 생산량을 따르지 못하고 있다. 연어는 민물에서 태어나 바다로 생활터전을 옮긴 다음 다시 민물로 돌아오는 회귀성 어종으로 살색이 분홍색과 은색, 붉은색 등으로 구분된다.

연어육질 속에는 비교적 다량의 지방을 포함하고 있는데, 불포화성 지방으로 동물성 지방과는 구별된다.

연어의 수요는 세계적으로 상업적인 목적에 의해서 양식이 되고 있는데, 노르웨이, 캐나다, 스코틀랜드 등 여러 나라에서 아틀란틱연어(Atlantic Salmon)의 시장점유율을 높이기 위해 자신들 나라이름을 붙여 전세계로 유통시키고 있다. 아틀란틱연어는 육질이 부드럽고 기름기가 많으며, 깊은 핑크색을 띠는 것이 특징이다. 크기는 보통 2~6 kg 으로 요리용도에 적합한 크기로 유통된다.

연어

15) 복　어 (Puffer)

복어는 잡힐 때 그 모양이 풍선처럼 보이므로 그 이름이 펍퍼(Puffer)로 불리운다. 자신의 크기를 커 보이게 함으로써 위협을 주기위한 모양을 한다. 복어요리에서 주의해야 할 점은 복어가 지니고 있는 독성이 치명적이라는 것이다. 복어는 난류성 어종으로 미주나 남뉴펀드랜드(Newfound-land)에서 잡히는 복어가 일본산 복어보다 독성이 비교적 약하다.

복어를 서양요리로 조리할 때에는 머리를 잘라낸 다음 껍질을 벗기고, 작은 경우 뼈를 포함한 채로 튀김이나 팬프라이 할 수 있다. 복어의 껍질을 벗길 때는 가시에 찔릴 염려가 있으므로 손보호용 장갑을 착용하고 작업하는 것이 바람직하다.

복어

(2) 플렛휘시 (Flatfish)

플렛휘시는 살결이 매우 부드럽고 순한맛을 지니고 있으며, 살코기에서 은은한 단맛을 풍기고 진주같이 깊은흰색과 약간의 핑크빛이 섞여 있다. 상품화되고 있는 대부분이 필렛을 뜬 다음 냉동보관상태로 유통되고 있다. 육질이 다른 라운드휘쉬(Roundfish)에 비하여 부드럽고, 필렛의 두께가 얇아 공기접촉에 의해 마르기 쉽고 부패도 빨리온다. 따라서 저장과 조리과정에서도 보다 더 세심한 주의가 요구된다. 조리방법은 습식열을 이용한 포칭(Poaching), 증기찌기(Steaming)와 같은 방식을 가함으로 맛의 손실을 최소화하고 모양이 흐트러지는 것을 막을 수 있다.

1) 도보 솔 (Dover Sole)

도보 솔은 전형적인 가자미과의 일종으로 납작하면서도 긴타원형의 모습을 하고 있다. 섬세한 맛과 이용가치가 높은 모양 때문에 고급요리에 자주 쓰이곤 한다. 영국이나 아프리카, 유럽해안을 따라 어획량이 많기 때문에 다른 나라에 수출하기 위해서 통째로 냉동하거나 필렛을 만들어 냉동상태로 유통시킨다.

도보솔

2) 레몬 솔 (Lemon Sole)

레몬 솔은 우리나라 연안에서 잡히는 가자미와 매우 흡사하게 생겼는데 미국동쪽해안을 따라서 대단히 많이 서식하는 대중적인 가자미과의 일종이다. 때로는 검은등넙치 또는 겨울넙치로 알려진 이 생선은 한류를 좋아하기 때문에 겨울동안 더 차고 깊은 곳으로 이동하는 성질을 지니고 있다. 크기는 1 kg 짜리 정도가 좋다.

3) 광　어 (Halibut)

플렛휘시 중에서 체구가 큰편에 속하는 광어는 경우에 따라서는 100 kg을 훨씬 넘는 것들이 포획되기도 한다. 광어의 종류는 크게 두 가지로 나누는데, 동아틀란틱광어와 북알라스카광어로 구분하는 것이 일반적이다. 그렇지만 육질에 있어서는 모두 비슷한 성질을 갖고 있다.

래몬솔

광어의 육질은 매우 희고 순한맛을 지니고 있어서 소스의 종류에 따라 요리를 다양하게 표현할 수 있다. 광어의 필렛은 뼈를 제거한 다음 스테이크와 꼬치, 또는 갈아서 크림과 와인을 첨가한 다음 생선 테린(Fish Terrine) 등으로 사용하면 좋은 조리재료가 된다.

광어 중에 알라스카광어보다 크기가 작은 캘리포니아광어는 약 5 kg 안팎으로 육질은 다른 광어와 비슷하나 조리시 개별화하기 용이하다. 광어살 역시 다른 플렛휘시와 마찬가지로 공기와 접촉하면 쉽게 마를 염려가 있으므로 보관시에는 공기와의 접촉을 차단하는 포장에 신경을 써야 한다.

광어 역시 포칭(Poching), 석쇠구이(Broiled), 오븐구이(Baking) 등과 같은 요리에 광범위하게 사용하고, 소스의 종류와 선택에 따라서 더 많은 응용요리를 만들어 낼 수 있으므로 매우 유용한 재료라 할 수 있다.

4) 터어봇 (Turbot)

서양요리에서 다른 플렛휘시에 비하여 그 쓰임새는 적지만 태평양부근에서 어획되는 생선 중 하나로 커다란 다이아몬드형(Large Diamond shaped)의 모습을 하고 있다. 육질은 매우 희고 섬세하다. 다른 플렛휘시와 비교하여 살집이 깊기 때문에 스테이크(Steak)로 사용하기에 적당하다.

터어봇은 아틀란틱 플렛휘시의 일종이나 양식이 가능하여 한류에서 양식에 의한 시장점유가 차츰 증가하고 있는 추세이다. 터어봇의 사용은 습식열을 이용한 포치(Poach) 또는 증기찌기(Steaming) 조리법을 사용하여 섬세한 맛을 그대로 유지하는 것이 바람직한 요리방법이다.

(3) 연체류 (mollusks)

1) 단각류(Univalves)

단각에 속하는 연체류는 하나의 껍질을 가지고 일정하지 않은 몸체를 갖고 있는 것을 말한다. 단각류는 쌍각류에 비하여 그 종류가 간단하며 모양새도 비슷하다. 마치 동굴과 같은 단단한 석회질의 껍질을 가지고 일단 구성된 껍질은 살아가는 동안 언제나 같이 성장하게 되는데, 자세히 보면 나무의 나이테와 같이 성장된 모습을 볼 수 있다.

① 전 복 (Abalone)

전형적인 단각류로 짙은 갈색과 은색이 섞인 껍질을 가지고 있으며, 마치 사람의 귀와 같은 모습을 하고 있다. 최근들어 대부분의 전복들이 양식되어 유통되고 있다. 전복은 육질이 좋고 성장조건이 다른 연체류와 비교하여 까다롭기 때문에 수요를 충족시키지 못하는 관계로 가격면에서 대단히 비싼 것이 현실이다. 세계적으로 전복은 일본에서 수출하고 있는 것과 미국 캘리포니아에서 생산되고 있는 전복이 냉동상태로 유통되거나 통조림의 형태로 시장에 공급된다.

전복의 육질은 지방이 적고 담백한 맛을 지니고 있으며, 오랫동안 씹었을 때 단맛을 느낄 수 있는 순한 단맛을 포함하고 섬세한 향이 마치 조개류와 비슷하다. 일반적으로 육질이 단단하여 물리적인 방법으로 부드럽게 하거나 잘게 썰어 요리에 사용한다. 날것으로 요리에 사용할 때에는 얇게 썰어 제공하면 되지만 그릴(Grill)이나 소테(Saute)를 할 때에는 조금만 오버쿠킹(Overcooking)이 되어도 육질이 질겨지므로 정확한 조리시간과 열을 가해야 한다.

② 소 라 (Conch)

비교적 물이 따뜻한 바다나 물에 서식하는 소라는 껍질이 아름답고 종류에 따라서 그 크기도 가지가지다. 주로 몸체를 밖으로 내어 땅에서도 근육움직임으로 이동할 수 있는 능력을 가지고 있으며, 위험이 닥치면 껍질 속으로 몸을 숨기는 본능을 지니고 있다.

소라의 육질은 기름기가 거의 없고 매우 단단하지만 약간의 흙냄새를 포함하는 훈제맛과 비슷한 맛을 지니고 있다. 오랫동안 씹으면 보다 더 깊은 맛을 느낄 수 있고, 날것으로 요리에 사용할 경우 식초나 라임주스 등을 곁들여 새로운 맛을 만들어 낼 수 있다.

특히 열을 가하는 조리를 할 때에는 갑작스러운 열을 가하기보다는 은근하고 천천히 열을 가하여 질겨지는 것을 방지하는 것이 좋다. 소라는 차게 해서 샐러드(Salad)나 챠우더수프(Chowder Soup) 또는 잘게 썰어 다른 요리에 첨가하면 담백한 맛을 낼 수 있다.

③ 달팽이 (Snails or Escargots)

달팽이는 프랑스 전통요리로 유명하다. 그런 연유에서인지 달팽이는 스네일(Snails)보다는 엑스카르고(Escargots)라는 프랑스이름이 더 많이 알려져 있는 것 같다.

달팽이는 단각류동물로 습지에서 서식하지만 생선요리 분야로 구분되는 것이 일반적이다. 달팽이의 수요가 세계적으로 증가추세에 있고 양식에 의한 공급도 연중 언제든지 제공할 수 있기 때문에 어느 정도는 대중화가 되어 있는 요리이다. 달팽이를 조리할 때에는 향을 첨가한 국물에 삶아서 껍질과 분리한 다음 양념을 하여 다시 껍질에 속을 채운 다음 굽거나 버터와 향신료로 간을 하여 제공하는 것이 보편화되어 있다.

달팽이의 유통기간을 늘리기 위해서 통조림을 만들어 공급하기도 하는데 통조림은 다른 특별한 양념을 하기보다는 소금과 물만을 이용하여 익힌 것으로, 소스나 다른 양념을 사용함으로써 맛에 대한 변화를 폭넓게 낼 수 있다.

2) 쌍각류 (Bivalves)

쌍각류는 두 개의 비슷한 껍질이 붙어 있고 그 사이로 연체류의 몸이 있어 보호역할을 하면서 살아가는 형태를 말한다. 쌍각류는 매우 다양하고 그 종류도 대단히 많다.

① 조개류 (Clams)

조개류는 껍질을 그대로 사용할 수도 있고, 껍질을 제거하고 살만 이용할 수도 있다. 조개는 요리용 통조림으로 유통되기도 하지만 일반적으로는 살아있는 상태로 시장에 출하되어 조리하기 전단계까지 살아있는 것이 요리에 맛을 살리기 용이하다. 조개를 구입할 때는 살아있는지를 확인하기 위해서 껍질을 살펴보는 방법이 있는데, 약간의 충격을 주었을 때 매우 난단하게 닫히는 것이 신선하고 좋은 것이며, 조개로부터 향긋한 바다냄새가 나는 것이 품질이 좋다.

바닐라소개

조개류는 일년 내내 공급에 변동이 적어 메뉴를 구성하는데 특별한 어려움이 없으며, 껍질속에 수분을 저장할 수 있는 능력이 뛰어나므로 생존기간이 길어 다른 어떤 어종보다도 살아있는 상태로의 유통기간이 길다는 장점이 있다.

② 꼬막류 (Cockles)

꼬막류는 비교적 그 크기가 작으며, 껍질의 홈이 세로로 파여 있는 것이 특징이다. 꼬막은 큰것의 지름이 3 cm 정도로 다른 조개류에 비하여 작지만 가용비율이 65 % 정도로 비교적 높아 경제적이다. 꼬막은 우리나라 식단에서 흔히 볼 수 있는 조개류에 속하지만 미국이나 유럽에서도 매우 대중적인 재료 중의 하나로 생선수프나 스튜에 자주 사용한다.

꼬막

③ 바지락류 (Clam of Necks)

조개류 중 종류도 매우 다양하고 그 쓰임새도 고정되어 있지 않은 것이 바지락류라 할 수 있다. 껍질이 비교적 단단하고 육질은 단맛을 포함하는 매우 향긋한 맛을 내는 조개류이다. 마치 나무의 나이테처럼 조개주위를 따라가며 성장곡선을 나타내는 껍질을 가지고 있는데, “Littlenecks”, “Cherrystones”, “Topnecks”, “Manila Clams” 등이 여기에 속한다. 대부분의 조개류가 그렇듯이 껍질의 한쪽만을 살려 요리의 분위기도 살릴 수 있고 시원한 국물맛을 내는 데에도 이용된다.

바지락류

이 중에서 체리스톤(Cherrystone)은 가끔씩 날것으로 사용하기도 하나 대부분 차우더 수프(Chowder)나 증기찌기, 스터프(Stuffed)로 익혀서 사용한다. 바지락류 중에서도 태평양연안에서 생산되는 마닐라 클램(Manila Clam)은 태평양연안을 따라 서식하는 조개류로 1930년대부터 어획량이 급증하고 대중화되기 시작하였다.

④ 홍합류 (Mussels)

홍합은 세계적으로 물이 있는 곳이면 어디나 넓게 분포된 매우 흔한 조개류의 일종이다. 홍합생산량이 많은 만큼 그 사용처도 대단히 광범위해서 국물맛내기를 비롯하여 수프, 파스타, 튀김, 샐러드 등등 어느 곳이든 접목시키기 쉬운 재료 중의 하나이다.

⑤ 검은홍합 (Black Mussele)

가장 일반적인 홍합으로 바닷가 물이 있는 곳이면 어디든지 자생하는 생명력이 매우 강한 특징을 지니고 있다. 육질에는 약간의 근육질이 포함되어 껍질과 껍질을 연결해 주며 은근한 향을 지니고 있다. 약간 깊은 오렌지색을 내는 육질은 양식되어지는 홍합에서 흔하게 나타나고 야생에서 성장한 홍합에 비하여 살집이 깊다.

검은홍합

검은홍합 역시 살아 있는 상태로 유통되는데 껍질을 포함한 무게가 무거울수록 좋은 품질이다. 또한 냄새를 맡았을 때 비린내가 없고 독특한 향기를 풍기는데, 이 냄새는 매우 신선하고 바다향을 지니고 있는 것이 좋다.

검은홍합의 장점은 일년내내 공급이 일정하고 맛에 대한 저항감이 적다는 것이다. 검은홍합의 공급은 연중 계속적으로 이루어지지만 가장 좋은 육질과 향을 갖는 것은 겨울에 채취한 홍합이 가장 좋다.

⑥ 그린홍합 (Green Mussle)

홍합의 생김새는 검은홍합과 같으나 색깔에 있어서 연한 녹색을 지니고 있으며 껍질주위로 광채가 난다. 현재 뉴질랜드(New Zealand) 해안을 따라 풍부하게 자생하고 있으며, 살집이 검은 홍합에 비해서 대단히 알차고 큰 편이다. 육질은 검은홍합에 비하여 좀더 단단하고 진한 오렌지색과 흰색, 두 가지로 뚜렷하게 구분된다.

그린홍합

맛에 있어서 검은홍합에 뒤진다고 볼 수 있지만 전반적으로 요리를 하기에 매우 경제적이다. 그린홍합은 태국해안에서 많이 생산되고 있는데 전체적으로 검은홍합보다는 더 큰편에 속한다. 검은홍합이 깔끔하고 시원한 국물과 육질이 부드러움을 특징으로 한다면 그린홍합은 개별살집이 큰것이 특징이다.

⑦ 굴 (Oyster)

매우 거칠고 회색빛 껍질을 가지고 있다. 육질이 매우 섬세하고 소금기가 많은 반면 단백질이 풍부한 것이 특징이다. 굴은 날것으로 요리하였을 때와 열을 가하여 익혔을 때의 차이점이 대단히 크다. 대부분의 굴이 자연산보다는 양식에 의존하고, 살아있는 상태로 유통되는 것이 일반화되어 있다. 고객에게 제공될 때에도 살아있는 상태이므로 가장 좋은 신선도와 맛을 유지할 수 있는 재료 중의 하나이다.

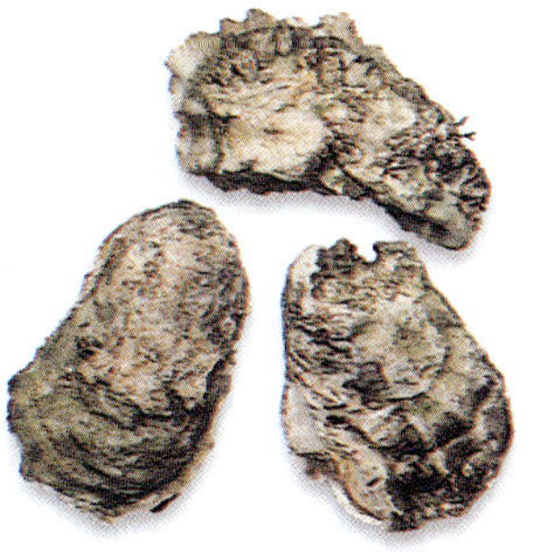

굴

요리방법으로는 찌거나 프라이, 소테, 수프, 차우더, 어떠한 방법을 이용해도 좋은 요리를 만들어 낼 수 있다. 굴의 종류로는 유럽산(Europea Flat Oysters), 페르시아굴(Gulf Oysters), 푸른점 굴(Blue Point Oyster), 하마하마 굴(Hamma Oysters), 올림피아굴(Olimpias) 등 수백가지 종류가 있지만 맛에 있어서 몇몇 종류만을 제외하고는 대동소이하다.

굴은 맛에 있어서 겨울에 생산되는 것이 육질도 좋고 그 향도 깊다. 반대로 여름 산란기에 들어가면 굴속에 자연독이 발생하므로 식중독의 원인이 되기도 한다. 따라서 산란기에 굴을 섭취하는 것은 피해야 한다.

⑧ 패 주 (Scallops)

스칼로프는 둥근팬과 같은 껍질을 연결시켜 주는 내근육이 주된 육질로서 깊은 상아색을 띤다. 이러한 패주는 다른 조개류에 비하여 생존력이 약하므로 대부분 선상에서 껍질을 깐 후 손질된 상태로 유통된다. 특별히 살아있는 상태로 구입하는 경우에는 운송하는데 비교적 많은 비용이 소요된다. 씨 스칼로프(Sea-Scallop)와 베이 스칼로프(Bay-Scallop)는 한류성이고 칼리코 스칼로프(Calico-Scallop)는 난류성인데 이 모든 종류가 많은 수요를 보이고 있다.

패주

스칼로프의 육질은 다른 어떤 조개류와도 비교가 안될 정도로 품질이 뛰어나고 매우 부드러우며 감칠맛이 난다. 대체로 좋은 향을 지니고 있고 깊은 상아색과 둥근 원형에 근육질처럼 보인다. 조리방법도 습식열과 건식열 어떠한 방법을 사용하더라도 좋은 요리를 생산할 수 있다. 하지만 필요이상으로 익혔을 때에는 육질이 갈라지고 육즙에 손실을 가져온다. 스칼로프를 날것으로 요리에 사용할 때에는 매우 싱싱한 것이 아니면 사용을 자제해야 한다.

3) 두족류 (Cephalopods)

두족류는 수중 연체류 중에서도 머리를 뚜렷하게 가지고 있는 것이 특징이다. 두족류는 머리뿐만 아니라 눈과 여러 개의 다리들이 발달되어 있고 다리에는 수많은 빨판들이 연결되어 있다. 이러한 빨판이 먹이를 입으로 가져가기 편리하도록 진화되어 있는 것도 두족류 연체동물의 특성이다.

두족류 연체동물은 단단한 껍질은 가지고 있지 않으나 속에 몸을 지탱할 수 있는 얇은 껍질과 같은 것을 지니고 있는데 이것이 마치 펜과 같이 생겼다하여 펜뼈(Pen Bone) 또는 커틀뼈(Cuttle Bone)라 불리운다.

① 문 어 (Octopus)

문어는 매우 질긴 육질을 가지고 있어 기계에 의한 물리적인 작용을 빌어 부드럽게 만든 다음 요리에 사용하는 것이 일반적이다. 그러나 얇게 썰거나 습식열을 이용하여 조리하면 비교적 먹기좋은 상태로 만들 수 있다.

유럽쪽이나 서아시아에서는 문어에 대한 요리용 인식이 낮아 그리 좋은 재료로 사용되지는 않지만 동양이나 우리나라에 있어서 문어는 전통적으로 요리에 다양하게 사용하여 왔다. 문어는 보통 겨울에 어획량이 늘어나고 신선한 것이 유통이 되는데 통째로 열린 것이나 날것으로 판매된다.

문어의 색은 살아있거나 날것일 때는 잿빛을 띠나 익히게 되면 검은적색으로 변한다. 속살은 매우 희고 육질이 단단한 편이지만 그 향은 매우 독특하여 오랫동안 감각을 자극한다.

오징어

② 오징어 (Cuttle Fish or Squid)

오징어는 서양에서 이탈리아 이름인 "칼라마리(Calamari)"로 불리울 정도로 지중해지방 요리에 많이 사용되고 그 쓰임새도 증가추세에 있다. 최근 들어 미국이나 다른 중남미 국가에서도 오징어를 이용한 요리가 선풍적인 인기를 끌면서 멀지 않아 세계화될 것으로 전망된다. 오징어는 문어와 비슷하기는 하나 머리생김새나 움직임 등이 다르고 크기에 있어서도 문어에 비하여 작다.

오징어 역시 겨울에 포획량이 많고 주로 극동아시아 부근 해안에서 수확량이 풍부하다. 물론 유통에 있어서도 냉동상태나 또는 날것으로 판매되는데, 통째로 요리 전단계까지 유통된다. 남미에서 포획되는 오징어는 그 크기가 매우 커서 한 마리가 10 kg 이상이 되며 두께도 매우 두꺼워 기계를 이용하여 부드럽게 만든 다음 스테이크(Steak)로 사용하기도 한다.

오징어는 어릴 때에는 상아색을 띤 흰색이며 성장할수록 짙은 밤색으로 변한다. 일반적인 오징어는 기름기가 없는 육질을 가지고 있으며, 비교적 부드럽고 향이 좋다. 하지만 필요 이상으로 익히게 되면 육질속의 주스가 빠지고 질겨지며 맛이 없어지게 된다. 오징어는 볶거나 튀김, 석쇠구이, 증기찜 등 어떠한 조리방법을 사용해도 무방하나 비교적 높은 열에서 빨리 조리하는 것이 오징어의 맛을 유지하는 한 방법이기도 하다.

(4) 갑각류 (Crustaceans)

갑각류는 담수와 해수, 어디서나 볼 수 있는 양수성 동물로 표면이 단단한 껍질로 싸여 있으며, 더듬이와 집게발을 가지고 있는 것이 특징이다. 이들은 물과 뭍을 오가며 생활하지만 아가미로 호흡하는 동물이다.

1) 크라이휘시 (Crayfish)

크라이휘시는 가재의 일종으로 민물에 살고 있는 가재와 비슷하게 생겼다. 크라이휘시는 자연산이 많으나 미국 루지애나와 태평양연안에서 양식하여 출하되기도 한다. 길이는 10 cm 내외로 고리부분의 살을 요리에 사용하고 껍질이나 머리부분은 소스를 생산하거나 버터를 만들 때 이용한다. 현재 유통되고 있는 크라이휘시는 살아 있는 상태와 미리 익혀서 냉동한 것 또는 날 것으로 냉동된 상태로 공급된다.

크라이휘시를 야채나 향신료와 같이 삶아 뜨거운 상태 또는 식혀서 그대로 제공하는 전통적인 방법과 비스큐 수프(Bisque Soup)의 기초재료로도 적당하며, 익혔을 때 색이 선명한 것을 선택하여 요리에 가니쉬(Garnish)로도 이용할 수 있다.

2) 게 (Crabs)

게 역시 단단한 껍질을 가지고 더듬이와 여러 개의 다리를 이용하여 살아가는 갑각류로써 요리에 대중적으로 사용되어 왔다. 세계적으로 어느 나라를 가도 쉽게 접할 수 있다.

게가 가지고 있는 육질은 매우 깔끔하고 시원한 맛을 지니고 있다. 또한 게는 여러가지 요리에 두루 사용되는데, 그 중에서도 차우더 수프(Chowder Soup)와 국물맛을 내기 위한 재료로 매우 적합하다. 게는 살아있는 상태로 유통되는 것이 일반적인데, 죽은 것은 가능하면 사용을 피하는 것이 좋다. 물론 구입시 살아있다 할지라도 오랜기간 동안 보존할 수 없기 때문에 빠른 시간 내에 사용하는 것이 바람직하다.

게 류

3) 왕게 (King Crabs)

왕게는 아주 커서 큰 것은 한 마리가 5 kg 이 넘는 것도 있다. 이렇게 몸체가 큰 왕게는 북태평양 부근에서 잡히는데 매우 찬물에 서식하는 냉수성을 띠고 있다. 왕게의 육질은 매우 희고 단맛을 지니고 있으며 그 향도 좋다. 왕게는 거의 모든 물량이 냉동된 상태로 유통이 되는데, 경우에 따라서는 부위별로 나누어서 필요한 부위만 구입하면 된다. 다리만을 나누어 유통되는 것은 껍질을 까서 살만 미리 익혀 냉동하였거나 그렇지 않으면 껍질과 함께 삶아서 냉동된 상태로 유통되는 것이 일반적이다.

왕게

왕게의 살은 이렇게 1 차적인 가공을 하여 공급되므로 요리에 사용하기 비교적 용이하다. 따라서 대량으로 사용해야 할 성질의 메뉴를 작성할 때 재료로써 고려하면 좋다.

4) 바닷가재(Lobsters)

매우 단단해 보이고 푸르면서 검은색을 띠는 윤기나는 껍질을 가지고 있다. 꼬리부분의 하얀 육질은 향긋하고 풍부한 살집을 가지고 있다. 바닷가재 껍질 역시 다른 갑각류와 같이 익게 되면 붉은 색으로 변하게 된다. 바닷가재를 요리하기 위해서는 삶기, 증기에 찌기, 굽기 등 다양한 조리법을 구사할 수 있다. 다만 고객에게 제공될 때에는 고객이 먹기 쉽게 껍질이나 다리부분들을 미리 기구를 이용하여 분리시켜 두는 것이 좋다. 물론 껍질을 완전히 제거하고 살점만을 수프(Soup)나 소스(Sauce)와 함께 제공하는 것도 좋다.

바닷가재는 조리하기 직전까지 살아있도록 하는 것이 맛을 유지하기 위한 최선의 방법이므로 가급적 오랜시간 동안 살아 있도록 바닷가재 전용 어항과 같은 저장환경을 마련해 두는 것도 바람직하다.

집게발 바닷가재

집게발 바닷가재(Clawed Lobster) 또는 아메리칸 바닷가재(American Lobster)로 알려진 검은갈색과 커다란 집게발을 가진 바닷가재는 집게발과 꼬리에 요리사용이 가능한 육질을 포함하고 있어 일반적으로 서양요리에 흔히 이용된다. 이 바닷가재는 주로 미국의 북동부 해안을 따라 비교적 차가운 물에 서식하고 있으며 살아있는 상태로 유통되는데 생존력이 좋아 신선한 상태로 요리에 사용된다.

집게발 바닷가재와는 달리 온몸에 가시가 많고 집게발이 작고, 꼬리쪽에 살집이 편중해 있는 '락 라브스터(Rock Lobster)' 역시 가재 중에는 대중적인 종류이다. 이 바닷가재는 호주와 뉴질랜드 부근과 남아프리카 해안에서 잡히는 난류성 어류로 브라질이나 미국의 플로리다부근에서도 많이 어획되고 있다. 그렇지만 이 바닷가재는 집게발 바닷가재와는 달리 꼬리를 떼어 냉동된 상태로 유통되기도 한다. 물론 살아있는 상태로도 유통되고 있지만 집게발 바닷가재와 비교하여 그 비율이 낮다는 것이다.

그밖에도 집게발이 발달하지 않은 여러 종류의 가재류가 시장에서 유통되고, 지역적으로 다양하게 요리에 이용되고 있지만 이 두 바닷가재가 가장 대표적인 것이다.

크기가 작은 가재류 중 랑구스틴(Langoustine)이 다른 작은 가재류들 중에서는 제법 많은 시장점유율을 보이고 있다.

(5) 새우류 (Shrimp)

붉은새우

새우 역시 담수와 해수 양쪽에서 자생하는데 세계적으로 요리에 사용하는 비중이 매우 높은 갑각류 중의 하나이며, 그 색에 있어서도 흰색, 핑크, 얼룩무늬색 등 다양하게 나타난다. 새우는 사용목적에 따라서 머리를 붙이기도 하고 떼어내기도 하는데, 살아있는 상태로 요리에 쓸 경우 머리를 붙이는 것이 보기에도 좋고 향도 많이 발산한다.

그러나 냉동된 상태로 구입하면 유통되는 과정과 전처리 하는 과정에서 다리나 수염 등이 떨어져 나가기 때문에 사용한다해도 좋은 결과를 내기는 힘들다. 따라서 냉동상태로 유통되는 경우 머리를 떼어내고 공급하는 것이 일반적이다. 그러나 특별하게 머리부분이나 전체적인 형태를 유지하기 위한 목적으로 구입될 때에는 일정량의 물과 함께 냉동을 시켜 유통과정 중 어느 정도의 충격에도 형태를 유지할 수 있도록 한 것도 있다.

또한 손질하는 시간을 절약하기 위해서는 껍질과 머리를 제거하여 1차적인 가공을 끝낸 것을 구입하면 보다 더 경제적이다.

새우는 그 크기와 마리 수에 의해서 단위와 품질이 결정되고 공급된다. 예를들면 10 kg 에 30～40 또는 20～25, 10～12 마리와 같이 일정한 무게에 포함되는 마리수를 가지고 요리의 목적과 가격 등을 결정하게 된다.

◎ 참새우 (Prawn)

참새우

새우를 나타내는 말 중에 '프라운(Prawn)'은 영어권의 나라들에서 '새우(Shrimp)'를 나타내는 말로 사용되기도 한다. 그러나 상업 또는 요리에서 사용되는 보편적인 말로는 새우류 중에서 큰편에 속하는 것을 프라운이라 하고 있다.

물론 약간의 혼동은 있지만 이탈리아에서는 '스캄피(Scampi ; 스캄피는 실제적으로 작은 가재류에 속한다)'를 'Dublin Bay Prawn(아일랜드 새끼새우)'라고 부른다. 그러나 실제적으로 엄밀하게 따지면 담수종의 새우를 프라운이라 하고, 해수종의 새우를 쉬림프(Shrimp)라 할 수 있는데 상거래되는 과정에서 이러한 명칭으로 굳어져 현재와 같이 쓰이고 있다.

3. 어패류의 유통형태 (Transference for Fish and Shellfish)

어패류는 유통방법의 발달과 저장기술의 개발로 인하여 산지에서 시장 또는 소비자에 이르기까지 과거에 비해 매우 발전된 형태, 즉 신선한 상태로 공급되고 있다.

요리장은 요리목적과 가격, 고객의 취향, 메뉴의 형태, 시장성 등을 고려하여 경제적이고 효율적인 재료를 구입하여야 할 것이다. 다음에 소개되는 것은 보편적인 어패류의 공급형태를 나열한 것이다.

① 살아있는 상태 (a live) : 주로 날것으로 요리에 사용할 목적으로 최선의 신선도를 유지하기 위한 구입방법이다. 가격이 비싼 고급요리나 재료의 특성상 살아있는 상태로 구입할 수밖에 없는 경우

② 신선한 상태(Fresh) : 절대로 얼린 적이 없거나 어획된지 얼마되지 않은 상태로 살아있는 것과 살아있지 않은 것이라 할지라도 죽은지 1~2 시간밖에 되지않은 상태의 어패류

③ 냉장상태(Chilled) : 즉시 사용할 목적으로, 죽어있거나 살아있는 상태라 할지라도 어패류를 얼음이나 다른 방법으로 −1~1℃를 유지하여 공급되는 형태

④ 냉동육상태(Flash-Frozen) : 선상이나 해안작업장에서 생선이 신선도를 유지한 상태에서 뼈 또는 지느러미, 아가미, 내장 등 부산물을 제거하고 필요한 육질만을 급속냉동시킨 상태로 공급되는 형태

⑤ 급속냉동상태(Fresh-Frozen) : 육질만을 따로 떼어 냉동시킨 것이 아니라 어패류 통째로 잡히는 즉시 또는 신선한 상태로 사후경직이 일어나기 전에 급속냉동시킨 어패류

⑥ 냉동상태(Frozen) : 같은 급속냉동방식이지만 급속냉동보다는 어패류의 질이 더 이상 저하되지 않도록 하기 위한 목적으로 −18℃ 또는 그 이하에서 냉동시킨 상태

⑦ 블럭냉동(Glazed) : 포획된 어패류를 물과 함께 냉동시키는 방법으로 냉동고에 보관시 마르는 것을 방지할 목적과 어패류의 형태를 보존하기 위한 목적 등으로 일정한 규격에 물과 함께 어패류를 냉동시킨 형태

4. 어패류에 대한 영양평가 (Nutrition of the Fish and Shellfish)

최근들어 건강에 대한 소비자들의 관심이 매우 높아지고 있다. 특히 현대인들의 식생활은 가정식의 비중이 줄어들면서 상대적으로 외식에 대한 지출과 기회가 많아져 전문 식당가에서 판매되고 있는 요리의 영양가에 의해서 소비자들의 수요가 결정되고 있는 실정이다.

이러한 현상에 편승하여 육류요리보다는 어패류요리가 선호되고 있는데 그 이유는 어패류가 포함하고 있는 성인병예방성분과 풍부한 영양소때문인 것으로 분석된다.

어패류의 영양성분은 보편적으로 칼로리와 지방, 나트륨이 다른 요리에 비하여 대단히 낮은 반면, 비타민(A, B and D)과 단백질의 함량이 높다. 물론 미네랄과 칼슘의 함량도 높게 나타난다. 칼슘은 특히 잔뼈를 같이 먹을 수 있는 어류에 풍부하고 철은 연체류에 많이 함유되어 있다.

최근 연구결과로 발표된 오메가 쓰리(omega-3)라고 불리우는 지방산이 어패류에 많이 함유되어 있고 이것은 혈관속에 포함되어 있는 콜레스테롤의 수치를 낮추어 주고 심장병, 고혈압 등을 예방하는 효과가 매우 높은 것으로 나타났다. 물론 갑각류가 다른 연체류나 어류에 비하여 콜레스테롤의 수치가 약간 높기는 하나 다른 육류나 알류에 비해서 낮은 수치를 보이고 있다.

따라서 어패류를 조리하는 요리인들은 무엇보다도 자신들의 행위가 고객, 즉 소비자들의 건강에 기여하고 있다는 자부심으로 보다 더 새롭고 과학적인 조리방법개발과 맛있는 요리생산에 힘써야 하겠다.

5. 생선손질방법 (Procedures for Fish and Shellfish)

생선을 손질한다는 것은 조리의 전처리 과정으로 요리목적에 따라서 매우 효과적으로 수행되어야 한다. 생선은 섬세하고 흐트러지기 쉬운 육질을 가지고 있으므로 손질과정에서부터 주의하지 않으면 안된다. 또한 사람의 손은 많은 열을 밖으로 방출하고 있으므로 생선을 손질하는 시간이 길어지면 길수록 부패원인이 되기도 하고 신선도를 유지할 수 없게 된다.

① 내장제거(Drawn) : 일정기간 보관하거나 다른 작업을 하기 위하여 1차적으로 내장만을 제거하는 방법

② 부산물제거(Dressed) : 내장이 제거된 상태에서 꼬리와 지느러미, 비늘, 아가미와 머리를 제거하는 방법으로 생선을 통째로 요리하기 위한 목적의 손질방법이다. 그러나 작은 생선이나 머리부분을 그대로 유지하고자 하면 그대로 두고 아가미만을 제거한다.

③ 나비모양(Butterflied) : 일단 내장이나 부산물이 제거된 생선을 가슴과 등쪽의 껍질을 살린 상태에서 책을 펴듯이 편다음 등뼈와 갈비뼈를 제거하는 방법

④ 필렛(Fillet) : 생선의 한쪽면을 개별단위로 하여 껍질을 붙이거나 제거하여 떼어낸 다음 작은뼈를 제거하면 된다. 일반적으로 가장 많이 쓰이는 방법으로 요리에 이용하기 쉽게 작업한다.

⑤ 스테이크(Steak) : 생선의 내장이나 다른 부산물을 제거하고 등뼈가 포함되어 있는 상태로 세로로 잘라 개별화하는 작업이다. 스테이크작업은 대부분 몸의 형태가 둥글고 비교적 큰 생선을 이용한다.

6. 기본적인 생선 손질방법 (Fabricating Procedures)

요리를 위하여 구입되는 생선은 전처리과정을 거쳐서 들어오기도 하고 경우에 따라서는 곧바로 조리할 수 있도록 손질된 것도 있다. 그러나 대부분 조리사가 직접적으로 손질작업을 수행해야 하는데, 생선의 종류나 요리목적에 따라서 조금씩 차이가 있다. 또한 생선은 장시간 만지게 되면 손으로부터 열이 전달되어 부패의 원인이 되기도 한다. 따라서 기본적인 생선 손질법을 익혀둠으로써 단시간 내에 생선을 손질할 수 있는 지식을 높이고, 나아가서는 질 좋은 요리의 기초를 마련할 수 있다.

(1) 비늘제거 (Procedure for Scaling Fish)

이 작업은 생선을 껍질과 함께 요리에 사용하기 위한 목적으로 껍질에 붙어 있는 비늘을 제거하기 위한 작업이다.

생선의 비늘은 머리로부터 꼬리쪽으로 결을 내면서 붙어 있다. 따라서 비늘을 제거할 때에는 꼬리쪽부터 머리쪽으로 긁듯이 밀어준다. 먼저 미끄러지는 것을 방지하기 위하여 굵은 소금을 엄지 손끝에 묻힌다음 꼬리부분을 잡고 비늘제거기(Scaler)나 칼 등으로 긁어주면 된다.

이때에 힘을 너무 가하면 육질에 손상을 입힐 수 있으므로 가볍게 동작을 반복한다. 한쪽이 마무리되면 다음쪽도 같은 방법으로 한다음 생선에 붙어있는 비늘을 찬물로 씻어 내린다.

(2) 부산물 제거 (Procedure for Dressing Fish)

비늘을 제거한 생선을 도마위에 안정감이 있게 놓은다음 아가미와 옆지느러미 밑으로 칼끝을 이용하여 머리를 제거한 후 내장을 모두 빼낸다.

흐르는 찬물에 내장부위에 남아 있는 핏기와 다른 불순물을 모두 제거한다. 날카로운 가위나 칼을 이용하여 꼬리쪽부터 지느러미를 잘라내고, 꼬리지느러미도 잘라낸다.

(3) 연어 및 송어 손질법 (Procedure for Salmon and Trout)

연어나 송어와 같이 둥근형의 생선을 손질할 때에는 요리목적에 따라서 다듬는 방법을 달리해야 하겠지만 필렛(Fillet) 작업을 위해서는 다음과 같은 기본적인 작업순서로 진행한다.

① 생선을 도마위에 안정감 있게 놓은다음 비늘제거기로 꼬리부터 머리쪽으로 긁어가면서 비늘을 제거한 후 흐르는 찬물에 깨끗하게 씻는다.

② 아가미 바로 밑에 있는 작은 지느러미를 따라서 양쪽으로 칼집을 넣는다. 이때 등뼈까지 칼집을 넣고 등뼈를 잘라내지는 않는다. 따라서 머리는 그대로 붙어있는 형태이다.

③ 생선의 방향을 돌려 머리에서 꼬리까지 등지느러미를 비켜서 칼집을 넣어준 다음 돌려서 아래쪽도 같은 방법으로 한다. 이때 육질낭비를 막기 위해서 등지느러미뼈를 따라 칼집을 넣어 준다.

④ 칼을 완전히 가로질러 넣은다음 생선옆부분을 잡고 꼬리쪽으로 칼을 밀듯이 등뼈를 따라 내려간다. 이때 칼을 통하여 등뼈 옆으로 있는 잔뼈가 잘려나가는 느낌을 알 수 있다.

⑤ 완전하게 필렛이 떨어지면 껍질이 도마쪽으로 향하게 놓고 내장을 싸고 있던 갈비뼈의 살이 떨어져 나가는 것을 최소화하며 제거한다.

(4) 광어나 가자미류의 필렛작업 (Procedure for Filletting Flatfish)

광어나 가자미와 같은 납작한 생선은 필렛(Fillet)을 4쪽을 내는 것이 기본이다. 이 4쪽 중에서도 윗부분은 아랫쪽 그것에 비하여 조금 작다. 따라서 위쪽 두개와 아래쪽 두개로 나뉘어진다. 이러한 생선 필렛을 껍질과 함께 조리할 목적이면 필렛을 뜨기전에 비늘을 제거하고, 그렇지 않고 껍질을 제거하고 사용할 목적이면 굳이 사전 비늘제거작업이 필요치 않다.

① 먼저 생선을 검은 부분이 위로 오도록 도마위에 놓은 다음 얼굴을 따라 머리부터 꼬리까지 칼집을 넣는다.

② 아가미옆 작은 지느러미를 중심으로 상하 칼집을 넣어 분리한다.

③ 중앙뼈를 따라서 옆지느러미 쪽으로 필렛을 젖히면서 칼로 잘라준다.

④ 생선을 돌려놓고 같은 방법으로 아래쪽도 필렛을 뜬다.

(5) 도보솔 껍질제거작업 (Procedure for Skinning Dover Sole)

도보솔은 독특하게도 그 껍질을 단 한번의 작업으로 제거할 수 있다. 일반적으로 다른 가자미류나 비슷한 종류의 생선들은 이러한 방법으로 껍질을 제거하면 육질에 손상이 가는데 반하여 도보솔은 그렇지가 않다. 따라서 다른 가자미류는 필렛작업을 하고 껍질을 벗기는 반면 도보솔은 껍질을 벗긴다음 필렛작업을 하는 것이 특징이다.

먼저 꼬리부분 살점에 칼로 작게 껍질을 벌린 다음 깨끗한 젖은타월로 껍질을 미끄러지지 않도록 단단히 잡은 후 한손으로 꼬리를 잡고 껍질을 잡은 손을 머리쪽으로 당기면 된다. 그러면 껍질을 간단하게 한 장으로 벗길 수 있다.

(6) 잔뼈제거하기 (Procedure for Pulling Pin Bones)

둥근생선의 필렛작업을 끝내면 옆줄을 따라서 잔뼈가 남아있게 되는데, 이러한 잔뼈는 생선 육질파괴를 최소화하면서 제거하는 것이 바람직하다.

둥근생선의 잔뼈는 머리부분부터 꼬리의 약 2/3 선까지 존재한다. 이것을 핀셋트나 작은 집게를 이용하여 약간 돌출된 뼈를 잡고 머리쪽으로 당기면 육질이 부서지는 것을 막고 어렵지 않게 제거할 수 있다.

7. 갑각류 손질법 (Procedure for Crustaceas)

갑각류의 기본적인 손질은 단단한 껍질속에 존재하는 육질을 손상시키지 않고 요리에 효과적으로 사용하는 것이다. 이 작업은 껍질이 단단하고 형태가 일정하지 않을수록 난이도가 높지만 몇 가지 방법을 터득하면 비교적 용이하게 작업을 할 수 있다.

(1) 새우류(Shrimp)

새우는 껍질은 벗기되 꼬리는 그대로 붙이는 것이 요리의 외관을 좋게 할 수 있다. 일반적으로 다음과 같은 순서로 진행된다.

① 껍질벗기기 : 꼬리를 잡고 꼬리 가까운 옆껍질을 배쪽으로부터 등방향으로 돌리듯 벗겨낸다.

② 내장제거하기 : 껍질이 붙어 있는 경우에는 날카로운 대나무 꼬치나 이쑤시개를 이용하여 꼬리쪽을 먼저 절단한 다음 중앙부분을 찔러 제거한다. 껍질을 벗긴 경우 등을 따라 살짝 칼집을 넣고 흐르는 물에서 내장을 제거한다.

③ 나비모양으로 가르기 : 최종손질법으로, 구부러진 것을 펴기 위하여 배쪽에 2～3번 정도 칼집을 넣고 등쪽을 따라서 갈라준다.

(2) 바닷가재류(Lobster)

바닷가재는 삶아서 껍질을 까는 경우와 날것으로 작업하는 경우로 구분된다. 날것으로 손질할 때 아메리칸 바닷가재(American Lobster)는 배쪽으로 칼집을 넣어 길이로 머리에서 꼬리까지 2등분을 하고, 호주 또는 뉴질랜드산(Rock Lobster)은 등쪽으로 칼집을 넣어 길이로 2등분하는 것이 비교적 용이하다.

일단 2등분된 바닷가재는 내장부분을 제거하고 육질 부분만을 남겨둔다. 작업을 할 때 사용되는 칼은 단단하고 큰칼을 이용하는 것이 안전한데 휘거나 크기가 작은칼은 다칠 위험이 있다.

삶아서 껍질을 제거할 때에는 먼저 부용이나 야채를 넣은 국물에 바닷가재를 속까지 익을 수 있도록 삶아준 다음 집게발과 꼬리부분으로 나누어 껍질을 제거하면 된다.

집게발은 칼등이나 망치를 이용하여 살짝 두드려서 껍질만 금이 가고 살집부분은 부서지지 않도록 한다. 꼬리부분은 가위를 사용하여 꼬리안쪽에 비교적 자르기 쉬운 쪽을 선택하여 양쪽으로 자른 다음 살을 꺼내면 된다.

(3) 조개류 손질법 (Clams Opening)

살아있는 조개류 껍질을 여는 작업은 보기에는 매우 간단한 것 같으나 반복적인 연습이 요구되는 일 중의 하나다. 모든 조개류는 껍질을 열기 전에 껍질에 붙어있는 불순물을 흐르는 물에 깨끗하게 씻은 다음 작업을 시작해야 한다.

조개류 껍질을 열기 위한 전용칼을 사용하면 보다 용이하다. 작업을 하기전에 깨끗하게 씻은 다음 냉장고에 한시간 정도 보관하게 되면 껍질이 느슨하게 되어 보다 쉽게 열 수 있다.

조개류의 껍질을 열 때에는 깨끗한 타월을 손에 감싸줌으로써 손을 칼로부터 보호하는 역할을 하는 동시에 미끄러짐을 방지해준다. 칼은 껍질과 껍질사이의 틈으로 조심스럽게 밀어 넣어 껍질과 껍질을 연결하고 있는 근육을 잘라준 다음 비틀어 껍질을 열고 육질 밑으로 칼을 넣어 살집을 떼어내면 된다. 이때 칼에 무리하게 힘을 가하면 손을 다칠 위험이 있으므로 조심해야 한다.

굴(Oyster)도 조개와 같은 방법으로 진행하나 굴은 껍질의 형태가 매끄럽지 못하기 때문에 앞부분보다는 뒷쪽의 접합부분에 틈을 만들어 껍질을 분리하는 것이 좋다.

그밖에 홍합은 미리 껍질을 열어 사용하기보다는 껍질을 그대로 요리에 이용하는 경우가 많은데, 이때에는 먼지 솔을 사용하여 껍질을 깨끗하게 씻은다음 밖으로 나와있는 흡착이를 작은 집게나 손으로 떼어내고 사용하면 된다.

고추냉이를 곁들인 광어스테이크

(Halibut in Horseradish Crust with Beetroot Oil)

준비재료(4 인분 기준)

신선한 빵가루(Fresh Breadcrumbs) .... 100 g
버터(Butter) .... 30 g
고추냉이 간 것(Horseradish Grated) .... 30 ml
처어빌 잘게 썬 것(Chervil Chopped) .... 3 g
로즈마리 다진 것(Rosemary Chopped) .... 5 g
후레쉬 다임 다진 것(Fresh Thyme Chopped) .... 5 g
이탈리안 파슬리 다진 것(Italian Parsley Chopped) 10 g
백포도주(Dry White Wine) .... 300 ml
광어스테이크 200 g 짜리(Halibut Fillet) .... 4 pc
소금과 후추(Salt and Pepper) .... 맛을 낼 정도

비트오일을 위한 준비재료

비트(Beetroot) .... 500 g
후레쉬 라임 주스(Fresh Lime Juice) .... 15 ml
버터(Butter) .... 60 g
차이브 썰은 것(Chive Fine Sliced) .... 45 ml

가니쉬용

비트 얇게 썬 것(Beetroot Thin Sliced) .... 50 g
비트웨지로 썬것(Beetroot Wage) .... 200 g

만드는 방법

① 얇게 썬 비트를 말린다음 밀가루를 묻혀, 기름에 바삭바삭하게 튀겨 흡수지에 둔다.

② 웨지한 비트는 기름을 발라 200℃ 오븐에서 1 시간 정도 구워 따뜻한 곳에 보관한다.

③ 비트주스를 소스팬에서 1/4 정도까지 졸인다음 라

임주스, 소금, 후추로 간을 하고, 버터를 60 g 정도 넣어 몬테한다.

④ 빵가루에 버터, 호오스래디쉬, 차이브 다진 것, 허브를 넣고 믹서기나 프로세서에 돌려 와인 45 ml 정도를 넣고 반죽을 한다.

⑤ 광어 스테이크에 소금과 후추로 간을 하고 만들어진 반죽을 골고루 묻힌다.

⑥ 광어 스테이크를 200℃ 오븐에서 10분 익히고 색이 덜 났으면 살라만더에서 색을 낸다.

⑦ 접시에 비트와 비트 구운 것을 놓고 광어 스테이크를 보기좋게 담은 다음 비트소스를 충분히 뿌리고 차이브로 살짝 가니쉬한다(그린잎을 곁들인다).

팬에 구운 관자와 샤프란 라이스
(Seared Sea Scallops with Saffron Rice)

준비재료(5 인분 기준)

관자 다듬은 것(Sea Scallops) .... 500 g
버터(Butter) .... 60 g
마늘 다진 것(Garlic Minced) .... 15 g
토마토 콩카세(Tomato Concassé) .... 120 g
샤프란 라이스(Saffron Rice)(만드는 방법참조) .. 400 g
그라스 비안(Glace de vian) .... 250 ml

샤프란 라이스 준비재료

쌀(Rice) .... 300 g
버터(Butter) .... 50 g
샬롯다진 것(Sallot chop) .... 60 g
치킨 스톡(Chicken stock) .... 2, 000 ml
사프란(Saffran) .... 2 g
소금(Salt) .... 5 g
다임(Fresh Thyme) .... 3 줄기

만드는 방법

① 관자의 물기를 가능한한 완전히 제거하고 표면을 살짝 말린다.
② 표면이 고른 프라이팬에 소금과 후추를 뿌리고 기호에 따라 다른 향신료를 뿌려 열을 가한 후 관자를 양쪽으로 구우면서 따뜻한 곳에 보관한다.
③ 버터를 두르고 마늘 다진 것을 첨가하고 은근하게 열을 가하여 구수한 냄새가 날 때까지 둔다.
④ 토마토 콩카세를 넣고 살짝만 볶은 후 그라스 비안을 첨가하여 은근하게 끓인다. 소금과 후추로 간을 한다.
⑤ 일정한 틀의 몰드를 사용하여 샤프란 라이스를 접시에 담고 관자를 보기좋게 담아 소스를 충분히 얹어낸다(그린샐러드나 다른 야채를 곁들여도 좋다).

샤프란 라이스 만드는 방법

① 쌀을 깨끗하게 씻어 냉수에 1 시간 정도 불린다.
② 소스팬에 버터를 두르고 샬롯다진 것을 투명해질 때까지 볶는다.
③ 불린 쌀을 넣고 3~5 분 정도 더 볶는다.
④ 치킨스톡과 후레쉬다임을 넣고 잘 섞은 다음 쿠킹호일로 밀봉한다.
⑤ 165℃ 오븐에서 30 분 가량 조리한다.

베이질 소스를 곁들인 포치한 연어

(Poached Salmon with Basil Sauce)

준비재료 (5 인분 기준)

연어 스테이크 180 g(Salmon Steak) .... 5 ea
버터(Butter) .... 30 g
아스파라거스(Asparagus) .... 300 g
소금과 후추(Salt and Pepper) .... 1/2 tsp
백포도주(White Wine) .... 60 m*l*
생선육수(Fish Fumet) .... 60 m*l*
샬롯 다진 것(Shallot Minced) .... 10 g
마늘 다진 것(Garlic Chopped) .... 3 g
드라이 버무스(Dry Vermouth) .... 45 m*l*
월계수잎(Bay Leaves) .... 1 ea
생선 벨루테(Fish Veloute) .... 250 m*l*
차이브 썰은 것(Chive Sliced) .... 10 m*l*
베이질 가늘게 썬 것(Basil Chiffpnade) .... 2 Tsp
생크림 졸인 것(Fresh Cream Reduced) .... 50 m*l*
토마토 줄리앙(Tomato Jullienne) .... 100 g
(씨빼고 껍질까서)

만드는 방법

① 아스파라거스 밑부분의 껍질을 벗기고 소금을 넣은 물에 살짝 브란치하여 식힌 후 물기를 제거한다.

② 약 60 g 의 아스파라거스를 1 인분으로 하여 연어 스테이크 주위로 돌아가면서 감싼 후 굵은 실로 단단하게 묶어준다.

③ 깊이가 있는 팬에 버터를 바르고 샬롯 다진 것과 마늘 다진 것을 뿌리듯이 골고루 놓고 연어묶음을 가지런히 정렬한 다음 생선육수와 와인을 붓고 기름종이로 덮는다.

④ 은근하게 열을 가하여 끓이다가 약 175℃ 오븐에서 마무리한다.

⑤ 생선이 완전히 익으면 꺼내서 물기를 충분히 하여 따뜻한 곳에 보관하고 월계수잎과 버무스를 넣고 생선을 익혀낸 국물을 졸인다.

⑥ 벨루테소스와 차이브, 베이질을 넣고 약 5 분 정도 은근하게 끓인다.

⑦ 체에 걸러내서 생크림 졸인 것과 소금으로 마무리하고 줄리앙해둔 토마토와 남아있는 베이실 가늘게 썬 것을 넣어 연어묶음과 함께 제공한다.

농가식 샐러드를 곁들인 호주산 바닷가재
(Mrinated Lobster Tail with Palm Salad)

준비재료 (3 인분 기준)

- 생크림(Fresh Cream) .... 400 ml
- 호주산 바닷가재 꼬리(Lobster Tail) .... 6 ea
- 파인애플 간 것(Pineapple Ground) .... 150 g
- 달걀 노른자(Egg York) .... 1 ea
- 설탕(White Sugar) .... 30 g
- 코코넛 우유(Coconut Milk) .... 80 ml
- 식초(White Vinegar) .... 30 ml
- 붉은고추 잘게 썬 것(Minced Red Chilly) .... 30 g
- 푸른고추 잘게 썬 것(Minced Green Chilly) .... 30 g
- 참기름(Sesame Oil) .... 10 ml
- 죽순통조림 썰은 것(Bambshort C/N Sliced) .... 60 g
- 라임 제스트(Lime Zest) .... 2 tsp
- 샐러드다발(Salad Bouquet) .... 3 ea
- 소금과 후추 .... 맛을 낼 정도

만드는 방법

① 바닷가재 꼬리는 절반으로 잘라 소금과 후추로 간을 하여 둔다.

② 작은 소스팬에 생크림을 넣고 끓인다음 파인애플 간 것을 넣고 한번 더 끓인 후 식힌다(완전히 식으면 바닷가재 꼬리를 넣고 절여서 24 시간 냉장고에

보관한다).

③ 소스를 만들기 위해서 믹서기에 달걀노른자를 넣고 설탕과 코코넛우유, 식초, 참기름을 넣고 완전히 섞이도록 2 분 정도 돌린다.

④ 농도가 생기고 완전히 부드럽게 갈리면 꺼내서 소금과 후추로 간을 하고 고추 네모썰기한 것을 섞는다.

⑤ 마리네이드한 바닷가재 꼬리에 소스를 충분히 올리고 살라만더로 표면에 갈색을 낸 다음 오븐에서 5 분 가량 구운 다음 따뜻한 곳에 보관한다.

⑥ 소스를 접시에 충분히 담고 바닷가재머리를 보기 좋게 놓은 다음 주위에 바닷가재꼬리를 놓는다.

⑦ 그린샐러드 다발을 소금과 후추, 올리브 오일로 살짝 버무려 같이 제공한다.

향신료에 절인 청어와 아보카도 샐러드

(Spicy Fresh Herring and Chick-pea, Avocado Salad)

준비재료 (4 인분 기준)

청어 필렛(Herring fillet) .... 8 pc
버터(Butter) .... 30 g
붉은피망 작은네모썰기한 것(Small Diced Pimento) 15 g
샬롯 작은네모썰기한 것(Small Diced Shallot) .... 10 g
이탈리안 파슬리 다진 것(Italian Parsley Chopped) ..... 10 g
후레쉬 커리앤더 다진 것(Fresh Coriander Chopped) .... 2 g
마늘 다진 것(Garlic Clove Chopped) .... 3 ea
엑스트라버진 올리브오일(Extra-Virgin Oilve Oil) ..... 45 ml
레몬주스(Lemon Juice) .... 1 ea

샐러드를 위한 준비재료

말린 칙피(Dried Chick-Pea) 200g
월계수잎(Bay Leaf) 1ea
달걀 삶은 것(Boiled Egg) 1ea
붉은식초(Red Vinegar) .... 30 ml
양파 다진 것(Onion Chopped) 20g
작은 케이퍼(Small Caper) 10g
아보카도 작은네모썰기한 것(Avocado Small Diced) ... 1ea
소금과 굵게 갈은 검은 통후추 .... 맛을 낼 정도
(Salt and Grated Black Pepper)

만드는 방법

① 말린 칙피는 하룻밤 동안 냉수에 불린 다음 씻어서 소스냄비에 담아 물을 충분히 붓고 월계수잎 하나를 첨가하여 부드러워질 때까지 약 2 시간 삶는다.

② 청어는 필레에 잔뼈를 완전히 제거하고 젖은 수건에 싸서 둔다.

③ 적당한 불에 삶은 달걀노른자와 흰자를 썰어 넣고 올리브오일, 식초, 양파 다진 것 절반, 파슬리 다진 것 절반, 케이퍼를 넣고 따듯한 칙피와 버무리고 소금과 후추로 간을 한다.

④ 소스팬에 버터를 두르고 고추 다진 것, 샬롯 다진 것을 넣고 볶은 다음 커리앤더, 마늘 다진 것, 통후추 간 것을 섞어 청어껍질 부위에 골고루 묻힌다.

⑤ 그릴이나 살라만더를 이용하여 청어를 속까지 익힌다.

⑥ 접시 중앙에 칙피 샐러드를 몰드를 이용하여 100 g 정도 놓고 그 위에 구운 청어를 올린다.

⑦ 그린비타민잎을 올리브오일과 소금, 후추에 버무려 돌려놓는다.

기름종이에 구운 노르웨이 연어
(Norway Salmon in Papillote)

준비재료(4 인분 기준)

연어스테이크 250 g 짜리(Salmon Steak) ……… 4 ea
애호박 줄리앙썰기한 것(Squash Jullienne) ……… 60 g
붉은피망 줄리앙썰기한 것(Red Pimento Jullienne) ……… 60 g
후레쉬 딜(Fresh Dill) ……… 1 stem
올리브오일(Olive Oil) ……… 20 ml
검은통후추 으깬 것(Grated Black Pepper) ……… 1 tsp
훼넬 줄리앙썰기한 것(Fennel Jullienne) ……… 60 g
기름종이(Parchment Paper) ……… 4 pc
소금과 후추(Salt and Pepper) ……… 0. 3 g

소스를 위한 준비재료

후레쉬 딜(Fresh Dill Chopped) ……… 30 g
후레쉬 차이브(Fresh Chive Chopped) ……… 30 g
사워크림(Sour Cream) ……… 200 ml
호오스래디쉬(Horseradish) ……… 15 ml
머스타드(Mustard) ……… 10 ml
레몬주스(Lemon Juice) ……… 1/2 ea
레몬 제스트(Lemon Zest) ……… 1/2 ea
소금과 후추(Salt and Pepper) ……… 맛을 낼 정도

만드는 방법

① 기름종이를, 생선을 충분히 감쌀 수 있도록 자른다.
② 프라이팬에 기름을 두르고 야채를 살짝 볶아 소금과 후추로 간을 한다.
③ 볶은 야채와 딜잎을 서로 섞어 올리브오일과 함께

버무린 다음 연어 스테이크와 기름종이 중앙에 놓는다.

④ 기름종이를 주위로 돌아가며 접은 다음 씨즐러 플래에트(Sizzler Platter)에 담고 220℃ 오븐에서 10분 정도 굽는다.

⑤ 종이색이 갈색으로 되고 생선이 완전히 익으면 꺼내서 종이를 열고 소스와 함께 제공한다.

소스 만드는 방법

위의 재료를 모두 골고루 섞는다.

아스파라거스를 싸서 포치한 연어

(Poached Salmon with Asparagus)

준비재료 (3 인분 기준)

연어 필렛(Salmon Fillet) .... 300 g
아스파라거스 가는 것(Thin Asparagus) .... 600 g
레드셀러드 볼(Red Salad Bowl) .... 6 잎
엔다이브(Endive) .... 60 g
베이질 쿨리(Basil Coulies)(만드는 방법 참조) .... 3 tbs
고추기름(Red Chilli Oil) .... 3 tsp
샤프란(Saffron) .... 1 g
생크림(Fresh Cream) .... 200 m*l*
샬롯(Shallot) .... 50 g
화이트와인(White Wine) .... 100 m*l*
생선 스톡(Fish Stock) .... 1, 000 m*l*
소금과 후추(Salt and Pepper) .... 맛을 낼 정도

만드는 방법

① 연어 필렛을 길이 10 cm 정도로 잘라 둥근 타원형이 되도록 다듬어 소금과 후추로 간을 한다.

② 엔다이브를 가늘게 썰어 레드셀러드 볼과 함께 냉수에 담아 싱싱하게 만든다.

③ 아스파라거스를 깨끗하게 씻어 같은 길이로 자른 다음 가지런히 질서있게 놓는다.

④ 준비된 연어를 아스파라거스 위에 올리고 아스파라거스로 말은 다음 실로 돌려가며 묶는다.

⑤ 소스냄비에 생선스톡을 올리고 끓기 시작하면 아스파라거스로 싼 연어를 넣어 92℃ 정도에서 10 분가량 포치하여 따뜻한 곳에 보관한다.

⑥ 소스팬에 샬롯을 다져 넣고 화이트와인을 넣은 다음 열을 가하여 와인을 1/4 로 졸인다.

⑦ 생크림과 샤프란을 첨가하여 은근하게 끓이다가

농도가 발생하면 고운체에 걸러 다시 소스팬에 담고 소금과 후추로 간을 한다.

⑧ 따뜻한 접시를 준비하여 샤프란 소스를 충분하게 담는다.

⑨ 따뜻한 곳에 보관 중인 포치한 연어를 썰은 다음 실을 제거하고 접시에 담는다.

⑩ 레드셀러드 볼과 엔다이브의 물기를 없애 연어 옆에 예쁘게 담는다. 베이질 쿨리와 고추기름을 소스주변에 뿌린다.

커피향을 곁들인 관자구이와 콘케익

(Coffee-Dust Sea Scallop with Corn Cake, Basil-Lime Coullies)

준비재료 (3 인분 기준)

- 밀가루(Flour) .... 200 g
- 베이킹 파우더(Baking Powder) .... 1/2 tsp
- 베이킹 소다(Baking Soda) .... 1/2 tsp
- 큐민 간 것(Ground Cumin) .... 1/5 tsp
- 생옥수수 간 것(Fresh Corn Kernels) .... 60 g
- 우유(Milk) .... 200 ml
- 버터(Butter) .... 30 g
- 꿀(Honey) .... 15 ml
- 달걀 노른자(Egg York) .... 3 ea
- 정제 버터(Clrified Butter) .... 120 g
- 원두커피가루(Coffee Beans Ground) .... 10 ea
- 관자 30 g 짜리(Sea Scallop) .... 18 ea
- 가지 얇게 썬 것(Sliced eggplant) .... 9 쪽
- 대파 썰은 것(Sliced Leek) .... 60 g
- 소금과 후추(Salt and Pepper) .... 맛을 낼 정도

베이질 쿨울리를 위한 준비재료

시금치잎(Spinach Leaves) 100 g／베이질잎(Basil Leaves) 30 g／쪽마늘(Garlic Cloves) 2 ea／치킨 스톡(Chicken Stock) 50 ml／엑스트라버진 올리브오일(Extra-Virgin) 30 ml／소금과 후추(Salt and Pepper) 맛을 낼 정도

만드는 방법

① 중간정도의 불에 밀가루와 베이킹파우더, 소다, 큐민 간것을 담고 칼날이 있는 믹서기에 옥수수와 우유를 넣어 옥수수가 완전히 으깨질 때까지 갈아서 볼에 담는다.

② 우유, 달걀노른자, 꿀, 소금, 후추와 함께 버터는 65 ℃ 정도에서 녹여 함께 넣어 잘 섞은다음 랩으로 싸서 상온에서 30 분 가량 숙성시킨다.

③ 관자는 깨끗하게 다듬어 정제버터, 커피 갈은 것, 소금, 후추로 버무려 한곳에 둔다.

④ 오믈레 프라이팬에 버터를 두르고 준비해 둔 콘케이크 반죽으로 중량 80 g 정도의 콘케이크를 만들어 따뜻하게 보관한다.

⑤ 프라이팬에 정제버터를 두르고 마리네이드한 관자에 밀가루를 묻혀 양쪽이 황금색이 나도록 구워 낸다.

⑥ 접시 중앙에 베이질 쿨울리를 담고 콘케이크를 놓은다음 관자 구운것을 돌려가며 놓는다.

⑦ 후라이팬에 식용유 300 m*l* 정도를 담아 175℃ 정도로 열을 가한 다음 썰은 대파와 가지를 바삭바삭하게 튀긴다.

⑧ 튀긴 가지와 대파를 관자 중앙에 올리고 베이질잎으로 장식한다.

베이질 쿨울리 만드는 방법

① 믹서기에 시금치잎과 베이질잎을 넣고 곱게 갈아준다.

② 치킨 스톡을 넣고 완전히 섞이도록 1분 정도 더 돌린다.

③ 올리브오일을 천천히 첨가하며 유화가 되도록 한다.

④ 소금과 후추로 간을 한다.

아시안 향신료에 절여구운 참치스테이크
(Seared Tuna Steak with Asian Spice)

준비재료 (3 인분 기준)

신선한 참치가슴살(Tuna Rib Steak) .... 600 g
연근(Lotustroot) .... 60 g
아스파라거스(Asparagus) .... 9 개
그린셀러드 볼(Green Salad Bowl) .... 3 잎
처어빌(Chervil) .... 3 줄기
홀랜다이즈 소스(Hollandise Sauce) .... 150 ml
오향(Star Anise) .... 10 g
검은 통깨(Black Sesame) .... 10 g
검은 통후추(Black Pepper whole) .... 5 g
고춧가루(Chilli Pepper) .... 10 g
통계피(Cinnamon) .... 10 g
올리브 오일(Olive Oil) .... 150 ml
붉은식초(Red Wine Vinegar) .... 50 ml
레몬주스(Fresh Lemon Juice) .... 1/2 ea
소금과 후추(Salt and Pepper) .... 맛을 낼 정도

만드는 방법

① 오향과 검은통깨, 통후추, 고춧가루, 통계피, 소금을 믹서기에 넣고 5 분 정도 갈아서 혼합향신료를 만든다.
② 참치스테이크 표면에 물기를 없애고 준비된 혼합향신료를 표면에 골고루 발라 한쪽에 둔다.
③ 연근은 껍질을 벗기고 흐르는 물에 씻어 둥글게 썰고, 아스파라거스도 껍질을 벗겨내고 다듬어 소금물에 브란치하여 따뜻한 곳에 보관한다.
④ 적당한 볼에 레몬주스와 소금, 후추, 붉은식초를 넣고 올리브 오일을 첨가하여 비네그렛소스를 만들어 둔다.
⑤ 후라이팬에 올리브 오일을 바른 다음 마른타올로

완전히 닦아내고 180℃ 정도로 가열한 다음 향신료로 버무려 두었던 참치스테이크 주위를 돌려가며 익히고 165℃ 오븐에서 3분 정도만 구워낸다.

⑥ 뜨거운 접시에 그린셀러드볼을 한 장 깔고 아스파라거스와 연근을 담고 구운 참치스테이크를 4~5쪽 썰어 담는다.

⑦ 홀랜다이즈 소스를 아스파라거스와 연근 위에 뿌리고 비네그렛소스를 참치스테이크 주위로 뿌린다.

⑧ 처어빌 한 잎을 올려 장식한다.

레몬버터소스를 곁들인 포치한 가자미
(Poached Turbot on Beurre Blanc)

준비재료(5 인분 기준)

가자미 필렛 180 g(Fillet of Turbot) .... 5 ea
버터(Butter) .... 250 g
샬롯 다진 것(Shallot Chopped) .... 50 g
생선 휴멧(Fish Fumet) .... 250 ml
조리용 백포도주(Dry White Wine) .... 200 ml
레몬주스(Lemon Juice) .... 45 ml
사이더 식초(Cider Vinegar) .... 30 ml
생크림(Fresh Cream) .... 100 ml
레몬 제스트(Lemon Zest) .... 1/3 Tsp
소금과 후추(Salt and Pepper) .... 맛을 낼 정도

만드는 방법

① 가자미 스테이크에 소금과 후추로 간을 한다.
② 깊이가 낮은 팬에 샬롯 다진 것 20 g을 뿌리고 가자미 스테이크를 놓은 다음 생선육수와 레몬주스를 첨가한다.
③ 기름종이를 덮고 열을 가하여 은근하게 끓인다음

약 8분 정도 포칭한다.

④ 소스팬에 생크림을 넣고 1/2로 졸인다.

⑤ 새 소스팬에 샬롯 다진 것과 포도주, 레몬주스 남은 것, 식초를 넣고 거의 물기가 없을 정도로 졸인다.

⑥ 절반으로 졸여둔 생크림을 넣고 은근하게 졸이다가 버터를 넣어가며 위퍼로 젓는다. 레몬제스트를 넣고 생선을 조리할 때 발생한 주스를 졸여서 넣는다.

⑦ 가자미 스테이크와 함께 제공한다(토마토 콩카세나 신선한 허브를 곁들인다).

주요리에 사용되는 간편한 소스

1. 육류를 위한 소스

커리크림소스
(Curry Cream Sauce)

준비재료

양파 중간크기	1/2 개
바나나	1 개
사과 중간크기	1 개
생강 다진 것	15 g
버터	30 g
커리가루	30 g
생크림	300 m*l*
소금과 후추	맛을 낼 정도

만드는 방법

① 양파와 바나나, 사과를 작은 크기로 격식없이 잘게 다진다.

② 소스팬에 버터를 두르고 위의 재료를 향이 짙게 나타날 때까지 볶아준다.

③ 커리파우더를 첨가하고 약 3분 정도 더 볶다가 생크림을 첨가한다.

④ 소스가 끓어오르면 불을 줄이고 은근하게 약 15분 정도 끓인 후 소금과 후추로 간을 한다.

● 돼지고기 구운요리에 사용하면 제격이다.

양파소스
(Onion Sauce)

준비재료

양파다진 것	200 g
버터	70 g
베르마니	20 g
우유	500 m*l*
적포도주	100 m*l*
소금과 후추	맛을 낼 정도

만드는 방법

① 소스팬에 버터를 두르고 양파다진것을 넣고 엷은 갈색이 나도록 볶는다.

② 적포도주를 넣고 1/4 정도로 줄어들 때까지 졸인다.

③ 우유를 첨가하고 끓기 시작하면 위퍼로 저어가며 베르마니를 첨가하여 농도를 조절한다.

④ 체에 걸러 소금과 후추로 간을 한다.

● 구운돼지고기나 감자 또는 튀김요리에 사용하면 좋다.

핑크페퍼 크림소스
(Pink Pepper Cream Sauce)

준비재료

- 샬롯 다진 것 .... 100 g
- 버터 .... 15 g
- 말린핑크페퍼콘 .... 5 g
- 머스타드 가루 .... 15 ml
- 육즙 또는 진한 스톡 .... 100 ml
- 생크림 .... 270 ml
- 소금과 후추 .... 맛을 낼 정도

만드는 방법

① 소스팬에 버터를 녹이고 샬롯 다진 것을 넣고 구수한 냄새가 날 때까지 볶아준다.
② 페퍼콘을 칼로 굵게 으깨어 넣고 머스터드 가루와 함께 골고루 섞어준다.
③ 스톡이나 육즙을 넣고 절반정도로 졸인 다음 생크림을 첨가하여 은근하게 끓인다.
④ 소금과 후추로 간을 한다.

돼지고기 또는 쇠고기 커틀렛(Pork or Beef Cutlets)의 기본 소스로 사용하면 제격이다.

검은통후추 소스
(Black Pepper Sauce)

준비재료

- 양파 다진 것 .... 50 g
- 마늘 다진 것 .... 20 g
- 검은통후추 으깬 것 .... 15 ml
- 버터 .... 30 g
- 물 .... 60 ml
- 생크림 .... 200 ml
- 후레쉬 레몬주스 .... 1/2 개
- 고기를 구울 때 발생한 육즙 .... 300 ml
- 소금 .... 간을 낼 정도

만드는 방법

① 소스팬에 버터를 두르고 다진양파와 검은통후추를 넣고 양파가 부드러워 질 때까지 볶아준다.
② 육즙을 넣고 육즙이 양파, 후추와 함께 바닥에서 거의 갈색이 나도록 졸인다.
③ 물을 붓고 데글레이징한다.
④ 데글레이징이 끝난 소스에 생크림을 넣고 은근하게 졸인 다음 레몬주스를 첨가한다.
⑤ 농도가 생겨나고 전반적으로 색이 은근해지면 소금으로 간을 한다.

이 소스는 어떠한 육류요리에 사용해도 잘 어울린다.

쉐리비네가 소스
(Sherry Vinegar Sauce)

준비재료

- 쇠고기 스테이크 .... 4 쪽
- 쉐리비네가 .... 45 ml
- 쇠고기스톡 .... 100 ml
- 생크림 .... 200 ml
- 베르마니 .... 30 g
- 올리브 오일 .... 15 ml

만드는 방법

① 프라이팬에 올리브 오일을 두르고 약 200℃에서 스테이크를 익혀낸다.
② 스테이크를 옮겨 쉐리비네가를 붓고 1/3 정도가 될 때까지 졸인다.
③ 쇠고기 스톡과 생크림을 넣고 은근하게 졸인다.
④ 위퍼로 저어가며 베르마니로 농도를 조절한다.
⑤ 소금과 후추로 간을 한다.
⑥ 고운체에 걸러 소스팬에 담고 약간의 버터를 첨가하면 더욱 부드럽게 소스가 만들어진다.

구워낸 스테이크나 붉은살 육류구이에 사용하면 좋다.

로즈마리 소스
(Rosemary Sauce)

준비재료

- 육류를 구울 때 발생한 주스 .... 100 ml
- 후레쉬 로즈마리 다진 것 .... 1 줄기
- 생크림 .... 270 ml
- 검은 통후추 곱게 갈은 것 .... 1/4 tsp
- 파슬리 다진 것 .... 15 ml

만드는 방법

① 고기를 구워낸 프라이팬에 로즈마리 다진 것을 넣고 스톡을 부어 1/4 정도로 졸인다.
② 생크림을 넣고 농도가 발생할 때까지 졸인다.
③ 소금과 후추로 간을 하고 다진 파슬리를 넣어 골고루 섞은 다음 약 2 분 정도 더 끓여준다.

팬에서 구운 육류요리에 적당하다.

머스타드 소스
(Mustard Sauce)

준비재료

- 양파다진 것 .... 100 g
- 버터 .... 30 g
- 백포도주 .... 200 ml
- 후렌치 머스타드 .... 45 g
- 휘핑크림 .... 270 ml
- 소금과 곱게 갈은 후추 .... 맛을 낼 정도

만드는 방법

① 프라이팬에 버터를 녹이고 다진양파를 갈색이 나기전까지 볶는다.
② 와인을 넣고 바닥에 물기가 거의 없어질 정도까지 졸인다.
③ 머스타드와 크림을 넣고 농도가 발생할 때까지 은근하게 끓인다.
④ 소금과 후추로 간을 한다.

석쇠구이한 육류에 잘 어울린다.

버섯 포트 소스
(Mushroom Port Sauce)

준비재료

- 양송이 다진 것 .... 70 g
- 모렐머쉬룸 불린 것 .... 30 g
- 샬롯 다진 것 .... 50 g
- 백포트와인 .... 60 ml
- 생크림 .... 285 ml
- 양배추잎 푸른부분 .... 2 장
- 버터 .... 30 g
- 소금과 갈은 검은통후추 .... 맛을 낼 정도

만드는 방법

① 프라이팬에 버터를 녹이고 샬롯 다진 것과 양송이 다진 것을 색이 나지 않을 정도로 볶는다.
② 포트와인과 모렐버섯 불린물을 붓고 센불로 1/5 정도까지 졸인다.
③ 모렐 머쉬룸은 작은 것은 그대로, 큰 것은 적당하게 자른다음 생크림과 같이 넣어 은근히 끓인다.
④ 소금과 후추로 간을 하고 양배추 푸른부분을 살짝 브란치하여 2.5 cm 정사각형으로 썰어 넣고 약 2 분 정도 끓인다.
(고객에게 제공하는 시간을 고려하여 넣는다)

석쇠구이한 육류와 팬프라이한 육류에 좋다. 특히 양고기에 사용하면 잘 어울린다.

블루치즈 소스
(Blue-cheese Sauce)

준비재료

- 버터 .... 30 g
- 밀가루 .... 30 g
- 우유 .... 500 ml
- 블루치즈 .... 55 g
- 후라세크림(Cream fraíche) .... 30 g
(사워크림으로 대치할 수 있음)
- 소금과 흰후추 .... 맛을 낼 정도

만드는 방법

① 소스팬에 버터를 녹이고 밀가루를 넣은 다음 약 4분 정도 저어가며 익힌다.
② 차가운 우유를 넣고 위퍼로 저어 덩어리가 없도록 한 다음 약 5분 정도 은근하게 끓인다.
③ 블루치즈를 넣고 치즈가 완전히 녹을 때까지 은근하게 끓인다.
④ 치즈가 완전히 녹은다음 후라세 크림을 넣고 소금과 흰후추로 간을 한다.

🍎 대부분의 육류요리에 어울리지만 특히 로스트한 등심이나 안심에 깊은 맛을 돋구어 준다.

허브 스파이스 소스
(Herb-spice Sauce)

준비재료

버터	45 g
밀가루	45 g
쇠고기 스톡	285 ml
휘핑크림	200 ml
파슬리 다진 것	3 Tsp
처어빌 다진 것	1 Tsp
타라곤 말린 것	1 Tsp
다임 후레쉬 다진 것	1 Tsp

만드는 방법

① 소스팬에 버터를 녹이고 밀가루를 넣어 약 4분 정도 저어가며 익힌다(타지 않도록 한다).
② 차가운 스톡을 붓고 휘퍼로 덩어리가 지지 않도록 잘 저어준다.
③ 생크림을 첨가하고 약 10분 정도 은근하게 끓인다.
④ 허브 다진 것을 모두 넣고 약 5분 정도 더 은근하게 끓인다음 소금과 후추로 간을 한다.

🍎 튀긴 육류요리와 닭고기에 사용하면 좋다.

케이퍼 소스
(Caper Sauce)

준비재료

그라스비안	285 ml
생크림	100 ml
통조림 정어리 같은 것	50 g
케이퍼굵게 다진 것	30 g
버터	45 g
베르마니	20 ml
소금과 후추	맛을 낼 정도

만드는 방법

① 그라스 비안을 소스팬에 담고 은근히 끓이면서 생크림을 천천히 섞는다.
② 베르마니로 농도를 조절한다.
③ 정어리 같은 것과 케이퍼 굵게 다진 것을 넣고 약 5분 정도 은근하게 끓인다.
④ 소금과 후추로 간을 하고 버터로 몬테한다(소금간을 약간 강하게 한다).

🍎 로스트 한 육류 소스로 적합하다. 특히 조리시간을 넘겨 주스가 많이 손실된 육류와 곁들이면 어느 정도 맛을 보완할 수 있다.

호오스래디쉬 소스
(Horscradish Saucc)

준비재료

실파 흰부분 잘게 다진 것	50 g
후레쉬 레몬주스	1 개
쇠고기 스톡	200 ml
우유	285 ml
버터	45 g
베르마니	60 g
설탕	15 g
호오스래디쉬 같은 것	45 g
소금과 흰후추	맛을 낼 정도

만드는 방법

① 소스팬에 버터를 녹이고 실파 흰부분 다진 것을 색이 나기 전까지 볶는다.

② 레몬주스를 넣고 물기가 거의 없어질 때까지 졸인다.

③ 우유와 쇠고기 스톡을 넣고 끓기 시작하면 베르마니로 농도를 조절하고 약 5분 정도 은근하게 끓인다.

④ 호오스래디쉬 갈은 것과 설탕을 넣고 2분 정도 더 끓인다음 소금과 후추로 간을 한다.

🍎 오븐구이 한 쇠고기에 잘 어울리는 소스이다.

화이트 와인 허브 소스
(White wine Herb Sauce)

준비재료

샬롯 다진 것	100 g
버터	45 g
파슬리 다진 것	5 g
처어빌 다진 것	5 g
타라곤 다진 것	5 g
차이브 다진 것	5 g
토마토 퓨레	20 g
쇠고기 스톡	100 m*l*
백포도주	100 m*l*
생크림	300 m*l*
베르마니	50 g
오이 곱게 다진 것	100 g
검은통후추 으깬 것	1 tsp
소금	맛을 낼 정도

만드는 방법

① 소스팬에 버터를 녹이고 샬롯을 투명해 질 때까지 볶는다.

② 와인과 모든 허브를 넣고 팬바닥에서 방울이 없어질 정도까지 졸인다.

③ 스톡을 붓고 끓기 시작하면 생크림을 넣고 약 7~10분 정도 은근하게 끓인다.

④ 위퍼로 저어가며 베르마니로 농도를 조절한다.

⑤ 약 5분 정도 끓인다음 오이 다진 것을 넣고 끓기 시작하면 버터로 몬테한다.

⑥ 소금과 후추로 간을 한다.

🍎 사슴고기나 양고기 등 냄새가 많이 나는 육류에 곁들이면 조화가 잘 된다.

그린 허브 소스
(Green Herb Sauce)

준비재료

차이브	30 g
파슬리	30 g
후레쉬 타라곤	15 g
시금치잎	100 g
버터	400 g
쇠고기 육수	200 m*l*
아니씨드	1/2 tsp
휀넬씨드	1/2 tsp
백후추 갈은 것	1/3 tsp
소금	간을 낼 정도

만드는 방법

① 버터를 상온에 두어 부드럽게 한다.

② 믹서기나 프로세서에 차이브, 파슬리, 타라곤, 시금치잎을 넣고 곱게 간다.

③ 허브가 완전히 갈리면 버터를 넣고 서로 잘 섞이도록 몇 번 더 돌린다.

④ 소스냄비에 스톡을 붓고 아니씨드와 휀넬씨드를 넣고 절반정도로 졸인다.

⑤ 졸인 스톡을 걸러서 다시 깨끗한 소스팬에 담는다.

⑥ 약 65℃를 유지하면서 허브를 섞은 버터를 넣어가며 위퍼로 젓는다(절대 끓여서는 안된다).

⑦ 소금과 후추로 간을 한다.

🍎 송아지 고기에 사용하면 매우 잘 어울린다. 콘비프(Cornbeef)와 같이 삶아서 익힌 육류요리에도 잘 조화된다.

2. 가금류를 위한 소스

타라곤 소스 (Tarragon Sauce)

준비재료

닭고기 스톡 .... 500 ml
베르마니 .... 60 g
달걀 노른자 .... 2 개
사워크림 .... 200 ml
버터 .... 50 g
후레쉬 타라곤 다진 것 .... 30 g
소금과 후추 .... 맛을 낼 정도

만드는 방법

① 스톡에서 기름을 완전히 제거한 다음 소스냄비에 담고 은근히 끓여 1/2 정도로 졸인다.
② 베르마니로 생크림보다 약간 진하게 농도를 낸다.
③ 볼에 위퍼로 저어가며 달걀노른자를 사워크림과 섞는다.
④ 이렇게 섞은 사워크림과 달걀노른자를 뜨거운 소스에 조심스럽게 위퍼로 저어가며 섞는다(소스를 끓이지 않도록 한다).
⑤ 타라곤 다진 것을 넣고 끓지 않도록 약 80 도의 열을 유지하며 3 분 정도 섞어주며 소금과 후추로 간을 한다.

🍎 육수에 익힌 닭고기와 곁들이면 좋다.

체리소스 (Cherry Sauce)

준비재료

가공체리 .... 250 g
가금류 스톡 .... 500 ml
버터 .... 130 g
소금과 흰후추 .... 맛을 낼 정도

만드는 방법

① 가공체리의 주스는 졸여서 따로 둔다.
② 소오팬에 버터 30 g 과 함께 체리가 데워지도록 열을 가한다.
③ 스톡을 붓고 약 10 분 동안 끓인다.
④ 믹서기나 후드프로세서를 이용하여 곱게 갈아순다.
⑤ 다시 소스팬에 담고 70℃ 정도를 유지하면서 나머지 버터를 위퍼로 저어가며 넣는다.
⑥ 졸여둔 체리주스를 첨가한 다음 소금과 후추로 간을 하여 따뜻한 곳에 둔다.

🍎 팬프라이 한 가금류나 통체로 구운 칠면조에 곁들이면 매우 좋다.

레몬 소스 (Lemon Sauce)

준비재료

버터 .... 30 g
밀가루 .... 30 g
치킨 스톡 .... 400 ml
생크림 .... 200 ml
몬테를 위한 버터 .... 40 g
레몬 .... 2 개
소금과 흰후추 .... 맛을 낼 정도

만드는 방법

① 레몬 하나로 주스와 제스트(Zest)를 만들고, 다른 하나는 껍질을 벗긴 다음 웨이지를 만들어 놓는다.
② 소스팬에 버터 30 g과 밀가루 30 g을 넣어 루를 만든 다음 치킨 스톡을 넣어가며 덩어리를 없애고 은근하게 약 10분 정도 끓인다.
③ 레몬주스와 생크림을 첨가하고 3분 정도 더 끓인 다음 불을 약하게 하여 위퍼로 저어가며 버터를 떼어 넣는다.
④ 고운체에 걸러 다시 소스팬에 담고 소금과 후추로 간을 한다.
⑤ 사용하기 바로전에 레몬웨지한 것과 제스트를 첨가한다.

● 로스트한 닭이나 칠면조와 같은 흰살육류에 잘 어울린다.

버섯 알라크림 소스
(Mushroom á la Cream Sauce)

준비재료

치킨 스톡	200 ml
휘핑크림	200 ml
버터	60 g
모렐 머쉬룸 불린 것	50 g
나팔꽃 머쉬룸 불린 것	50 g
돼지버섯	50 g
석이버섯	20 g
샬롯 다진 것	15 g
소금과 흰후추	맛을 낼 정도

만드는 방법

① 치킨 스톡과 휘핑크림을 소스팬에 함께 섞어 열을 가하여 절반으로 줄인다.
② 버터를 넣고 위퍼로 저어 고루 섞이도록 한다.
③ 버섯을 격식없이 2 cm 정도 크기로 썬 다음 프라이팬에 샬롯과 함께 기름없이 볶아준 다음 소금과 후추로 간을 한다.
④ 이렇게 볶은 버섯을 소스사용 약 10분 전에 졸여둔 크림과 스톡에 넣고 다시 소금과 후추로 간을 한다.

● 주로 구운 닭이나 비둘기, 메추리 등 소형 가금류에 사용하면 좋다.

치킨 그레비 소스
(Chicken Gravy Sauce)

준비재료

닭뼈	1 마리
물	1 l
파슬리 줄기	8 개
샬롯 다진 것	30 g
베르마니	45 g
생크림	200 ml
블랙커랜트 젤리	50 g
월계수잎	2 장
클로브	1 개
셀러리	1 줄기
검은통후추 으깬 것	1/2 tsp
소금	맛을 낼 정도

만드는 방법

① 섭씨 170℃ 오븐에서 닭뼈를 짙은 갈색이 나도록 굽는다.
② 소스팬에 물과 닭뼈, 셀러리, 파슬리줄기, 샬롯, 월계수잎, 클로브, 검은통후추를 넣고 20~30분 정도 은근하게 끓인다.
③ 체에 국물을 걸른 다음 약 200 ml 정도로 졸인다.
④ 베르마니로 농도를 내고 생크림을 넣는다.
⑤ 블랙커랜트 젤리를 넣고 위퍼로 저어 완전히 녹도록 한다.
⑥ 소금으로 간을 한다.

3. 생선을 위한 소스

피클 소스
(Pickle Sauce)

준비재료

오이피클 .... 50 g
샬롯 .... 20 g
후렌치 머스타드 .... 15 ml
케이퍼 .... 1 Tsp
사워크림 .... 150 ml
마요네즈 .... 150 ml
소금과 흰후추 .... 맛을 낼 정도

만드는 방법

① 마요네즈와 사워크림을 제외한 모든 재료를 믹서기나 후드프로세서에 넣고 곱게 갈아준다.
② 볼에 담고 마요네즈와 사워크림을 넣어 골고루 섞는다.
③ 소금과 흰후추로 간을 한다.

호오스래디쉬와 화이트 와인 소스
(Horseradish and White-wine Sauce)

준비재료

생크림 .... 200 ml
화이트와인 .... 100 ml
후레쉬 호오스래디쉬 갈은 것 .... 45 g
차이브 잘게 썬 것 .... 30 g
검은통후추 갈은 것 .... 1/4 tsp
레몬주스와 제스트 .... 1/2 개
소금 .... 맛을 낼 정도

만드는 방법

① 생크림을 소스팬에 담고 열을 가하여 절반으로 졸인다음 식힌다.
② 볼에 ①을 담고 위퍼로 치면서 와인과 다른재료를 첨가한다.
③ 소금과 후추로 간을 한다.

● 이 소스는 따뜻하게도 제공할 수 있고 차게도 제공할 수 있으며, 특히 훈세나, 소금에 절인 생선요리에 잘 어울린다.

올리브와 토마토 소스
(Olive and Tomato Sauce)

준비재료

그린올리브 .... 12~15 개
토마토케첩 .... 30 ml
감자전분 .... 15 ml
생크림 .... 200 ml
소금과 흰후추 .... 맛을 낼 정도

만드는 방법

① 올리브를 가늘게 썬다.
② 소스팬에 올리브와 토마토케첩, 감자전분, 생크림을 넣고 잘 섞은 다음 은근하게 열을 가한다.
③ 약 5~7분 정도 은근히 끓인 다음 소금과 후추로 간을 하고 따뜻하게 보관한다.

● 주로 포치한 생선에 곁들이면 잘 조화된다.

레몬 소스
(Lemon Sauce)

준비재료

샬롯 다진 것 .... 30 g
후레쉬 레몬주스 .... 30 ml
화이트 와인 .... 60 ml
휘핑크림 .... 100 ml
버터 .... 250 g
레몬제스트 .... 1 tsp
소금과 후추 .... 맛을 낼 정도

만드는 방법

① 소스팬에 샬롯과 레몬주스, 화이트와인을 넣고 약 50 ml 정도까지 졸인 다음 고운체에 걸러낸다.
② 걸러낸 국물을 다시 깨끗한 소스팬에 담고 레몬제스트를 넣어 다시 30 ml 정도로 졸인다.
③ 생크림을 넣고 은근히 끓기 시작하면 위퍼로 저어가며 버터를 첨가한다.
④ 소금과 후추로 간을 하고 따뜻한 곳에 보관한다.

샤프란 크림소스
(Saffron Cream Sauce)

준비재료

양파 다진 것 .... 50 g
백포도주 .... 100 ml
밀가루 .... 30 g
버터 .... 30 g
생선 스톡 .... 500 ml
샤프란 말린 것 .... 2 g
사워크림 .... 100 ml
소금과 후추 .... 맛을 낼 정도

만드는 방법

① 소스팬에 양파와 와인을 넣고 물기가 거의 없어질 때까지 졸인다.
② 버터를 넣고 밀가루와 함께 약 5 분 정도 볶는다.
③ 차가운 생선 스톡을 위퍼로 저어가며 넣은 다음 덩어리가 없도록 완전히 풀어준 다음 약 5 분 정도 더 끓인다.
④ 생크림과 샤프란을 넣고 2 분 정도 더 끓인후 고운체에 걸러낸다.
⑤ 소스팬에 다시 담고 소금과 후추로 간을 한다. 약간의 버터를 더 첨가한다.

이 소스는 증기찌기 한 생선과 삶은생선, 연어 등 어떠한 생선요리에도 잘 어울린다.

차이브 소스
(Chive Sauce)

준비재료

드라이 백포도주 .... 100 ml
사이더 비네가 .... 50 ml
생선스톡 .... 100 ml
사워크림 .... 200 ml
차이브 잘게 다진 것 .... 45 g
버터 .... 15 g
소금과 흰후추 .... 맛을 낼 정도

만드는 방법

① 백포도주와 사이더 비네가를 소스팬에 담고 절반으로 졸인다.
② 스톡을 붓고 위퍼로 저어가며 사워크림을 첨가하여 약 10 분 가량 은근히 끓인다.
③ 소금과 후추로 간을 하고 마지막에 차이브 썬 것을 넣는다.

찜이나 삶은 생선요리에 잘 조화되는 맛을 지니고 있다.

새우소스 (Prawn Sauce)

준비재료

감자전분	30 ml
머스타드	15 g
레몬살 잘게 썰은 것	60 g
휘핑크림	250 ml
마늘 다진 것	10 g
후레쉬딜 다진 것	6 Tsp
작은새우 껍질 깐 것	600 g
소금과 흰후추	맛을 낼 정도

만드는 방법

① 소스팬에 감자전분과 머스타드, 크림, 마늘 다진 것을 넣고 잘 휘저은 다음 은근하게 열을 가한다.

② 끓어오르기 시작하면 레몬속살 다진 것을 넣고 살짝 끓인 다음 소스팬을 불에서 옮겨놓고 후레쉬딜 다진 것을 넣어 잘 저어 준다.

③ 마지막으로 새우를 넣고 소금과 후추로 간을 한다. 소스는 따뜻하게 보관하면 좋으나 끓이면 안된다.

🍎 기름기가 적은 생선과 함께 제공하면 좋고, 빵과 곁들여도 잘 어울린다.

와인 딜소스 (Wine Fresh-dill Sauce)

준비재료

생선스톡	100 ml
드라이화이트 와인	100 ml
붉은양파 다진 것	25 g
후레쉬 딜 다진 것	2 Tsp
휘핑크림	400 ml
베르마니	45 g
타마스코 소스	30 ml
후레쉬 레몬주스	1 개
버터	15 g
소금과 후추	맛을 낼 정도

만드는 방법

① 소스팬에 버터와 양파를 넣고 양파가 투명해질 때까지 열을 가한다.

② 와인을 넣고 완전히 졸인 다음 스톡과 휘핑크림을 넣어 절반으로 졸인다.

③ 베르마니로 농도를 내고 고운체로 걸러 다시 소스팬에 담아 은근히 끓인다.

④ 타바스코 소스와 레몬주스를 첨가하고 소금과 후추로 간을 한다.

⑤ 마지막으로 후레쉬 딜 다진 것을 넣고 서브한다.

🍎 이 소스는 가자미과의 생선과 잘 어울리고 특히 생선, 밥 등의 부재료와도 조화를 쉽게 이룬다.

베이질 버터 소스 (Basil Butter Sauce)

준비재료

베이질잎	50 g
실파	45 g
버터	250 g
백포도주	100 ml
마늘 다진 것	15 g
샬롯 다진 것	30 g
생크림	100 ml
소금과 후추	맛을 낼 정도

만드는 방법

① 소스팬에 20 g 정도의 버터를 녹이고 샬롯 다진 것을 색이 나지 않도록 볶는다.

② 백포도주를 붓고 물기가 거의 없을 정도까지 졸인 후 생크림을 넣고 절반으로 다시 졸인다.

③ 실파와 마늘 다진 것, 베이질 잎을 믹서기에 넣고 곱게 갈고 버터를 넣어 함께 섞는다.

④ 이렇게 만들어진 베이질 버터를 소스에 넣어가며 위퍼로 저어 풀어지지 않도록 한다.

⑤ 소금과 후추로 간을 하고 끓이지 않도록 한다.

🍎 거의 모든 생선요리에 사용할 수 있는 대중적인 맛을 지니고 있다.

게살과 딜소스
(Crab-meat and Dill Sauce)

준비재료

휘핑크림 .... 400 m*l*
게살 작게 네모썰기 한 것 .... 100 g
토마토 중간크기 .... 2 개
대파 녹색부분 .... 1 줄기
후레쉬 딜 .... 30 g
소금과 후추 .... 맛을 낼 정도

만드는 방법

① 소스팬에 휘핑크림을 붓고 절반으로 졸인다음 식힌다.
② 토마토는 브란치하여 껍질을 벗기고 작은 네모썰기한다.
③ 대파의 녹색부분도 같은 크기로 썬다.
④ 약간 온기가 있는 크림에 위의 재료들을 모두 넣고 소금과 후추로 간을 한다.

INDEX

A

B

C

D

N

O

P

Q

R

S

T

U

V

W

Y

Z